2022

COORDENADORES

Anderson Schreiber
Paulo Enrique Mainier

CONTROLE de LEGALIDADE da ADMINISTRAÇÃO PÚBLICA

DIÁLOGOS INSTITUCIONAIS

Apresentação de Bruno Dubeux

Anderson Schreiber • André Uryn • Antonio Carlos Vasconcellos Nóbrega • Bruno Boquimpani Silva • Bruno Fernandes Dias • Bruno Mattos Souza de S. Melo • Emerson Garcia • Flávio Amaral Garcia • Joaquim Pedro Rohr • Marcelle Figueiredo • Paulo Enrique Mainier • Rodrigo Tostes de Alencar Mascarenhas • Rosa Maria Chaise • Sérgio Lino da S. Carvalho • Talita Dourado Schwartz • Victor Aguiar de Carvalho

Dados Internacionais de Catalogação na Publicação (CIP) de acordo com ISBD

C764

    Controle de legalidade da administração pública: diálogos institucionais / Anderson Schreiber... [et al.] ; coordenado por Anderson Schreiber, Paulo Enrique Mainier. - Indaiatuba : Editora Foco, 2022.

    208 p. ; 17cm x 24cm.

    Inclui bibliografia e índice.

    ISBN: 978-65-5515-508-2

    1. Direito. 2. Direito público. 3. Administração pública. I. Schreiber, Anderson. II. Uryn, André. III. Nóbrega, Antonio Carlos Vasconcellos. IV. Silva, Bruno Boquimpani. V. Dias, Bruno Fernandes. VI. Melo, Bruno Mattos Souza de S. VII. Garcia, Emerson. VIII. Garcia, Flávio Amaral. IX. Rohr, Joaquim Pedro. X. Figueiredo, Marcelle. XI. Mainier, Paulo Enrique. XII. Mascarenhas, Rodrigo Tostes de Alencar. XIII. Chaise, Rosa Maria. XIV. Carvalho, Sérgio Lino da S. XV. Schwartz, Talita Dourado. XVI. Carvalho, Victor Aguiar de. XVII. Título.

2022-1020   CDD 341   CDU 342

Elaborado por Odilio Hilario Moreira Junior - CRB-8/9949

Índices para Catálogo Sistemático:

    1. Direito Público 341

    2. Direito Público 342

COORDENADORES

Anderson Schreiber
Paulo Enrique Mainier

CONTROLE de LEGALIDADE da ADMINISTRAÇÃO PÚBLICA

DIÁLOGOS INSTITUCIONAIS

Apresentação de Bruno Dubeux

Anderson Schreiber • André Uryn • Antonio Carlos Vasconcellos Nóbrega • Bruno Boquimpani Silva • Bruno Fernandes Dias • Bruno Mattos Souza de S. Melo • Emerson Garcia • Flávio Amaral Garcia • Joaquim Pedro Rohr • Marcelle Figueiredo • Paulo Enrique Mainier • Rodrigo Tostes de Alencar Mascarenhas • Rosa Maria Chaise • Sérgio Lino da S. Carvalho • Talita Dourado Schwartz • Victor Aguiar de Carvalho

2022 © Editora Foco

Coordenadores: Anderson Schreiber e Paulo Enrique Mainier
Autores: Anderson Schreiber, André Uryn, Antonio Carlos Vasconcellos Nóbrega, Bruno Boquimpani Silva, Bruno Fernandes Dias, Bruno Mattos Souza de S. Melo, Emerson Garcia, Flávio Amaral Garcia, Joaquim Pedro Rohr, Marcelle Figueiredo, Paulo Enrique Mainier, Rodrigo Tostes de Alencar Mascarenhas, Rosa Maria Chaise, Sérgio Lino da S. Carvalho, Talita Dourado Schwartz e Victor Aguiar de Carvalho

Diretor Acadêmico: Leonardo Pereira
Editor: Roberta Densa
Assistente Editorial: Paula Morishita
Revisora Sênior: Georgia Renata Dias
Revisora: Simone Dias
Diagramação: Ladislau Lima e Aparecida Lima
Impressão miolo e capa: FORMA CERTA

DIREITOS AUTORAIS: É proibida a reprodução parcial ou total desta publicação, por qualquer forma ou meio, sem a prévia autorização da Editora FOCO, com exceção do teor das questões de concursos públicos que, por serem atos oficiais, não são protegidas como Direitos Autorais, na forma do Artigo 8º, IV, da Lei 9.610/1998. Referida vedação se estende às características gráficas da obra e sua editoração. A punição para a violação dos Direitos Autorais é crime previsto no Artigo 184 do Código Penal e as sanções civis às violações dos Direitos Autorais estão previstas nos Artigos 101 a 110 da Lei 9.610/1998. Os comentários das questões são de responsabilidade dos autores.

NOTAS DA EDITORA:

Atualizações e erratas: A presente obra é vendida como está, atualizada até a data do seu fechamento, informação que consta na página II do livro. Havendo a publicação de legislação de suma relevância, a editora, de forma discricionária, se empenhará em disponibilizar atualização futura.

Erratas: A Editora se compromete a disponibilizar no site www.editorafoco.com.br, na seção Atualizações, eventuais erratas por razões de erros técnicos ou de conteúdo. Solicitamos, outrossim, que o leitor faça a gentileza de colaborar com a perfeição da obra, comunicando eventual erro encontrado por meio de mensagem para contato@editorafoco.com.br. O acesso será disponibilizado durante a vigência da edição da obra.

Impresso no Brasil (04.2022) – Data de Fechamento (04.2022)

2022
Todos os direitos reservados à
Editora Foco Jurídico Ltda.
Avenida Itororó, 348 – Sala 05 – Cidade Nova
CEP 13334-050 – Indaiatuba – SP
E-mail: contato@editorafoco.com.br
www.editorafoco.com.br

APRESENTAÇÃO

A obra que tenho a alegria de apresentar ao público traz o que há de mais atual e palpitante no campo do Controle de Legalidade da Administração Pública. Fruto de iniciativa capitaneada por Anderson Schreiber e Paulo Enrique Mainier, o livro é produto de sete encontros em que membros de diferentes entidades encarregadas do controle de legalidade (interno e externo) da Administração Pública debateram com profundidade e franqueza os desafios que precisam ser vencidos para oferecer correção, transparência e previsibilidade na gestão pública.

Os referidos encontros foram organizados com auxílio do Centro de Estudos da Procuradoria Geral do Estado do Rio de Janeiro, mas contaram com a pronta adesão do Ministério Público, do Tribunal de Contas e da Controladoria Geral do Estado do Rio de Janeiro. Além disso, membros de entidades federais e de outros Estados juntaram-se voluntariamente às discussões, contribuindo com suas respectivas experiências e sugestões. Congregar os membros destas diferentes entidades, ainda que virtualmente, proporcionou enorme aprendizado a todos os participantes e contribuiu, a meu ver, de modo decisivo para uma melhor compreensão dos pontos de vista de cada uma das entidades encarregadas do controle de legalidade. A necessidade de atuação conjunta em diferentes setores, sem prejuízo da independência e autonomia de cada uma destas entidades, emergiu como conclusão inegável em mais de um dos profícuos dias de debate.

Estou convencido de que o livro que o leitor tem agora em mãos contribuirá de modo decisivo para o aprimoramento do controle de legalidade da Administração Pública, deflagrando reflexões sobre a construção de mecanismos mais coesos e eficientes, como fruto de um autêntico diálogo interinstitucional.

Bruno Dubeux
Procurador-Geral do Estado do Rio de Janeiro.

NOTA DOS COORDENADORES

Em uma experiência inédita, entidades encarregadas do controle de legalidade da Administração Pública reuniram-se em sete encontros para debater suas diferentes visões acerca da matéria. As distintas posições exercidas no sistema jurídico pela Advocacia Pública, pelo Ministério Público, pelas Cortes de Contas e pelas Controladorias não impediram o diálogo, mas, ao contrário, foram colocados como o próprio objeto crítico de reflexão e debate.

Em todos estes sete encontros, a questão fundamental que tentamos imprimir foi sempre o mesmo: o que pode ser feito para aprimorar, sob as diferentes perspectivas, o controle de legalidade interno e externo da Administração Pública? O debate transparente, que gravitou de modo indiscriminado entre insuficiências, deficiências e excessos, acabou revelando, em muitos aspectos, oportunidades de atuação conjunta e sistemática, apta a fornecer, a um só tempo, maior uniformidade e maior efetividade aos instrumentos de controle, sem colocar em risco a independência institucional de cada entidade. Mais que vislumbrar um objetivo comum por trás de suas respectivas missões constitucionais, os participantes desta iniciativa, ora coautores, esforçaram-se por construir caminhos, delinear instrumentos e oferecer propostas concretas para o aprimoramento do controle de legalidade da Administração Pública em prol de toda a sociedade brasileira.

Este livro reflete as conclusões alcançadas neste instigante esforço coletivo, exprimindo a dedicação e trabalho de muitas pessoas a quem os coordenadores devem um penhorado agradecimento: ao amigo Bruno Dubeux, que, com o seu insuperável espírito público, aceitou de pronto a proposta de albergar, na Procuradoria Geral do Estado do Rio de Janeiro, os acalorados debates que deram origem a esta obra; aos incansáveis Lucas Pagoti e Priscila Madeira Soares, cujo auxílio foi imprescindível para a organização e revisão dos originais; e, *at last, but not least*, a todos os coautores desta obra, que aceitaram generosamente sair de si e refletir criticamente sobre o seu próprio papel, a fim de apontar os melhores caminhos para o futuro.

O resultado é o que todos nós queremos: um controle de legalidade que possa, a um só tempo, assegurar o estrito cumprimento dos princípios e normas que regem a vida administrativa, com transparência e retidão, e atrair para a gestão pública os profissionais mais sérios, habilitados e competentes, que possam contribuir para o país de modo eficiente e sem medo de inovar.

Anderson Schreiber
Paulo Enrique Mainier

SUMÁRIO

APRESENTAÇÃO
Bruno Dubeux V

NOTA DOS COORDENADORES
Anderson Schreiber e Paulo Enrique Mainier VII

PARTE I
CONTROLE DA ADMINISTRAÇÃO PÚBLICA:
PAPEL DAS INSTITUIÇÕES E NOVOS DESAFIOS

O CONTROLE PRÉVIO DA LEGALIDADE DOS CONTRATOS ADMINISTRATIVOS PELA PROCURADORIA GERAL DO ESTADO DO RIO DE JANEIRO
Flávio Amaral Garcia 3

A LEI 13.655/2018 E A ATUAÇÃO DO TRIBUNAL DE CONTAS DO ESTADO DO RIO DE JANEIRO
Talita Dourado Schwartz 19

ACORDO DE NÃO PERSECUÇÃO CÍVEL
Emerson Garcia 27

PARTE II
DIÁLOGOS INSTITUCIONAIS: AS POSSIBILIDADES DE CONTRIBUIÇÕES
RECÍPROCAS ENTRE OS CONTROLES EXTERNOS E INTERNOS

O ACORDO DE LENIÊNCIA NO NOVO MARCO REGULATÓRIO ANTICORRUPÇÃO DO ESTADO DO RIO DE JANEIRO
André Uryn 41

DEPENDÊNCIA DE DADOS TÉCNICOS E INTERAÇÃO ENTRE CONTROLES INTERNO E EXTERNO: CRIAÇÃO OU COMPARTILHAMENTO DE CORPOS TÉCNICOS INDEPENDENTES
Anderson Schreiber 57

A EXPERIÊNCIA DO TCE-RJ NO COMBATE À CORRUPÇÃO E NO APRIMORAMENTO DA GESTÃO PÚBLICA FLUMINENSE
Bruno Mattos Souza de S. Melo, Sérgio Lino da S. Carvalho e Rosa Maria Chaise....... 61

QUAL É (OU DEVERIA SER) O PAPEL DA ADVOCACIA PÚBLICA NO SISTEMA BRASILEIRO DE COMBATE À CORRUPÇÃO?
Victor Aguiar de Carvalho 77

PARTE III
INOVAÇÕES NO CONTROLE INTERNO:
NOVOS INSTRUMENTOS E ESTUDO DE CASOS

O PRINCÍPIO DA SEGREGAÇÃO DE FUNÇÕES NAS CONTRATAÇÕES PÚBLICAS E SUA APLICAÇÃO A PARTIR DA NOVA LEI DE LICITAÇÕES
Bruno Fernandes Dias.. 91

SINDICÂNCIA PATRIMONIAL: SOBRE A APURAÇÃO DE ENRIQUECIMENTO ILÍCITO PELA ADMINISTRAÇÃO PÚBLICA
Paulo Enrique Mainier 111

REFLEXÕES SOBRE O PAPEL DA ADMINISTRAÇÃO PÚBLICA COMO INDUTORA DA ÉTICA NO ESTADO DO RIO DE JANEIRO
Antonio Carlos Vasconcellos Nóbrega 137

BREVES NOTAS SOBRE A NATUREZA DA ATUAÇÃO DA ADVOCACIA PÚBLICA NO COMBATE À IMPROBIDADE E À CORRUPÇÃO
Bruno Boquimpani Silva... 149

PARTE IV
OS CRIMES CONTRA A ADMINISTRAÇÃO PÚBLICA
E SUA REPERCUSSÃO SOBRE A ATIVIDADE ADMINISTRATIVA

BREVES REFLEXÕES SOBRE AS CONTRIBUIÇÕES DO DIREITO PENAL PARA A EFETIVAÇÃO DO DIREITO ADMINISTRATIVO SANCIONATÓRIO FOCADO NO COMBATE À CORRUPÇÃO
Marcelle Figueiredo.. 165

PARTE V
AS INTERAÇÕES DOS CONTROLES NA APURAÇÃO DE IMPROBIDADE ADMINISTRATIVA

REFLEXÕES SOBRE IMPROBIDADE ADMINISTRATIVA E CONTROLE INTERNO DE LEGALIDADE

Joaquim Pedro Rohr.. 175

DIREITO PÚBLICO: INCOERÊNCIA E INEFICIÊNCIA

Rodrigo Tostes de Alencar Mascarenhas 183

Parte I
CONTROLE DA ADMINISTRAÇÃO PÚBLICA: PAPEL DAS INSTITUIÇÕES E NOVOS DESAFIOS

O CONTROLE PRÉVIO DA LEGALIDADE DOS CONTRATOS ADMINISTRATIVOS PELA PROCURADORIA GERAL DO ESTADO[1] DO RIO DE JANEIRO

Flávio Amaral Garcia

Doutor em Direito pela Universidade de Coimbra. Professor de Direito Administrativo da Fundação Getulio Vargas. Procurador do Estado do Rio de Janeiro.

Sumário: 1. Introdução – 2. O sistema jurídico – 3. O parecer jurídico – 4. As minutas-padrão – 5. Os enunciados – 6. As orientações administrativas – 7. *Checklist* – 8. Cursos de capacitação para os servidores – 9. A proposição de projetos de lei, decretos e atos normativos – 10. Conclusão – 11. Referências.

1. INTRODUÇÃO

A gestão pública é, na atual quadra, contratualizada. A atividade contratual foi intensificada nas últimas décadas, seja pela materialização de contratos administrativos dito "ordinários", que permitem que a máquina administrativa funcione (obras, serviços e compras), seja por meio de contratos duradouros que refletem escolhas que definem e cristalizam políticas públicas, em longo prazo, de setores vitais da economia e essenciais para a consecução do interesse público (concessões de serviços públicos e parcerias público-privadas).

Não por outra razão que, contemporaneamente, se utiliza a expressão "governar por contrato"[2]. Tal concepção vem substituindo, progressivamente, os "*esquemas*

---

1. O presente artigo resulta de adaptação da palestra proferida no Curso Controle da Administração Pública: diálogos institucionais, organizado pela Procuradoria Geral do Estado do Rio de Janeiro em novembro de 2020.
2. Sobre o tema, v.: GAUDIN, Jean-Pierre. *Gouverner par Contrat*: l'Action Publique en Question. Paris: Presses de Sciences Po, 1999; v.: CHEVALLIER, Jacques. *L'État Post-Modern*. 3. ed. Paris: LGDJ, 2008; RICHER, Laurent Richer. La contractualisation comme technique de gestion des affaires publiques. In: GONOD, Pascale (Org.). *L'Actualité Juridique* – Droit Administratif. Paris: Dalloz, 2003; GONÇALVES, Pedro. *Reflexões sobre o Estado Regulador e o Estado Contratante*, cit., 2013; MELO, Antônio Moreira Barbosa Melo. A ideia de contrato no centro do universo jurídico-político. In: GONÇALVES, Pedro (Org.). *Estudos de Contratação Pública – I*. Coimbra: Coimbra Editora, 2008, p. 8-21.

clássicos de acção administrativa baseados na contraposição entre autoridade e liberdade"[3] por uma "governabilidade cooperativa".[4]

Estima-se que a contratação pública brasileira corresponde, aproximadamente, de 10% (dez) a 20% (vinte por cento) do Produto Interno Bruto (PIB) brasileiro, a revelar a importância do tema para a economia do país e para a Administração Pública.

De outro lado, infelizmente, o Estado Contratante Brasileiro tem sido um dos epicentros da crise econômica e moral que o Brasil vem atravessando nos últimos anos. Problemas de superfaturamento, de jogos de planilhas nas obras públicas[5], de desvios de conduta e de fraudes nas licitações passaram a ser cada vez mais comuns, em todos os níveis e esferas federativas.

A Operação Lava-Jato veio desnudar uma indesejável ligação direta entre o sistema eleitoral e o sistema de contratação Pública, com promessas futuras de celebração de contratos e de termos aditivos para cumprir arranjos feitos antes das eleições[6].

É neste contexto que a atuação da Advocacia Pública no controle dos contratos administrativos se revela cada vez mais indispensável, incrementando a sua eficiência e aprimorando o controle prévio das contratações públicas, evitando desvios e fraudes.

O objetivo deste breve artigo é explicitar como a Procuradoria Geral do Estado do Rio de Janeiro vem atuando no exercício da sua função de controle dos contratos administrativos. Pretende-se demonstrar que as ferramentas e os instrumentos que a Procuradoria Geral do Estado utiliza na sua relevantíssima missão de controlar a

---

3. Conforme aponta ROPPO, Enzo. *O Contrato*. Coimbra: Livraria Almedina, 1988, p. 345.
4. A expressão é de Jacques Chevallier ao anotar que: "A economia constitui, há muito tempo, o lugar privilegiado de aplicação das técnicas contratuais: com efeito, o Estado se viu coagido a compor com os poderes econômicos privados, esforçando-se para obter sua colaboração para a realização de objetivos de política econômica. A contratualização permite que essas relações se normalizem, identificando os compromissos de cada um. Assim, os instrumentos contratuais foram progressivamente substituindo as técnicas regulamentadoras clássicas, manifestando a passagem para uma governabilidade cooperativa" (CHEVALLIER, Jacques. A governança e o direito. *Revista de Direito Público da Economia – RDPE*, Belo Horizonte, ano 3, n. 12, out/dez, p. 139, 2005. Disponível em: http://www.bidforum.com.br/bid/PDI0006.aspx?pdiCntd=33300. Acesso em: 23 out. 2017).
5. Essa prática, ilegal e ímproba, usualmente decorre da combinação de projetos básicos mal formulados com condutas oportunistas de licitantes. Quando as planilhas dos projetos básicos são inconsistentes ou incompletas (quanto às unidades estimadas), instala-se a oportunidade de ofertas com sobrepreço para determinados itens e subpreço para outros tantos. A média consagrará a proposta vencedora, cujo desbalanceamento será revelado na execução contratual: os itens com quantitativo baixo mas sobrepreço alto serão majorados quando da execução, suprimindo a vantagem da proposta vencedora e a economicidade da contratação. Sobre o tema, aprofundar em CAMPITELI, Marcus Vinícius. *Medidas para evitar o superfaturamento decorrente dos "jogos de planilha" em obras públicas*. 2006. Dissertação (Mestrado em Estruturas e Construção Civil) – Faculdade de Tecnologia, Universidade de Brasília, Brasília, 2006. Disponível em: https://www.pecc.unb.br/wp-content/uploads/dissertacoes/M06-9A. Acesso em: 1º abr. 2021.
6. A Operação Lava-Jato demonstrou a indicação política de agentes públicos que promoviam e facilitavam a contratação fraudulenta de bens e serviços com sobrepreço. Segundo informações de investigados e réus colaboradores, também houve a formação de cartéis em diversos setores econômicos, o que causou grave prejuízo financeiro às empresas públicas contratantes. Fraudes em processos licitatórios eram realizadas para permitir a celebração de contratos das empreiteiras envolvidas no esquema criminoso com diversos setores da Petrobras. Para mais detalhes consultar os dados disponíveis em: http://www.pf.gov.br/imprensa/lava-jato, acesso em: 10 maio 2021.

legalidade dos contratos administrativos, sempre mirando materializar a eficiência e a moralidade nas contratações públicas fluminenses.

2. O SISTEMA JURÍDICO

Vigora no âmbito do Estado do Rio de Janeiro a ideia de sistema jurídico e que vem disciplinado no Decreto 40.500 de 01.01.07. A estrutura é basicamente a seguinte, conforme o seu artigo 1º: a Procuradoria Geral do Estado funciona como órgão central do Sistema Jurídico. As assessorias jurídicas dos órgãos integrantes da Administração Direta funcionam como órgãos locais. As assessorias jurídicas das entidades integrantes da Administração Indireta são qualificadas como órgãos setoriais. Assim, cabe à Procuradoria Geral do Estado oficiar no controle interno da legalidade dos atos da Administração Pública, inclusive por meio da supervisão dos órgãos locais e setoriais integrantes do Sistema Jurídico Estadual, que se subordinarão à sua orientação técnico-jurídica.

A teor do disposto no artigo 6º do Decreto 40.500/2007, a chefia das Assessorias Jurídicas das Secretarias de Estado será exercida exclusivamente por Procuradores do Estado. A ideia é que a Procuradoria Geral do Estado auxilie diretamente a alta administração estadual, atuando, principalmente, a partir de ações preventivas.

O Procurador do Estado que atua diretamente na Chefia da Assessoria Jurídica das Secretarias de Estado é, portanto, um estruturador jurídico dos interesses públicos primários e secundários, dando forma jurídica às políticas públicas dos agentes políticos que foram legitimamente eleitos. Além disso, atua no controle prévio de legalidade, evitando que ações estatais que não sejam juridicamente válidas avancem.

A racionalidade de se ter um sistema é, exatamente, a de haver um conjunto ordenado de órgãos jurídicos que atuem submetidos a uma mesma diretriz – no caso, a da Procuradoria Geral do Estado – a quem cabe fixar a interpretação governamental da Constituição, das leis e demais atos normativos, além de exercer a supervisão e controle dos atos dos órgãos locais e setoriais do Sistema Jurídico. Na estrutura interna da Procuradoria Geral do Estado, compete à Coordenadoria do Sistema Jurídico (PG-15) exercer essas funções de supervisão dos procuradores e demais advogados que atuam nas Secretarias e nas entidades da Administração Indireta.

Importante destacar que nem todos os contratos administrativos celebrados pela Administração Pública Estadual Direta e Indireta são examinados pela Procuradoria Geral do Estado. Pelo volume de contratações públicas e pela própria necessidade de selecionar prioridades, seria rigorosamente impossível exercitar esse controle prévio em todos os contratos administrativos celebrados.

Além de na prática ser inviável o exame absoluto e prévio de todos os contratos administrativos pela Procuradoria Geral do Estado, muito provavelmente seria contraproducente e mesmo ineficiente, na exata medida que existem instrumentos que podem auxiliar os órgãos jurídicos locais e setoriais a atuarem de acordo com as orientações técnico-jurídicas, em ação coordenada e concertada.

O principal instrumento de atuação no exercício do controle prévio dos contratos administrativos é a elaboração do parecer jurídico, determinada pelo artigo 38, parágrafo único da Lei 8.666/1993, que estipula que as minutas de editais de licitação, bem como dos contratos, acordos, convênios ou ajustes devem ser previamente examinadas e aprovadas por assessoria jurídica da Administração. É o que se passa a examinar na sequência.

3. O PARECER JURÍDICO

Conforme já tive a oportunidade de asseverar[7], a fase preparatória das licitações termina com a análise jurídica das minutas do edital e do contrato, a teor do disposto no art. 38, VI, e parágrafo único, da Lei 8.666/1993, além de todos os demais atos praticados até o momento. O objetivo é sanar eventuais falhas cometidas na instrução do processo, evitando que a licitação seja frustrada em momento posterior. Trata-se de importante e obrigatória etapa do controle preventivo de legalidade e juridicidade no processo de contratação pública, cujo objetivo é sanar os vícios e falhas cometidos na fase interna.

Oportuno lembrar que a Lei 14.133/2021, que instituiu novo regime de licitações e contratos administrativos, conferiu destaque ao parecer jurídico no controle prévio da legalidade, mediante a análise jurídica da contratação, como disposto no seu artigo 53, explicitando no seu parágrafo primeiro que o parecer jurídico deverá: (i) apreciar o processo licitatório conforme critérios objetivos prévios de atribuição de prioridade; (ii) redigir sua manifestação em linguagem simples e compreensível e de forma clara e objetiva, com apreciação de todos os elementos indispensáveis à contratação e com exposição dos pressupostos de fato e de direito levados em consideração na análise jurídica.

Em outros termos: a elaboração do *parecer jurídico*, que exerce a função primordial de controle interno da legalidade, deve cumprir seu mister, examinando detalhadamente todos os aspectos de natureza jurídica do processo administrativo da contratação pública, observados os espaços de competência discricionária reservados aos agentes políticos e as atribuições e *expertises* das demais áreas técnicas, que, por óbvio, escapam de uma apreciação estritamente jurídica.

Por isso que, em sede de controle jurídico, não cabe ao parecerista adentrar na valoração dos critérios técnicos, políticos, econômicos e financeiros dos respectivos agentes públicos competentes, sob pena de desvirtuar os limites da sua própria atuação profissional, sempre balizada por critérios e parâmetros jurídicos.

---

7. GARCIA, Flávio Amaral. *Licitações e Contratos Administrativos. Casos e Polêmicas*. 5. ed. São Paulo: Malheiros, 2018, p. 205-296.

Os órgãos jurídicos devem se manifestar não apenas nas licitações, mas também nos processos de contratação direta. Se para a regra é indispensável o controle interno de legalidade exercido pelo advogado público, com muito mais razão o parecer jurídico deve ser exigido na exceção, ou seja, nas hipóteses de contratação direta[8], interpretação essa que, de resto, foi confirmada pelo inciso III, do artigo 72 da Lei 14.133/2021. Lembre-se que outros instrumentos congêneres também deverão ser examinados previamente pelo órgão jurídico, tal como convênios e termos de cooperação como, inclusive, reconhecido no § 4º do artigo 53 da Lei 14.133/2021.

Os pareceres jurídicos devem examinar concretamente os documentos que integram o processo administrativo, evitando-se manifestações sintéticas com despachos de mera concordância e que não demonstrem a efetiva análise que deve ser empreendida pelo parecerista. Nada obsta que para situações corriqueiras e repetitivas o parecer também obedeça a um mesmo padrão, desde que sempre examinados concretamente os documentos de cada processo e eventuais singularidades do caso concreto. Note-se que o § 5º do artigo 53 da Lei 14.133/2021 autoriza que seja dispensável a análise jurídica nas hipóteses de baixo valor, de baixa complexidade da contratação, quando da entrega imediata do bem ou a utilização de minutas de editais e instrumentos de contrato, convênio ou outros ajustes previamente padronizados pelo órgão de assessoramento jurídico.

Outro aspecto relevante a destacar é que a circunstância de o processo de contratação pública ser multidisciplinar, a exigir do advogado público – e de todos os outros agentes públicos com distintas formações – permanente interação e troca de conhecimentos, para a melhor compreensão das questões relevantes, não o torna corresponsável ou partícipe indireto de atos que não lhe compete praticar e para o qual sequer foi investido.

Assim, o parecer jurídico corrige eventuais ilegalidades, alerta o gestor para os riscos na tomada de decisões e auxilia na compreensão dos aspectos jurídicos não apenas das minutas de edital e de contrato, mas de todos os atos que integram a fase preparatória das licitações.

O Decreto 40.500/2007 foi alterado pelo Decreto 46.552/2019, que passou a prever critério objetivo para o encaminhamento dos pareceres para exame da Procuradoria Geral do Estado. A teor do § 3º do artigo 3º do referido Decreto, será considerada matéria de grande importância impacto ou possibilidade de repercussão geral para a Administração Pública, necessariamente e sem prejuízo de outros,

---

8. A ausência do parecer jurídico a que se refere o artigo 38, parágrafo único, da Lei 8.666/1993 não tem, obrigatoriamente, o condão de invalidar a licitação, o contrato ou mesmo eventual termo aditivo, não se constituindo em causa autônoma de nulidade. O ato pode ter sido regular, ainda que não tenha sido precedido do prévio exame jurídico. Aplica-se, na hipótese, o princípio *pas de nullité sans grief* (não há nulidade quando não houver prejuízo). Com isso não se menospreza ou diminuiu a importância do parecer jurídico. Muito ao contrário, trata-se de ato essencial para o controle da legalidade dos atos da Administração Pública. Mas o que tem o condão de causar a nulidade do edital, contrato, convênio ou mesmo termo aditivo é a efetiva identificação de vício insanável.

todo processo, ato, contrato ou demais acordos, inclusive seus respectivos termos aditivos, que impliquem criação ou execução de despesa, inclusive por renúncia de receitas, com impacto financeiro-orçamentário igual ou superior a R$ 10.000.000,00 (dez milhões de reais), ainda que meramente estimados e de implemento parcelado.

O limite fixado toma por base os valores de uma parceria público-privada, que somente podem ser celebradas a partir do valor de R$ 10.000.000,00 (dez milhões de reais), conforme previsto no inciso I, do § 4º, do artigo 2º da Lei 11.079/2004. A definição de um critério objetivo é bem-vinda, seja porque evita subjetivismos na avaliação do que deve ou não ser submetido previamente à Procuradoria Geral do Estado, seja porque permite o exercício de controle mais agudo e incisivo em contratações públicas de elevado valor.

A recente atuação da Procuradoria Geral do Estado no Rio de Janeiro nas contratações administrativas na área de saúde, durante o período da pandemia da Covid-19, bem demonstra o êxito do controle prévio e do próprio critério objetivo fixado. Os Procuradores que atuavam diretamente na Secretaria de Estado de Saúde detectaram indícios de fraude em vários processos de contratação emergencial, interagindo diretamente com outros órgãos de controle, tais como a Controladoria Geral do Estado e ainda provocando a atuação do Ministério Público Estadual e do Tribunal de Contas do Estado[9].

A atuação da Procuradoria no exame das contratações emergenciais resultou em uma série de ações de improbidade movidas pelo Núcleo de Probidade Administrativa, além de uma série de ações cautelares de bloqueio e sequestro de bens e, ainda, a determinação de sustação de determinados contratos que apresentavam suspeita – e que logo depois acabaram concretizando-se em sobrepreço –, evitando, com isso, um dano ao erário.

Claro que outras minutas de editais, contratos e termos aditivos poderão ser encaminhadas para exame prévio da Procuradoria Geral do Estado mesmo que em valores inferiores a R$ 10.000.000,00 (dez milhões de reais). A diferença é que nestes casos a remessa não é obrigatória, cabendo ao Procurador do Estado lotado na Chefia da Assessoria Jurídica expor os motivos do encaminhamento, seja pelo ineditismo da modelagem, pela complexidade ou mesmo dúvida jurídica pontual que venha a surgir.

De todo modo, sempre oportuno lembrar que mesmo as contratações administrativas que não forem previamente examinadas pela Procuradoria Geral do Estado, serão analisadas pelos órgãos jurídicos locais (Assessorias Jurídicas das Secretarias de Estado) e órgãos jurídicos setoriais (Assessorias Jurídicas das entidades da Administração Indireta), em atendimento ao disposto no artigo 38, parágrafo único, da Lei 8.666/1993.

---

9. Veja-se, a título de exemplo, o Parecer SES/SJ/AJ/FMF/DT 03/2020, Parecer SES/SJ/AJ/FMF/DT 04/2020 e o Parecer SES/SJ/AJ/FMF/DT 06/2020, Parecer SES/SJ/AJ/FMF/DT 09/2020, Parecer SES/SJ/AJ/FMF/DT 10/2020, Parecer SES/SJ/AJ/FMF/DT 14/2020, Parecer SES/SJ/AJ/FMF/DT 19/2020, Parecer SES/SJ/AJ/FMF/DT 26/2020, Parecer SES/SJ/AJ/FMF/DT 83/2020.

Tal análise, contudo, não é descolada dos entendimentos da Procuradoria Geral do Estado do Rio de Janeiro. Para tanto, tem a Coordenadoria do Sistema Jurídico (PG-15) investido na elaboração das minutas-padrão e dos enunciados, com vistas a conferir uniformidade, sistematização e consolidação dos posicionamentos jurídicos adotados.

Pela importância, passa-se a examinar os instrumentos das minutas-padrão e dos Enunciados e o seu papel no controle preventivo dos contratos administrativos.

4. AS MINUTAS-PADRÃO

A busca da racionalização das atividades administrativas pela adoção de modelos predefinidos que podem ser utilizados para a rotina administrativa, adquire extraordinária relevância no universo da contratação administrativa.

É possível afirmar que a padronização concretiza (i) o princípio da eficiência, na medida em que racionaliza e otimiza a atuação dos agentes públicos, reduzindo custos de transação; (ii) o princípio da isonomia, porquanto se tem uma estrutura única e sistêmica de edital e contrato, evitando o tratamento diferenciado em situações que são idênticas; (iii) o princípio da legalidade, explicitando nas minutas de edital e contrato posições e entendimentos jurídicos consolidados da Procuradoria Geral do Estado e também dos Tribunais de Contas, quando expressamente acolhidos, facilitando a sua aplicação e entendimento pelos agentes públicos como também pelos próprios licitantes e contratados. Assim, por exemplo, cláusulas contratuais que reflitam boas práticas ou que sejam inibidoras da prática de fraudes ou de atos de corrupção também podem ser incorporadas.

Tudo isso efetiva e materializa o controle prévio de legalidade dos editais de licitação e dos contratos administrativos, afastando riscos que poderiam decorrer de interpretações ou mesmo de aplicações que se afastassem da lei.

Editais e contratos não devem ser meros reprodutores da lei. Ao revés, devem explicitar posições, adotar entendimentos consolidados e conferir segurança jurídica às partes. Resolver problemas *ex ante* é um modo de exercitar um satisfatório controle de legalidade.

Enfim, a padronização de editais e contratos auxilia diretamente na organização e otimização das funções dos agentes públicos, evitando uma indesejável duplicidade de esforços pelos mais variados órgãos e entidades da Administração. Promove-se maior presteza nas decisões e ações administrativas, garante-se a redução de interpretações divergentes sobre a mesma questão, afasta-se a discricionariedade quando não cabível, além de facilitar o exame das minutas pelos órgãos de assessoramento jurídico. Aliás, a prática administrativa tem sido a de destacar os pontos que destoam da minuta-padrão, permitindo que o advogado público presuma que os demais aspectos estão alinhados com a padronização determinada pela Procuradoria Geral do Estado.

Os "*standards*" são fixados de modo genérico, cabendo aos agentes administrativos responsáveis pela edição do ato a sua adaptação ao caso concreto, harmonizando-o às peculiaridades apresentadas. Claro que existirão situações fáticas e objetos que não comportam padronização, a demandar que editais e contratos sejam elaborados de modo singularizado o que, certamente, reclamará um nível maior de atenção da Procuradoria Geral do Estado e dos demais órgãos jurídicos.

No campo das licitações e contratações administrativas, é possível cogitar da padronização de minutas de editais e contratos, nas distintas modalidades (ex.: pregão e concorrência) e nos diversos tipos contratuais (contratos de prestação de serviços, de obras e serviços de engenharia, compras), conforme a Procuradoria Geral do Estado, de longa data, já vem procedendo[10]. O ideal a ser perseguido é a elaboração de editais e contratos setorizados, ou seja, adequados ao objeto a ser licitado ou contratado (ex.: serviços de limpeza, tecnologia de informação etc.)[11]; afinal, a racionalidade jurídica não pode ser descasada da racionalidade de cada segmento econômico.

Padronizar é racionalizar a atuação e a gestão pública, concretizando o princípio da eficiência. Os contratos e editais de conteúdo jurídico devem ser prioritariamente padronizados pelas Advocacias Públicas, o que é, inegavelmente, uma importante forma de atuar preventiva e pró-ativamente.

As minutas-padrão de editais e contratos não são atos prontos e acabados. Não obstante a Procuradoria Geral do Estado ser o órgão competente para a sua elaboração, torna-se indispensável uma permanente interação com todos os órgãos e entidades que a aplicam, haja vista sempre surgirem novas questões, dúvidas e a constante necessidade de aperfeiçoamentos.

Não por outra razão que as minutas-padrão são, antes de serem editadas, submetidas à prévia consulta pública, em postura dialógica, permitindo que os agentes públicos possam sugerir, criticar e propor medidas de aperfeiçoamento; enfim, as minutas estão em permanente atualização e recebendo o influxo daqueles que estão no cotidiano da contratação pública.

A destacar, ainda, a possibilidade das minutas-padrão de editais e contratos contarem com a colaboração do Tribunal de Contas do Estado, o que aconteceu no âmbito do Estado do Rio de Janeiro, com a atuação concertada com a Procuradoria Geral do Estado, pondo fim a dúvidas e interpretações divergentes, proporcionando relevante incremento na segurança jurídica das contratações públicas fluminenses.

---

10. Confira-se em: https://pge.rj.gov.br/entendimentos/minutas-padrao. Acesso em: 10 maio 2021.
11. Nesse sentido são bons exemplos a PGE/SP: https://www.bec.sp.gov.br/becsp/Aspx/Minutas.aspx?chave=. Acesso em: 10 maio 2021; e PGE/BA: https://www.pge.ba.gov.br/minutas-de-editaistermos-e-modelos/. Acesso em: 10 maio 2021.

5. OS ENUNCIADOS

Cabe às advocacias públicas implementar medidas para estimular que todos os órgãos da Administração Pública atuem na mesma direção, orientadas pelas mesmas diretrizes jurídicas, a fim de uniformizar os entendimentos jurídicos, quando a matéria já foi objeto de consenso.

A divulgação das principais teses jurídicas permite que o Administrador as aplique aos casos futuros de mesma natureza, organizando e aperfeiçoando as ações administrativas. Além de servir como instrumento de otimização da atuação administrativa, a uniformidade dos entendimentos jurídicos garante também maior segurança jurídica no momento da realização do ato/procedimento. Aliás, outro não foi o entendimento fixado na Lei de Introdução às Normas do Direito Brasileiro, recentemente alterada pela Lei 13.655/2018, quando estatui que *"as autoridades públicas devem atuar para aumentar a segurança jurídica na aplicação das normas, inclusive por meio de regulamentos, súmulas administrativas e respostas a consultas"*.

Distintas interpretações entre os órgãos jurídicos que integram a estrutura estatal comprometem a confiança dos administrados, gerando insegurança jurídica. Por isso que as eventuais divergências de posicionamento devem ser avaliadas pelo órgão central da Advocacia Pública, com vistas a indicar a solução mais indicada na hipótese.

A divulgação dos entendimentos jurídicos confere maior garantia e estabilidade nas relações administrativas, devendo ser incentivada a adoção de enunciados e de súmulas que consolidem posições jurídicas já consolidadas na atividade consultiva da Advocacia Pública.

A maior parte dos Enunciados produzidos pela Procuradoria Geral do Estado concentram-se nos temas da licitação e dos contratos administrativos. Do total de 45 (quarenta e cinco) enunciados, 28 (vinte e oito) tratam de assuntos ligados à contratação administrativa[12], consolidando posição em temas como: (i) procedimentos na licitação e formalização dos contratos administrativos (Enunciados PGE/RJ 11, 19; 30; 33; 35; 39; 45[13]); (ii) modalidade de licitação e o sistema de registro de preços, (Enunciados PGE/RJ 13; 27; 36[14]); (iii) hipóteses de contratação direta e seus

---

12. Para leitura dos enunciados da Procuradoria Geral do Estado, basta acessar ao *link*: https://pge.rj.gov.br/entendimentos/enunciados. Acesso em: 10 maio 2021.
13. Enunciados sobre procedimentos na licitação e formalização dos contratos administrativos: Enunciado 11 – PGE: Informática e licitação; Enunciado 19 – PGE: Competência para assinatura dos editais de licitação; Enunciado 30 – PGE: Contratos com prestadoras de serviços públicos; Enunciado 33 – PGE: Microempresas, empresas de pequeno porte, empresários individuais e cooperativas nas contratações públicas; Enunciado 35 – PGE: Audiência Pública nas licitações; Enunciado 39 – PGE: Qualificação técnica do licitante; Enunciado 45 PGE: Recomendação de divisão do objeto a ser contratado.
14. Enunciados sobre modalidade de licitação e o sistema de registro de preços: Enunciado 13 – PGE: Permissão de uso de bem público; Enunciado 27 – PGE: Sistema de Registro de Preços; Enunciado 36 – PGE: Pregão para serviços comuns de engenharia;

requisitos Enunciados PGE/RJ 9, 10; 17; 18; 20; 23; 26; 28; 31[15]); (iv) reajuste de preços, alterações contratuais e Termos Aditivos (Enunciados PGE/RJ 14; 22; 29; 32; 40; 41; 42[16]); (v) verificação da execução dos contratos (Enunciado PGE/RJ 34[17]); (vi) Termo de Ajuste de Contas e a prestação de serviços sem cobertura contratual (Enunciado PGE/RJ 8[18]).

6. AS ORIENTAÇÕES ADMINISTRATIVAS

As orientações administrativas são mecanismos que a advocacia pública pode se valer para aprimorar a gestão pública. Ao contrário dos enunciados (de conteúdo exclusivamente jurídico), a orientação administrativa tem por objetivo explicitar, à luz das normas jurídicas, procedimentos e condutas administrativas que podem ser adotadas pelos gestores, designadamente em matéria de licitações e contratos administrativos.

O procedimento para aplicar uma penalidade a uma sociedade empresária contratada pelo ente público, com as cautelas e o *iter* a ser seguido, é um bom exemplo de uma orientação administrativa que facilita a atuação dos gestores. Bem vistas as coisas, as orientações administrativas destinam-se a esclarecer as condições para a realização de determinados procedimentos rotineiros da administração, servindo como uma espécie de manual sintético de orientação jurídica, mediante a fixação de padrões, condutas, cautelas e procedimentos para a edição de determinado ato.

Podem ser, também, uma forma de apresentar recomendações aos gestores a partir da jurisprudência dos órgãos de controle e das boas práticas em termos de contratação administrativa. O foco da atuação da orientação administrativa é, essencialmente, pedagógico e preventivo, não apresentando natureza vinculante, mas criando, em larga medida, maior ônus argumentativo para o gestor que a descumpre, já que tais orientações não são produzidas a partir de valorações subjetivas ou voluntaristas, mas amparadas em premissas de gestão e da boa administração.

A Procuradoria Geral do Estado do Rio de Janeiro produziu, até o presente momento, 14 (quatorze) orientações administrativas, sendo certo que cinco tem

---

15. Enunciados sobre hipóteses de contratação direta e seus requisitos: Enunciado 10 – PGE: Dispensa com fundamento no art. 24, XIII, da Lei 8.666/1993; Enunciado 17 – PGE: Contratação direta com fundamento no art. 24, incisos I e II, da Lei 8.666/1993; Enunciado 18 – PGE: Contratação direta: requisitos; Enunciado 20 – PGE: Contratação emergencial e dispensa de licitação; Enunciado 23 – PGE: Inexigibilidade de licitação: singularidade do objeto; Enunciado 26 – PGE: Inexigibilidade de licitação: justificativa do preço; Enunciado 28 – PGE: Contrato temporário; Enunciado 31 – PGE: Credenciamento.
16. Enunciados sobre reajuste de preços, alterações contratuais e Termos Aditivos: Enunciado 09 – PGE: Prestação de serviços contínuos: requisitos para prorrogação do contrato; Enunciado 14 – PGE: Reajuste de preços nos contratos; Enunciado 22 – PGE: Locação de bens imóveis; Enunciado 29 – PGE: Habilitação do contratado quando da celebração de termo aditivo; Enunciado 32 – PGE: Prorrogação excepcional prevista no art. 57, § 4°, da Lei 8.666/1993; Enunciado 40 – PGE: Alteração Contratual: Acréscimo; Enunciado 41 – PGE: Alteração Contratual: Supressão; Enunciado 42 – PGE: Alteração Contratual: Custos Unitários.
17. Enunciado sobre verificação da execução dos contratos: Enunciado 34 – PGE: Acordo de Níveis de Serviço.
18. Enunciado sobre Termo de Ajuste de Contas: Enunciado 8: Termo de Ajuste de Contas.

por objeto a temática das contratações administrativas e consolidam procedimentos nas seguintes hipóteses: (i) requisitos para celebrar ajustes de natureza contratual ou convencional com fundação de direito privado (Orientação Administrativa 1); (ii) orientações sobre regulamentação de licitações e contratos segundo o Estatuto Jurídico das Empresas Estatais, estabelecido na Lei 13.303/2016 (Orientação Administrativa 2); (iii) casos em que há necessidade de alteração e adaptação substancial das minutas-padrão editadas pela PGE/RJ (Orientação Administrativa 3); (iv) vedação à participação de cooperativas de serviços em licitações que visem à contratação de prestação de serviços de vigilância e segurança e outras contratações em que se presume a subordinação (Orientação Administrativa 8); (v) consulta a fornecedores na pesquisa de mercado (Orientação Administrativa 13).

7. CHECKLIST

Também contribui para o controle da legalidade dos editais e contratos administrativos, concretizando o princípio da eficiência, a elaboração de checklists pela Procuradoria Geral do Estado.

Os *checklists* constituem uma espécie de lista de verificação dos elementos e justificativas que devem constar dos documentos que instruem o processo de contratação administrativa. É, portanto, um instrumento viabilizador das atividades de controle e de orientação.

Tais ferramentas apresentam dupla função: (i) orientar os gestores e agentes públicos acerca dos aspectos relevantes que devem constar nos instrumentos que integram o processo de licitação e de contratação pública, alinhados não apenas com o que diz a legislação, mas incorporando, também, orientações e posições da Procuradoria Geral do Estado e dos órgãos de controle; (ii) identificar competências e responsabilidades dos agentes públicos, permitindo visualização, em caso de fraudes, erros ou omissões, daqueles que agiram fora dos limites da lei e das orientações que foram previamente fixadas.

Lembre-se que a lei e os atos normativos de densidade inferior (decretos, resoluções etc.) não chegam ao nível de detalhamento de um *checklist*, que serve como um guia orientador dos aspectos formais e substanciais de atos fundamentais para o êxito de uma contratação pública. Evidencia-se a sua natureza técnico/jurídico/operacional.

A Procuradoria Geral do Estado tem atuado com bastante intensidade na confecção de *checklists*, como é o caso, por exemplo, da fase preparatória, prorrogação contratual, alteração quantitativa, alteração qualitativa e contratação direta[19].

---

19. Para leitura das *checklists* da Procuradoria-Geral do Estado, basta acessar o *link*: https://pge.rj.gov.br/entendimentos/manuais. Acesso em: 10 maio 2021.

8. CURSOS DE CAPACITAÇÃO PARA OS SERVIDORES

Os órgãos e entidades públicas devem primar pela excelência nas suas atuações. Para tanto, indispensável aprimorar as capacidades e aptidões dos seus servidores. A profissionalização dos recursos humanos configura legítimo instrumento de concretização do princípio da eficiência, na medida em que, a um só tempo, promove o aperfeiçoamento técnico dos servidores e permite o compartilhamento do conhecimento.

Dada a profusão de normas em suas mais variadas estaturas, indicando interpretações nem sempre harmônicas pelos distintos órgãos de controle, a advocacia pública acaba por assumir papel relevante na capacitação dos servidores, com o objetivo de conferir aos agentes públicos conhecimento jurídico mínimo que os capacite para atender com qualidade às demandas administrativas.

Diversos programas e projetos envolvendo a capacitação podem ser desenvolvidos pela própria advocacia pública (ex.: treinamentos na área de licitações e contratos, previdenciária, pessoal, ambiental etc.), sendo desejável que essa capacitação seja aplicada por quem define a orientação jurídica do ente público.

De outro lado, os programas de capacitação promovem integração dos servidores, que passam a poder avaliar suas condutas de modo comparativo e crítico, instaurando-se uma saudável rede do conhecimento. Essa é uma atuação essencialmente preventiva e integradora da Advocacia Pública e que deve ser considerada prioritária diante dos complexos desafios impostos pelo Direito Público contemporâneo.

A Procuradoria Geral do Estado tem, também, atuado no treinamento dos servidores estaduais que exercem funções de pregoeiros, gestores, fiscais, assessores jurídicos e demais agentes da contratação. Ao longo dos últimos anos, a Procuradoria Geral do Estado ofereceu cursos de capacitação que formaram mais de 1.300 (mil e trezentos) servidores na área de contratação pública[20], o que, certamente, incrementou a eficiência e vem permitindo o compartilhamento de boas práticas e conhecimentos por toda a Administração Pública Estadual.

9. A PROPOSIÇÃO DE PROJETOS DE LEI, DECRETOS E ATOS NORMATIVOS

A última iniciativa a ser destacada é a atuação da Procuradoria Geral do Estado do Rio de Janeiro na elaboração de projetos de lei e de decretos que contribuam para o aprimoramento do sistema de contratação pública estadual. A rigor, o que se faz é propor uma minuta que, na sequência, passa pelos crivos das autoridades competentes do Executivo e, se for o caso, do Legislativo.

---

20. A parceria da PGE-RJ com a Seplag, incorporada pela Sefaz, existe desde 2012, e oferece diversos cursos, tais como Formação de Pregoeiros, Gestão e Fiscalização de Contratos, Fase Preparatória das Contratações e Registro de Preços. Nesse sentido, veja-se, por exemplo, a notícia disponível em: https://pge.rj.gov.br/imprensa/noticias/2018/08/procurador-geral-abre-setima-edicao-do-curso-de-formacao-de-pregoeiros. Acesso em: 10 maio 2021.

Alguns exemplos de leis e decretos que, direta ou indiretamente, agregaram bastante na interpretação e aplicação das questões afetas ao tema das licitações e contratos administrativos e que foram editadas a partir de iniciativas da Procuradoria Geral do Estado: (i) a Lei 5.427/2009 (Lei de Processo Administrativo Estadual); (ii) Decreto 46.642/2019, que regulamentou a Fase Preparatória e; (iii) o Decreto 45.600/2016 que disciplina a gestão e fiscalização dos contratos administrativos; (iv) o Decreto 46.245/2018, que regulamentou a possibilidade de utilização da arbitragem nos contratos administrativos.

Trata-se de um mecanismo bastante relevante, haja vista que Estados e Municípios devem exercitar as suas competências em matéria de normatização dos temas afetos às licitações e contratos administrativos, observando as suas peculiaridades, resolvendo problemas nas normas estaduais, conferindo segurança jurídica para os servidores públicos e aprimorando o sistema de controle de legalidade da contratação pública.

10. CONCLUSÃO

O principal objetivo do presente artigo foi demonstrar, a partir da experiência da Procuradoria Geral do Estado do Rio de Janeiro, que a atuação das advocacias públicas no controle das licitações e contratos administrativos não se circunscreve ao exame jurídico de editais e contratos. Claro que esse continua sendo o meio mais importante de exercer o controle de legalidade no campo da contratação administrativa.

Contudo, existem diversos outros mecanismos de ações preventivas que podem contribuir para o exercício do controle de legalidade de editais e contratos administrativos, colaborando para a concretização dos princípios da eficiência, economicidade, legalidade, moralidade e transparência.

Três desafios se avizinham com maior nitidez.

O primeiro deles é a compreensão de que se demandará, cada vez mais, a especialização dos advogados públicos que militam no campo das contratações públicas. A complexidade, a sofisticação e os aspectos técnicos de cada segmento econômico tornam o exercício da atividade jurídica imbricado com o conhecimento e interação com outras áreas. Questões relativas à contratação de obras públicas são inteiramente diversas de contratação na área de tecnologia da informação que, por sua vez, apresentam relevantes diferenças quando se está a examinar contratos no setor de infraestrutura. Especialização é o caminho, o que não significa, perdoe-se o truísmo, supor que o advogado público se transforme em engenheiro ou mesmo em um profissional da área de tecnologia da informação.

O segundo desafio é o salto tecnológico em matéria de contratação pública. Acabou a era de publicar o convite na porta da repartição. Vivemos a era digital. A utilização de *big data* e de inteligência artificial pelo Poder Executivo ainda é muito incipiente. O Tribunal de Contas da União dá o exemplo com o robô Alice[21], assim como Tribunal de Contas do Estado do Rio de Janeiro utiliza a ferramenta Iris[22]. A tendência é, seguramente, o controle de editais e contratos administrativos pela Advocacia Pública se valerem, igualmente, de ferramentas que maximizem a eficiência e a celeridade nas contratações públicas.

O terceiro desafio consiste na premissa da transparência. No Estado do Rio de Janeiro é possível afirmar que houve verdadeira revolução com a utilização do SEI (Sistema Eletrônico de Informações), cuja utilização foi feita a fórceps em razão da pandemia da Covid-19. No campo das contratações públicas, quando se tem um processo aberto no qual os órgãos devidamente autorizados podem acompanhar o andamento do processo de contratação pública (seja da licitação, da contratação direta ou mesmo da execução do contrato administrativo) aumenta-se o grau da transparência, viabilizando efetivo controle prévio de legalidade. Quanto maior a visibilidade e a transparência, menores serão os problemas de desvio e de corrupção.

Enfim, examinar o tema do controle das contratações públicas pressupõe afastar visões isoladas, estanques e de túnel. Controle de contratação pública pressupõe coordenação, harmonia e ações concertadas dos órgãos de controle interno e externo, nos respectivos limites das suas competências. Sem diálogo institucional entre os órgãos de controle o avanço será tímido. É preciso investir no diálogo, na cooperação e na confiança para que as melhores soluções no campo do controle das contratações públicas sejam construídas em conjunto. Eficiência e moralidade podem e devem andar juntas.

11. REFERÊNCIAS

CAMITELLI, Marcus Vinícius. *Medidas para evitar o superfaturamento decorrente dos "jogos de planilha" em obras públicas*. 2006. Dissertação (Mestrado em Estruturas e Construção Civil) – Faculdade de Tecnologia, Universidade de Brasília, Brasília, 2006. Disponível em: https://www.pecc.unb.br/wp-content/uploads/dissertacoes/M06-9A. Acesso em: 1º abr. 2021.

CHEVALLIER, Jacques. *L'État Post-Modern*. 3. ed. Paris: LGDJ, 2008.

CHEVALLIER, Jacques. A governança e o direito. *Revista de Direito Público da Economia – RDPE*, ano 3, n. 12, p. 139. Belo Horizonte, out/dez, 2005. Disponível em: http://www.bidforum.com.br/bid/PDI0006.aspx?pdiCntd=33300. Acesso em: 23 out. 2017.

---

21. Trata-se de ferramenta utilizada pelo Tribunal de Contas da União para identificar irregularidades em licitações e pregões eletrônicos da administração federal. Acrônimo de 'análise de licitações e editais', Alice vasculha diariamente o Diário Oficial da União e todos os editais e atas inseridos no Comprasnet, o portal federal de aquisições. Para mais informações sobre a ferramenta, conferir: https://www.gov.br/cgu/pt-br/governo-aberto/noticias/2017/tecnologia-varredura-diaria-de-irregularidades-em-editais. Acesso em: 10 maio 2021.

22. O Iris é um indicador de risco aplicável à seleção de contratos administrativos sendo composto por tipologias de controle. As tipologias são testes realizados utilizando-se bases de dados disponíveis que denotam indícios de irregularidades, impropriedades ou simplesmente um risco maior de que o referido contrato venha a apresentar problemas em sua execução. Para mais informações sobre a ferramenta, conferir: https://www.tcerj.tc.br/portalnovo/noticia/indicador-de-riscos-do-tce-se-torna-referencia-nacional. Acesso em: 10 maio 2021.

GARCIA, Flávio Amaral. *Licitações e Contratos Administrativos*. Casos e Polêmicas. 5. ed. São Paulo: Malheiros, 2018, p. 205-296.

GAUDIN, Jean-Pierre. *Gouverner par Contrat*: l'Action Publique en Question. Paris: Presses de Sciences Po, 1999.

GONÇALVES, Pedro Costa. *Reflexões sobre o Estado Regulador e o Estado Contratante*. Coimbra: Coimbra Editora, 2013

INDICADOR de Riscos do TCE se torna referência nacional: Iris é selecionado pela Atricon para entrar na lista das boas práticas para tribunais. *TCE-RJ*, Rio de Janeiro, 28 nov. 2017. Disponível em: https://www.tcerj.tc.br/portalnovo/noticia/indicador-de-riscos-do-tce-se-torna-referencia-nacional. Acesso em: 10 maio 2021.

MELO, Antônio Moreira Barbosa. A ideia de contrato no centro do universo jurídico-político. In: GONÇALVES, Pedro (Org.). *Estudos de Contratação Pública – I*. Coimbra: Coimbra Editora, 2008, p. 8-21.

RICHER, Laurent Richer. La contractualisation comme technique de gestion des affaires publiques. In: GONOD, Pascale (Org.). *L'Actualité Juridique* – Droit Administratif. Paris: Dalloz, 2003.

ROPPO, Enzo. *O Contrato*. Coimbra: Livraria Almedina, 1988.

TAVARES, Claunir. Procurador-Geral abre sétima edição do Curso de Formação de Pregoeiros. *PGE – RJ*, Rio de Janeiro, 02 ago. 2018. Disponível em: https://pge.rj.gov.br/imprensa/noticias/2018/08/procurador-geral-abre-setima-edicao-do-curso-de-formacao-de-pregoeiros. Acesso em: 10 maio 2021.

TECNOLOGIA: Varredura diária de irregularidades em editais. *Gov.br*, [s. l.], 27 set. 2017. https://www.gov.br/cgu/pt-br/governo-aberto/noticias/2017/tecnologia-varredura-diaria-de-irregularidades-em-editais. Acesso em: 10 maio 2021.

A LEI 13.655/2018 E A ATUAÇÃO DO TRIBUNAL DE CONTAS DO ESTADO DO RIO DE JANEIRO

Talita Dourado Schwartz

Auditora de Controle Externo do TCE-RJ. Mestre em Saúde Coletiva pela UFES e Pós-Graduada em Direito Administrativo e Gestão Pública pela Fundação Escola Superior do Ministério Público - RS (FMP). Professora da Escola de Contas e Gestão do TCE-RJ e do Instituto de Educação e Pesquisa do MPRJ (IEP/MPRJ).

Com o advento da Lei 13.655, de 25 de abril de 2018, que inclui na Lei de Introdução às Normas do Direito Brasileiro (LINDB)[1] disposições sobre segurança jurídica e eficiência na criação e na aplicação do direito público, buscou-se maior estabilidade na regulamentação, interpretação e aplicação da legislação de Direito Público.

Desde seu nascimento, tem sido objeto de ampla discussão entre as instituições públicas e, em razão de conter termos e expressões imprecisas, a doutrina brasileira tem assumido o papel de protagonista no importante processo de interpretação e mesmo divulgação no meio jurídico.

Nessa direção, o presente texto busca expor e analisar como os órgãos de controle, mais precisamente o Tribunal de Contas do Estado do Rio de Janeiro (TCE-RJ), têm se adequado e avançado na aplicação da nova LINDB.

A respeito da interferência do controle na gestão pública à luz desse normativo, o art. 20 estabelece o dever de medir e ponderar as consequências das decisões públicas:

> Art. 20. Nas esferas administrativa, controladora e judicial, não se decidirá com base em valores jurídicos abstratos sem que sejam consideradas as consequências práticas da decisão.
>
> Parágrafo único. A motivação demonstrará a necessidade e a adequação da medida imposta ou da invalidação de ato, contrato, ajuste, processo ou norma administrativa, inclusive em face das possíveis alternativas.

O *caput* institui um olhar consequencialista quando a decisão se fundamentar em "valores jurídicos abstratos". Não estabelece a vedação à invocação de "valores jurídicos abstratos", mas determina que, quando a decisão se valer deles, deverão ser consideradas também as suas consequências práticas. Assim, quando invocado um dado princípio, por exemplo, impende constar a devida motivação que considere os possíveis efeitos da decisão no caso em análise e as possíveis alternativas.

---

1. BRASIL. *Decreto-Lei 4.657, de 04 de setembro de 1942*. Lei de Introdução às normas do Direito Brasileiro. Disponível em: http://www.planalto.gov.br/ccivil_03/Decreto-Lei/Del4657.htm. Acesso em: 18 jan. 2021.

Importante frisar que o desafio que a LINDB propõe não é excludente, no sentido de impor a opção pelas consequências em detrimento dos valores jurídicos. "Pelo contrário, exige a conciliação dessas duas perspectivas, por meio de um discurso jurídico que possa considerar, ao mesmo tempo, os valores que devem orientar a decisão com as respectivas consequências práticas"[2].

O art. 20 chama a atenção para a definição, pelo Corpo Técnico dos Tribunais de Contas, dos critérios de auditoria, que não podem simplesmente invocar princípios sem deixar claro o que esse princípio significa e sem esclarecer ao destinatário da decisão e aos administrados em geral qual a consequência da incidência desse princípio e da respectiva decisão que o aplica.

Para ilustração da aplicabilidade do artigo 20 da LINDB, cabe uma análise da situação vivenciada em 2020 pelos gestores da saúde em todas as esferas de governo. O Brasil, como o restante do mundo, deparou-se com uma situação emergencial em virtude da pandemia ocasionada pela Covid-19, e não havia qualquer programação ou planejamento para a aquisição de tantos insumos emergenciais e a contratação de profissionais de saúde. O resultado foi uma grande dificuldade para suprir essa demanda, com elevação dos preços e insuficiência mundial de materiais médico-hospitalares.

Em 06.02.2020 foi promulgada a Lei 13.979, com vistas a flexibilizar aos gestores as medidas de enfrentamento dessa emergência de saúde pública de importância internacional. No entanto, a situação agravou-se em meados de 2020, e foi primordial o trabalho desempenhado pelos órgãos de controle ao considerarem em suas decisões as respectivas consequências práticas e não prejudicarem o recebimento de materiais pelos gestores e a assistência aos destinatários dos serviços de saúde, ou seja, a população.

No caso exemplificado, a previsão das consequências práticas é facilitada por envolver realidade notória relativa à assistência direta à saúde da população, mas nem sempre o caso concreto oferece, de pronto, essa clareza.

De seu turno, o art. 21 da LINDB trouxe um novo ônus aos órgãos aplicadores do Direito, que agora devem fundamentar mais detidamente algumas de suas decisões. Também positivou um poder de modulação de efeitos que o TCE-RJ já exercia quando fixava um dado prazo para o cumprimento de suas determinações.

> Art. 21. A decisão que, nas esferas administrativa, controladora ou judicial, decretar a invalidação de ato, contrato, ajuste, processo ou norma administrativa deverá indicar de modo expresso suas consequências jurídicas e administrativas.

---

2. FRAZÃO, Ana. A importância da análise de consequências para a regulação jurídica. Parte 1. *Jota*, [s. l], 29 maio 2019. Disponível em: https://www.jota.info/opiniao-e-analise/colunas/constituicao-empresa-e-mercado/a-importancia-da-analise-de-consequencias-para-a-regulacao-juridica-29052019. Acesso em: 17 nov. 2020.

Parágrafo único. A decisão a que se refere o caput deste artigo deverá, quando for o caso, indicar as condições para que a regularização ocorra de modo proporcional e equânime e sem prejuízo aos interesses gerais, não se podendo impor aos sujeitos atingidos ônus ou perdas que, em função das peculiaridades do caso, sejam anormais ou excessivos.

Principalmente nas representações relacionadas às contratações durante a pandemia, o TCE-RJ tem aplicado com frequência o aludido dispositivo para manter atos tidos como irregulares enquanto não são adotadas providências para regularizar as condutas impugnadas.

Exemplo disso é a análise realizada na Representação formulada pela Secretaria-Geral de Controle Externo (SGE) do TCE-RJ em razão de possíveis ilegalidades e fundado receio de grave lesão ao erário decorrente do Edital de Seleção para a contratação de Organização Social de Saúde (OSS) para gestão, operacionalização e execução dos serviços de saúde no Hospital Regional do Médio Paraíba Dra. Zilda Arns Neumann[3].

No curso do processo, foi identificado que o Contrato de Gestão oriundo desse edital já havia sido celebrado, embora o instrumento não estivesse disponibilizado no processo administrativo eletrônico (SEI).

Em decorrência, como não mais seria possível impedir a celebração do contrato, o Corpo Instrutivo, à luz do art. 21, parágrafo único, da LINDB, apontou ao Plenário que, no caso, era mais apropriada a conversão em contratação direta por dispensa de processo seletivo, ao invés da invalidação imediata, especialmente porque a anulação do contrato de gestão teria o condão de ocasionar o desatendimento da unidade hospitalar e causar graves danos à saúde pública e à coletividade, diante da essencialidade do serviço. Esse entendimento foi acompanhado pelo Plenário da Casa em voto de 23.09.2020.

Ainda com base na LINDB, o TCE-RJ, nos termos do voto da Conselheira Relatora Andrea Siqueira Martins, entendeu que a contratação deveria continuar a produzir efeitos enquanto a Secretaria de Estado de Saúde (SES) não elaborasse e publicasse Edital de Seleção que contemplasse esse objeto:

> Assim, com fulcro no disposto nos art. 20 e 21 da LINDB, considerando as dificuldades técnicas envolvidas na prestação do serviço, bem como a ausência de avaliação quanto à capacidade operacional da SES para assumir, de imediato, a operação da unidade de saúde, julgo prudente, neste momento, determinar ao Jurisdicionado que conclua o novo procedimento de contratação já iniciado, se adequando à legislação concernente aos serviços de saúde. Tal medida assegura a continuidade da prestação dos serviços na referida unidade de saúde, indispensáveis à população, enquanto são realizados os procedimentos necessários à sua regularização, mediante nova licitação, desta feita em concordância com a legislação de regência, ou sua prestação direta pelo Estado.

---

3. RIO DE JANEIRO. Tribunal de Contas do Estado do Rio de Janeiro. *Processo TCE-RJ 102.035-8/2020*. Relatora: Andrea Siqueira Martins, 17 de setembro de 2020. Disponível em: https://www.tcerj.tc.br/consulta-processo/processo/list?numeroprocesso=102035-8/2020. Acesso em: 15 dez. 2020.

Em relação ao artigo 22, destaca-se o *caput* e o § 1º, relacionados à interpretação e ao controle.

> Art. 22. Na interpretação de normas sobre gestão pública, serão considerados os obstáculos e as dificuldades reais do gestor e as exigências das políticas públicas a seu cargo, sem prejuízo dos direitos dos administrados.
>
> § 1º Em decisão sobre regularidade de conduta ou validade de ato, contrato, ajuste, processo ou norma administrativa, serão consideradas as circunstâncias práticas que houverem imposto, limitado ou condicionado a ação do agente.
>
> (...)

O art. 22, *caput*, positiva uma questão não muito controversa: ao aplicar o Direito, devem ser interpretadas não apenas as normas, mas também os fatos. A Lei requer que o controlador se imagine na situação do gestor.

Ao exigir a contextualização na aplicação das normas, o *caput* produz uma espécie de "pedido de empatia" com o gestor público e com as suas dificuldades. Cabe ao julgador apreciar as dificuldades e os obstáculos enfrentados pelo gestor, se comprovados e efetivamente hábeis para interferir em suas decisões.

Nessa vertente, é fundamental a comunicação entre o controlador e o gestor, para que as dificuldades por este vivenciadas sejam conhecidas. "Caso estas dificuldades não tenham sido explicitadas na motivação do ato – ou caso se trate do controle de uma suposta omissão –, caberia ao controlador requerê-las do gestor, para fins de aplicar adequadamente o controle"[4].

Exemplo deveras relevante da aplicação deste artigo ocorreu no julgamento das Contas de Governo do Estado apreciadas em 2020, referentes ao exercício de 2019[5]. Há vários anos, o Estado do Rio de Janeiro (ERJ) vem descumprindo o percentual mínimo a ser aplicado em ações e serviços públicos de saúde, previsto na Lei Complementar Federal 141, de 13 de janeiro de 2012.

Além da obrigatoriedade da aplicação dos recursos mínimos na área da saúde, este normativo ainda prevê, em seu art. 25, que, quando do não atendimento deste montante, a eventual diferença deverá ser acrescida ao montante mínimo do exercício subsequente ao da apuração da diferença, sem prejuízo do montante mínimo do exercício de referência e das sanções cabíveis.

Ocorre que, na análise das Contas, observou-se que, além de o ERJ novamente descumprir o mínimo a ser aplicado no exercício, tampouco acresceu ao montante o valor relativo aos anos anteriores, dando ensejo à seguinte impropriedade:

---

4. JORDÃO, Eduardo. Acabou o romance: reforço do pragmatismo no direito público brasileiro. Revista de Direito Administrativo, Rio de Janeiro, Edição Especial: Direito Público na Lei de Introdução às Normas do Direito Brasileiro – LINDB, p. 73, nov. 2018.

5. RIO DE JANEIRO. Tribunal de Contas do Estado do Rio de Janeiro. Processo TCE-RJ 101.730-3/2020. Relator: Rodrigo Melo do Nascimento, 09 de Abril de 2020. Disponível em: https://www.tcerj.tc.br/consulta-processo/processo/list?numeroprocesso=101730-3/2020. Acesso em: 09 dez. 2020.

> Impropriedade 19: Não aplicação do valor referente à diferença entre o percentual executado e o mínimo previsto na Lei Complementar Federal 141/12, relativamente aos exercícios de *2017* e de *2018*, contrariando o estabelecido no art. 25 do mesmo diploma legal. (Grifou-se)

A despeito da obrigatoriedade imposta pela legislação vigente, entendeu o Plenário do TCE-RJ, nos termos do voto do Conselheiro Relator Rodrigo Melo do Nascimento, considerando as dificuldades impostas ao gestor em aplicar um valor de tão elevada monta fruto de diversos anos de inadimplência, assim como a crise financeira atual do Estado do Rio de Janeiro, que poderia ser concedido ao gestor uma flexibilização do prazo para aplicação do montante devido, conforme a seguir exposto:

> Determinação 36: Por fim, *diante dos obstáculos e dificuldades reais do gestor* e à necessidade de observância de condições para que o *saneamento da falha* ocorra de modo *proporcional e equânime* e sem prejuízo ao interesse público, quanto ao montante de *R$ 4,28* bilhões, correspondente aos saldos remanescentes dos exercícios de 2017 e 2018, reputo cabível expedir a Determinação 36, com fulcro nos arts. *21 e 22* da LINDB, para que o ERJ promova a aplicação da totalidade desses recursos *até o último ano do mandato em vigor*, sem prejuízo do necessário cumprimento de eventuais decisões judiciais que vierem a tratar da Impropriedade em comento. (Grifou-se.)

A título de complementação, informa-se que a diferença apurada da não aplicação dos recursos mínimos em 2019, no montante de R$225.753.087,00, deu ensejo à determinação 6, para que este fosse aplicado em 2020.

Por sua vez, o § 1º do art. 22 deve ser empregado em sede de responsabilização. As circunstâncias práticas enfrentadas e narradas pelo gestor não tornam um ato viciado regular, mas podem levar ao reconhecimento de uma excludente de culpabilidade ou fundamentar a modulação dos efeitos de uma decisão.

Utilizando novamente como exemplo a recente crise enfrentada devido à pandemia ocasionada pela Covid-19, apresenta-se o caso da compra de ventiladores pulmonares. Em relatório da auditoria[6], a equipe reconheceu as diversas dificuldades e limitações impostas pela crise sanitária à Administração Pública, devido à escalada da demanda por equipamentos e materiais médicos necessários, com a escassez dos referidos produtos, não apenas no Brasil, mas em todo o mercado internacional.

A análise do processo de compra foi elaborada em total harmonia com o art. 22, *caput* e § 1º, da LINDB. No entanto, considerando o contexto, era ainda mais intensa e óbvia a necessidade de se efetivar uma contratação amparada em criteriosa análise das potenciais contratadas, o que não foi feito.

Observou-se grave irregularidade (contratação de empresa inapta ao fornecimento), qualificada pela total ausência de justificativa das contratadas, com indícios de direcionamento ilícito das contratações e, inclusive, pesquisa de mercado

---

6. RIO DE JANEIRO. Tribunal de Contas do Estado do Rio de Janeiro. *Processo TCE-RJ 102.199-0/2020*. Relator: Christiano Lacerda Ghuerren, 01 de junho de 2020. Disponível em: https://www.tcerj.tc.br/consulta-processo/processo/list?numeroprocesso=102199-0/2020. Acesso em: 09 jan. 2021.

fraudulenta e a realização de pagamentos antecipados sem garantia, configurando, por conseguinte, no mínimo, o erro grosseiro, previsto no art. 28 da LINDB, como requisito para a responsabilização de agentes públicos.

Voltando ao *caput* do art. 22, foi utilizada uma metodologia para permitir a obtenção de um Preço de Referência, a partir de uma faixa de preços de mercado na mesma época das contratações, tendo sido utilizado o limite superior daquela faixa como corte, parâmetro conservador que viabilizou adequação ao contexto de volatilidade e insegurança.

Avançando para a análise do art. 23, este constitui um imperativo de segurança jurídica: não retroagir nova interpretação. Estabelece que deverá ser previsto um regime de transição para a modulação dos efeitos quando houver mudança de interpretação.

O regime de transição objetiva preservar a estabilidade de situações consolidadas à luz de nova interpretação ou orientação. O objeto central de incidência deste artigo dirige-se à decisão em sentido lato (ato administrativo, decisão colegiada, acórdão, súmula judicial, orientação normativa ou entendimento reiterado de agente, órgão ou ente de uma das três esferas) [7].

Vale registrar que, antes mesmo da alteração da LINDB, o TCE-RJ, em diversos votos em processos de Contas de Governo do Estado e dos municípios, já estabelecia prazo para a adequação do gestor ao novo entendimento, como no caso de alteração da metodologia da aplicação dos valores mínimos em saúde.

Nessa importante política pública, novamente em relação à LC 141/12, o TCE-RJ foi instado a se manifestar em processo de consulta[8] em relação ao art. 24, *in verbis*:

> Art. 24. Para efeito de cálculo dos recursos mínimos a que se refere esta Lei Complementar, serão consideradas:
> I – as despesas liquidadas e pagas no exercício; e
> II – as despesas empenhadas e não liquidadas, inscritas em Restos a Pagar até o limite das disponibilidades de caixa ao final do exercício, consolidadas no Fundo de Saúde.

A dúvida pairava sobre as despesas empenhadas e liquidadas, se estas, não expressas de maneira clara no normativo, precisavam ter disponibilidade de caixa ao final do exercício. Em resposta, o Plenário do TCE-RJ firmou entendimento de que, para serem consideradas, tanto as despesas empenhadas não liquidadas quanto as liquidadas precisam ter disponibilidade de caixa ao final do exercício.

O processo teve decisão no final de agosto de 2018, o que tornaria o prazo para implementação desse entendimento pelos gestores em 2019 bastante exíguo. Desta maneira, considerando o artigo 23 da LINDB, o Plenário do TCE-RJ reformulou a

---

7. ANDRADE, Fábio Martins de. *Comentários à Lei 13.655/2018*: proposta de sistematização e interpretação conforme. Rio de Janeiro: Lumen Juris, 2019.
8. RIO DE JANEIRO. Tribunal de Contas do Estado do Rio de Janeiro. *Processo TCE-RJ 113.617-4/2018*. Relatora: Andrea Siqueira Martins, 11 de setembro de 2019. Disponível em: https://www.tcerj.tc.br/consulta-processo/processo/list?numeroprocesso=113617-4/2018. Acesso em: 13 jan. 2021.

decisão anterior e aplicou um regime de transição para conceder a todos os jurisdicionados a oportunidade de reorganização de suas contas.

Ao final, o novo entendimento está sendo aplicado nas prestações de contas de governo (ERJ e municípios) referentes ao exercício de 2020, a serem apresentadas em 2021.

Outros exemplos em que o TCE-RJ estabeleceu período e regime de transição podem ser citados, como no caso da apuração do mínimo aplicado em educação[9], ou o entendimento de não considerar as despesas com uniforme escolar no cômputo desse mínimo[10].

Uma dificuldade relativa à aplicação desse dispositivo está no fato de alguns Tribunais de Contas não terem jurisprudência tão organizada e consolidada, de modo que o jurisdicionado fica virtualmente impossibilitado de comprovar a ocorrência de uma efetiva mudança de interpretação. O mesmo se dá em relação ao art. 24.

Muitos Tribunais de Contas, com base nas respectivas leis orgânicas, têm a competência para responder a consultas e editam súmulas. O art. 30 é mais um estímulo para que ajam dessa forma. A edição de súmulas favorece, conforme exposto, a aplicação dos artigos 23 e 24 da LINDB.

Com vistas a conferir maior segurança jurídica às suas decisões, o TCE-RJ editou, desde junho de 2018 até o momento da elaboração do presente trabalho, 7 súmulas e, por força da Deliberação 276/2017, respondeu a 208 consultas no mesmo período. Ademais, em 2020, editou 4 Notas Técnicas visando a orientar os gestores estaduais e municipais em diversos assuntos.

Por derradeiro, cabe enfatizar o esforço que as instituições públicas têm exercido para a correta aplicação da nova LINDB. Os diálogos institucionais têm avançado e devem ser ampliados com o zelo devido, sem paixões e corporativismos. Essa aproximação interinstitucional evidencia que esta Lei, quando interpretada prudente e sistematicamente, não causa prejuízo à eficácia da competência controladora e sancionatória do Controle Externo e protege o gestor público íntegro, cuidadoso e que motiva seus atos.

REFERÊNCIAS

ANDRADE, Fábio Martins de. *Comentários à lei 13.655/2018*: proposta de sistematização e interpretação conforme. Rio de Janeiro: Lumen Juris, 2019.

BRASIL. *Decreto-Lei 4.657, de 04 de setembro de 1942*. Lei de Introdução às normas do Direito Brasileiro. Disponível em: http://www.planalto.gov.br/ccivil_03/Decreto-Lei/Del4657.htm. Acesso em: 18 jan. 2021.

---

9. RIO DE JANEIRO. Tribunal de Contas do Estado do Rio de Janeiro. *Processo TCE-RJ 100.797-7/2018*. Relatora: Marianna M. Willeman, 07 de maio de 2018. Disponível em: https://www.tcerj.tc.br/consulta-processo/processo/list?numeroprocesso=100797-7/2018. Acesso em: 13 jan. 2021.
10. RIO DE JANEIRO. Tribunal de Contas do Estado do Rio de Janeiro. *Processo TCE-RJ 200.420-9/2018*. Disponível em: https://www.tcerj.tc.br/consulta-processo/processo/list?numeroprocesso=200420-9/2018. Acesso em: 14 jan. 2021.

FRAZÃO, Ana. A importância da análise de consequências para a regulação jurídica. Parte 1. *Jota*, [s. l], 29 maio 2019. Disponível em: https://www.jota.info/opiniao-e-analise/colunas/constituicao-empresa-e-mercado/a-importancia-da-analise-de-consequencias-para-a-regulacao-juridica-29052019. Acesso em: 17 nov. 2020.

JORDÃO, Eduardo. Acabou o romance: reforço do pragmatismo no direito público brasileiro. *Revista de Direito Administrativo*, Rio de Janeiro, Edição Especial: Direito Público na Lei de Introdução às Normas do Direito Brasileiro – LINDB, p. 73, nov. 2018.

RIO DE JANEIRO. Tribunal de Contas do Estado do Rio de Janeiro. *Processo TCE-RJ 100.797-7/2018*. Relatora: Marianna M. Willeman, 07 de maio de 2018. Disponível em: https://www.tcerj.tc.br/consulta-processo/processo/list?numeroprocesso=100797-7/2018. Acesso em: 13 jan. 2021.

RIO DE JANEIRO. Tribunal de Contas do Estado do Rio de Janeiro. *Processo TCE-RJ 101.730-3/2020*. Relator: Rodrigo Melo do Nascimento, 09 de Abril de 2020. Disponível em: https://www.tcerj.tc.br/consulta-processo/processo/list?numeroprocesso=101730-3/2020. Acesso em: 09 dez. 2020.

RIO DE JANEIRO. Tribunal de Contas do Estado do Rio de Janeiro. *Processo TCE-RJ 102.035-8/2020*. Relatora: Andrea Siqueira Martins, 17 de setembro de 2020. Disponível em: https://www.tcerj.tc.br/consulta-processo/processo/list?numeroprocesso=102035-8/2020. Acesso em: 15 dez. 2020.

RIO DE JANEIRO. Tribunal de Contas do Estado do Rio de Janeiro. *Processo TCE-RJ 102.199-0/2020*. Relator: Christiano Lacerda Ghuerren, 01 de junho de 2020. Disponível em: https://www.tcerj.tc.br/consulta-processo/processo/list?numeroprocesso=102199-0/2020. Acesso em: 09 jan. 2021.

RIO DE JANEIRO. Tribunal de Contas do Estado do Rio de Janeiro. *Processo TCE-RJ 113.617-4/2018*. Relatora: Andrea Siqueira Martins, 11 de setembro de 2019. Disponível em: https://www.tcerj.tc.br/consulta-processo/processo/list?numeroprocesso=113617-4/2018. Acesso em: 13 jan. 2021.

RIO DE JANEIRO. Tribunal de Contas do Estado do Rio de Janeiro. *Processo TCE-RJ 200.420-9/2018*. Disponível em: https://www.tcerj.tc.br/consulta-processo/processo/list?numeroprocesso=200420-9/2018. Acesso em: 14 jan. 2021.

ACORDO DE NÃO PERSECUÇÃO CÍVEL

Emerson Garcia

Doutor e Mestre em Ciências Jurídico-Políticas pela Universidade de Lisboa. Especialista em Education Law and Policy pela European Association for Education Law and Policy (Antuérpia – Bélgica) e em Ciências Políticas e Internacionais pela Universidade de Lisboa. Membro do Ministério Público do Estado do Rio de Janeiro., Consultor Jurídico da Procuradoria-Geral de Justiça e Diretor da Revista de Direito. Consultor Jurídico da Associação Nacional dos Membros do Ministério Público (CONAMP). Membro da Comissão de Juristas instituída no âmbito da Câmara dos Deputados para a revisão da Lei nº 8.429/1992. Membro Honorário do Instituto dos Advogados Brasileiros (IAB).*

Sumário: 1. Considerações iniciais – 2. Noções introdutórias sobre a consensualidade no direito sancionador brasileiro – 3. O surgimento do acordo de não persecução cível – 4. Desafios interpretativos decorrentes do veto ao art. 17-A – 5. Epílogo – 6. Referências.

1. CONSIDERAÇÕES INICIAIS

Bom dia a todos. Meus sinceros cumprimentos à Procuradoria Geral do Estado pela iniciativa de organizar um curso dessa natureza e, acima de tudo, estabelecer um diálogo interinstitucional.

Tenho sido muito crítico durante as últimas décadas em relação à produção científica no âmbito das instituições de Estado, que parece serem detentoras da verdade absoluta. Cada uma delas se isola em si, cada uma delas constrói o seu arquétipo de verdade e o consome da forma que melhor lhe aprouver. O complicador é que cada uma delas, por vezes, esquece que não subsiste sozinha em um sistema jurídico; muito pelo contrário: coexiste com várias instituições.

Então, sem um diálogo como esse, "nós chegamos onde não chegamos". Até hoje, nós andamos de maneira circular e não conseguimos evoluir. Temos muitos problemas que poderiam ser facilmente resolvidos a partir de um diálogo interinstitucional, mas quando cada agência de um Estado de Direito se arvora em detentora da verdade e busca criar e absolver sozinha essa verdade. Tendencialmente, os resultados não serão positivos.

Então, meus sinceros cumprimentos pela iniciativa do curso, meus cumprimentos especiais aos nossos coordenadores científicos, ao Anderson Schreiber, ao Paulo Henrique Mainier que me fez o gentil convite, aos meus companheiros de mesa, Dr. Flávio Amaral e Dra. Talita. É um grande prazer poder participar dessa discussão, principalmente no dia inicial do curso, e espero poder contribuir em algo sobre uma temática em particular, que ainda vai gerar muitos debates e justamente debates em um ambiente interinstitucional. Uma instituição não vai poder resolver sozinha os problemas que surgirão a partir da aplicação do acordo de não persecução cível. E o meu objetivo é tão somente o de tecer algumas considerações que possam contribuir para esse debate.

Para nós compreendermos alguns aspectos essenciais do acordo de não persecução cível, vou, basicamente, dividir a minha exposição em três partes. Algumas noções introdutórias sobre a consensualidade no direito sancionador brasileiro, sobre o surgimento do acordo de não persecução cível na nossa ordem jurídica e sobre os desafios interpretativos que enfrentaremos na medida em que o Presidente da República vetou parcialmente a introdução dos dispositivos normativos que tratavam dessa temática.

2. NOÇÕES INTRODUTÓRIAS SOBRE A CONSENSUALIDADE NO DIREITO SANCIONADOR BRASILEIRO

Então, começando pela perspectiva da consensualidade no direito sancionador, observa-se que o direito brasileiro é historicamente infenso à consensualidade. Nós sempre víamos o direito punitivo, o direito sancionador, como algo indisponível. Ele deveria ser tão somente levado à autoridade competente, tão logo identificada a prática do ilícito, e caberia a essa autoridade decidir pela aplicação ou não de uma sanção, bem como pela fixação da respectiva dosimetria.

Esse movimento de consensualidade no direito sancionador brasileiro começou no início da década de noventa do século passado. Um exemplo embrionário era oferecido pela Lei dos Crimes Hediondos, que permitia a redução da pena daquele que colaborasse para a descoberta dos demais autores, para a diminuição das consequências do ilícito ali indicado, no caso, a extorsão mediante sequestro ou o crime de quadrilha ou bando praticado com o fim de operacionalizar a referida infração penal.

Pois bem, nessa previsão embrionária, a consensualidade surgiu de modo escalonado. Em outras palavras, alguém colaborava com as autoridades, a pessoa envolvida na prática do ilícito, na esperança de que, ao final da relação processual, essa colaboração tivesse a sua relevância reconhecida e, automaticamente, ele recebesse benefícios. Esse foi o modelo embrionário da consensualidade no direito brasileiro.

E essa consensualidade se enquadra no arquétipo da consensualidade de colaboração. Na consensualidade de colaboração é necessário que o envolvido no ilícito ofereça algo ao Estado para que receba um benefício. Esse modelo foi replicado em diversas leis, até termos um grande avanço com a Lei nº 9.099/1995, que instituiu os juizados especiais criminais e admitiu a transação nos crimes de menor potencial ofensivo. Ou, melhor dizendo, nas infrações penais de menor potencial ofensivo. Ali, nós tivemos a introdução, no direito brasileiro, de uma nova modalidade de consensualidade, que seria a consensualidade de pura reprimenda. O Estado entende que é melhor que o indivíduo aceite uma consequência desfavorável de imediato a aguardar o longo trâmite de uma relação processual. Então, no modelo da Lei nº 9.099/1995, era oferecida uma medida a ser cumprida pelo indivíduo, uma medida despenalizadora, e ele, aceitando cumprir essa medida, sequer seria acusado no curso de um processo regular.

Tínhamos, portanto, esses dois balizamentos. A Lei nº 8.072, a Lei dos Crimes Hediondos, introduziu no direito brasileiro a consensualidade de colaboração, mas era uma consensualidade diferida. E a Lei nº 9.099 introduziu a consensualidade de pura reprimenda, em que o indivíduo aceitava uma consequência desfavorável na sua esfera jurídica, cumpria a medida e automaticamente não era acusado penalmente.

Esse modelo foi mantido nas décadas subsequentes. Na segunda década do século 21 nós tivemos a grande inovação, que foi a Lei nº 12.850/2103. Esse diploma normativo, ainda trabalhando com a consensualidade de colaboração, instituiu um modelo similar a um verdadeiro negócio jurídico no âmbito da jurisdição penal. Em outras palavras, o Ministério Público ou a autoridade policial senta-se à mesa com aquele que é acusado ou investigado, fazem um acordo no qual há uma colaboração para a elucidação do ilícito ou a diminuição de suas consequências. Nesse caso, aquele que colabora acorda de imediato que benefícios receberá.

Dessa maneira, tivemos um grande aperfeiçoamento da consensualidade com a Lei das Organizações Criminosas, a Lei nº 12.850. Em um exemplo já célebre, oferecido pela Operação Lava Jato, os resultados incialmente obtidos forem muito bons. E na medida em que nós tivemos esses resultados impactando a nossa realidade, de uma forma intensa e visceral, de um modo como jamais tínhamos visto na nossa história republicana, automaticamente tivemos o pensamento: "por que não replicar esse modelo vitorioso para outras esferas de responsabilização?". E aí nós tivemos as reflexões em torno da consensualidade de colaboração no âmbito da improbidade administrativa.

Além desse modelo vigente no direito penal, a consensualidade também se espraiou para outras plagas. Nós temos a consensualidade no plano administrativo: o Conselho de Administração e Desenvolvimento Econômico (CADE), a Comissão de Valores Mobiliários, o Banco Central e as agências reguladoras adotam o sistema de consensualidade, de celebração de acordos. Curiosamente, temos apenas uma lei, no âmbito das agências reguladoras, prevendo expressamente a possibilidade de acordo, que é a lei de regência da Agência Nacional de Saúde Complementar, a ANS. Apenas a lei da ANS prevê esse instrumento. Mas as demais agências reguladoras passaram a adotar a prática a partir de regulamentos internos. Elas fizeram algo de ilícito? Não, não fizeram. Elas se ajustaram ao modelo. Qual é o modelo prevalecente no direito brasileiro? Quem homologa o acordo é quem tem competência para aplicar a sanção. Então, no âmbito do direito penal, o Ministério Público nunca pôde homologar acordos, porque o Ministério Público não pode aplicar sanções. Quem homologava o acordo era o Poder Judiciário. Foi assim na fase embrionária e é assim até hoje, mesmo com a introdução das modificações promovidas pela Lei das Organizações Criminosas.

E, recentemente, na mesma lei que introduziu o acordo de não persecução cível no direito brasileiro, o Pacote Anticrime (Lei nº 13.964/2019), nós tivemos a previsão expressa do acordo de não persecução penal. Esse instrumento havia sido introduzido em momento anterior, pelo Conselho Nacional do Ministério Público, via resolução, o que encontrava certa resistência em relação ao aspecto formal, já que se tratava da introdução de um novo instrumento jurídico na realidade brasileira, à margem do processo legislativo regular.

Esse modelo de acordos no âmbito do direito sancionador se espraiou pelo plano administrativo, pelo plano penal e pelo plano cível. No âmbito da Lei nº 12.846, nós também temos a previsão de acordo. Trata-se do acordo de leniência. Em cada um dos sistemas, o acordo tem designativos próprios e requisitos específicos. Mas ele apresenta uma linearidade. Que linearidade é essa? A linearidade consiste no fato de o acordo, invariavelmente, ser homologado por quem tem competência para aplicar a respectiva sanção, ainda que, eventualmente, nós tenhamos basicamente dois exemplos no direito brasileiro nos quais o acordo possa gerar reflexos em outras esferas de responsabilização. Refiro-me à Lei nº 12.846, na qual o acordo de leniência, celebrado no âmbito da administração pública, exclui sanções no plano judicial, bem como aos acordos celebrados no âmbito do CADE, que poderiam acarretar a extinção da punibilidade no âmbito penal. Obviamente, em razão das contestações relacionadas, principalmente, aos acordos envolvendo o CADE, já que a extinção da punibilidade afeta diretamente a posição do Ministério Público como *dominus littis* da ação penal, o CADE tem chamado a Instituição para celebrar esses acordos em conjunto, de modo que ele possa produzir os efeitos almejados.

A curiosidade nesses dois exemplos que eu mencionei é que não há uma exigência expressa de homologação do acordo pela autoridade que aplica a sanção. Todos os demais acordos do sistema de direito sancionador brasileiro exigem que a autoridade que aplica a sanção venha a homologar o acordo que evita o surgimento ou substitui a sanção. Esse é o modelo.

A partir dessa percepção geral do sistema, nós nos deparamos com os desafios oferecidos pela Lei de Improbidade Administrativa. Ora, se nós tínhamos obtido êxito com a consensualidade de colaboração para coibir as organizações criminosas, o que se deu com o manejo da colaboração premiada, por que não trazer o modelo para a Lei de Improbidade Administrativa?

Nesse momento, lembrarei de Ruy Barbosa, quando, no limiar do século 20, dizia que, "no início, não tínhamos federação alguma, agora, não há federação que nos baste". O jurista se referia ao movimento de proclamação de República e que, na verdade, o grande mote era a construção do federalismo no Brasil. Então, parafraseando Ruy Barbosa eu digo: "no início, não tínhamos consensualidade alguma, trinta anos depois, não há consensualidade que nos baste". Foi perceptível o surgimento de um grande voluntarismo para trazer essa consensualidade sedimentada no âmbito da Lei das Organizações Criminosas para o plano da improbidade administrativa.

Mas qual era o grande obstáculo que nós enfrentávamos? Nós tínhamos uma vedação expressa no art. 17, § 1º, da Lei nº 8.429/1992, dispondo que era vedada qualquer espécie de acordo, transação etc., no âmbito da improbidade administrativa. Tivemos até uma tentativa de revogação dessa vedação via medida provisória, o que ocorreu com a edição da Medida Provisória nº 703/2015, pela Presidente Dilma Rousseff, que simplesmente revogava esse § 1º.

Obviamente, a revogação não ia resolver o problema, porque nós continuaríamos sem o sistema. Qual o sistema que nós iríamos observar? Quais as sanções que nós poderíamos negociar? Qual era a forma de homologação do acordo celebrado? Nada disso seria respondido, mas nesse momento surgia, crescia cada vez mais, a necessidade de trazermos a consensualidade para o âmbito da improbidade administrativa.

E muitos começaram a construir teorias de que o sistema teria revogado tacitamente aquela vedação, tornando-a incompatível sistemicamente com o direito brasileiro. Um dos argumentos, por exemplo, era o de que tal ocorrera com a Lei de Mediação, que permitia a celebração de acordos, e o seu art. 36 estabelecia a existência dessa possibilidade de acordo em litígios envolvendo entes da Administração Pública. Então, pinçavam um dos parágrafos daquele preceito, que fazia menção à necessidade de o juiz que conduzia o processo por improbidade administrativa homologar o acordo celebrado, para generalizar a possibilidade de celebração. Obviamente, aquela necessidade de homologação decorria do fato de o acordo poder gerar reflexos no objeto do processo, mas esqueciam do *caput*. O *caput* estabelecia que esse acordo era celebrado entre entes públicos. E se o acordo gerasse reflexos no âmbito da improbidade administrativa, seria necessário que o juízo competente o homologasse. Ele não previa genericamente a possibilidade de acordos no âmbito da improbidade. Previa, em verdade, a possibilidade de acordos em relação ao fato que deu origem ao ilícito chamado de improbidade. Apesar disso, era nítida a tendência de trazermos a consensualidade para o âmbito da improbidade.

3. O SURGIMENTO DO ACORDO DE NÃO PERSECUÇÃO CÍVEL

Sempre refleti muito sobre os problemas que deveríamos enfrentar em relação à incorporação da consensualidade ao sistema de combate à improbidade, e tive a oportunidade de oferecer a minha colaboração para esse tema em 2018.

Em 2018 foi constituída, no âmbito da Câmara dos Deputados, uma Comissão para rever a Lei nº 8.429/1992. Essa comissão foi presidida pelo ministro Mauro Campbell, do Superior Tribunal de Justiça, e contou com membros da advocacia, membros do Ministério Público, e membros da magistratura. Nessa comissão, apresentei a proposta de criação do denominado acordo de não persecução cível. Por que denominei o instituto de acordo de não persecução cível? Por uma razão muito simples: estabeleci um paralelo com o acordo de não persecução penal que, naquele momento, 2018, somente existia em resolução do Conselho Nacional do Ministério Público.

Como entendo que a improbidade administrativa configura uma instância de responsabilização cível, que vai coexistir com a instância penal e com a instância do direito administrativo sancionador, que é aquele aplicado pela Administração Pública, a opção de denominar o acordo de não persecução civil foi mais que natural.

Pois bem, quando apresentei a proposta no âmbito da comissão, o acordo de não persecução cível que estruturei naquele momento era uma manifestação da consensualidade de colaboração. Era uma consensualidade de colaboração. Em outras palavras, o indivíduo poderia ter um benefício do Estado, celebrando esse acordo, se ele oferecesse algo ao Estado. No âmbito da comissão, a partir dos debates, chegamos à conclusão de que poderíamos estender esse acordo para além da consensualidade de colaboração, alcançando a consensualidade de pura reprimenda. Nós evitaríamos o próprio surgimento da relação processual ao admitirmos a celebração do acordo, seguindo o mesmo paradigma do acordo de não persecução penal.

Esse paradigma do acordo de não persecução cível veio a ser aprovado no âmbito da comissão. A redação utilizada pela comissão foi praticamente aquela que eu ofertei. E, para a nossa surpresa, quando foi apreciado o Pacote Anticrime, o Congresso Nacional pinçou o artigo concernente ao acordo de não persecução cível constante da proposta da comissão, que havia apresentado o anteprojeto para a alteração da Lei de Improbidade Administrativa, e o inseriu no Projeto Anticrime, daí resultando o preceito a inserido pela Lei nº 13.964.

A Lei nº 13.964, que veiculou o Pacote Anticrime, inseriu um art. 28-A no Código de Processo Penal, prevendo o acordo de não persecução penal, e alterou a Lei nº 8.429, introduzindo a figura do acordo de não persecução cível. Então, nós passamos a ter dois instrumentos.

O acordo de não persecução cível, instituído pela Lei nº 13.964, foi objeto de referência em dois preceitos da Lei nº 8.429: o art. 17, no qual outrora estava contida a vedação do § 1º, que deixou de existir, e o art. 17-A. No art. 17-A foi realizado o detalhamento de como se procederia para a celebração e a homologação do acordo de não persecução cível.

No art. 17-A era previsto que a iniciativa para a celebração do acordo era privativa do Ministério Público. Por que essa iniciativa era privativa? Porque, no âmbito da comissão, a partir das audiências públicas realizadas, das discussões internas mantidas, chegou-se à conclusão de que se deveria concentrar no Ministério Público a legitimidade para ajuizar as ações de improbidade, Instituição que, historicamente era a autora da quase totalidade das ações dessa natureza, o que é muito negativo. Porque se nós pararmos para pensar, instrumentalmente, quem tem mais condições de propor esse tipo de ação, considerando as informações disponíveis, seria a própria Administração Pública, por suas procuradorias, pois veem o nascedouro do problema. Então, teriam condições de identificar esse problema e, a partir daí, propor as ações de improbidade. Mas, historicamente, como se disse, o maior quantitativo de ações ajuizadas é do Ministério Público. À luz desse quadro, no âmbito da Comissão, chegou-se à conclusão, seguindo o mesmo modelo que foi adotado no âmbito da responsabilização penal, na qual o Ministério Público se tornou o *dominus litis* dessa ação, de que se deveria concentrar na Instituição a legitimidade para agir.

O anteprojeto, portanto, foi estruturado com o reconhecimento da iniciativa privativa do Ministério Público. Se a iniciativa para ajuizar a ação é privativa do Ministério Público, por coerência lógica, a iniciativa para propor o acordo também era privativa do Ministério Público. Mas o Congresso Nacional, ao pinçar o art. 17-A e introduzi-lo no Pacote Anticrime, cuja a proposta do então ministro Sérgio Moro era tão somente a de alterar o art. 17, § 1º, suprimindo a vedação, não detalhando o instrumento, terminou por introduzir esse artigo em um sistema no qual a legitimidade era disjuntiva e concorrente entre a Fazenda Pública lesada e o Ministério Público. E aí nós passamos a ter uma incoerência sistêmica, porque temos dois legitimados para ajuizar a ação e, em uma sistemática processual como a nossa, que estimula a celebração de acordos, só um desses legitimados poderia celebrar o ajuste, que seria o Ministério Público.

Em razão dessa inconsistência sistêmica, o preceito, vale dizer, o art. 17-A, a partir de manifestação da Advocacia Geral da União, foi vetado pelo Presidente da República. Esse art. 17-A previa os contornos gerais do instituto. E eu destaco aqui a necessidade de reparação do dano, a necessidade de o Ministério Público homologar internamente esse acordo, pelo Conselho Superior, no caso do Ministério Público Estadual, ou pela Câmara de Revisão, por parte do Ministério Público Federal; e, no segundo momento, esse acordo deveria ser homologado em juízo. Esse era o *iter* a ser seguido, quer estivéssemos perante um acordo celebrado no âmbito pré-judicial, quer estivéssemos perante um acordo celebrado no âmbito judicial.

4. DESAFIOS INTERPRETATIVOS DECORRENTES DO VETO AO ART. 17-A

Com o veto do art. 17-A, nós temos apenas o permissivo do art. 17 para a celebração do acordo de não persecução cível. E aí surgem diversos questionamentos.

O primeiro questionamento, e mais importante de todos, é o seguinte: é necessária a homologação judicial nos acordos de não persecução cível? Se nós lançarmos os olhos sobre o art. 17, não vamos identificar essa exigência de modo expresso. Agora, no meu modo de ver, a exigência é inerente ao sistema.

E por que entendo assim? Por uma razão muito simples: porque no sistema brasileiro somente homologa acordos no direito sancionador quem pode aplicar a sanção. À guisa de ilustração, a corregedoria de um órgão administrativo pode celebrar um acordo no curso do processo administrativo para abreviar o seu trâmite e, no meu modo de ver, isso é perfeitamente possível ainda que não haja uma lei prevendo essa possibilidade de modo expresso. Por que não há qualquer problema quanto a isso? Porque a mesma corregedoria que vai aplicar a sanção vai negociar a abreviação do trâmite processual. E os negócios jurídicos processuais estão previstos no Código de Processo Civil e são aplicáveis ao processo administrativo. Portanto, essa possibilidade é plenamente factível.

Então nós temos no art. 17 a possibilidade de celebração do acordo em qualquer âmbito. Mas e a homologação judicial? A homologação judicial vai evitar um pequeno problema no sistema brasileiro. Hoje, estão legitimados a celebrar o acordo de não persecução cível 5,5 mil governos e os membros do Ministério Público de todo o Brasil, com atribuição, obviamente.

Em consequência, nós temos 5,5 mil governos brasileiros, que é o quantitativo formado por União, Estados, Distrito Federal e Municípios, que vão poder celebrar esses acordos, e, paralelamente, o Ministério Público. Nós teremos um caos pragmático se qualquer um desses legitimados puder celebrar o acordo da forma que melhor lhe aprouver. Alguns acordos serão celebrados norteados pelo bem comum e outros não. Isso é da essência do ser humano. E é bom que fique bem claro, esse problema não se apresenta apenas no âmbito do Poder Executivo, que adota as decisões fundamentais de emprego de recursos públicos e desenvolvimento de políticas públicas. A deterioração humana decorre de uma base de valores distorcida no ambiente social. Essa deterioração acompanha o ser humano, ser humano que irá para o Executivo, para o Legislativo, para o Judiciário, para o Ministério Público, para a polícia, vale dizer, para qualquer estrutura estatal de poder. Se esse ser humano deteriorado estiver no lugar errado, na hora errada, ele pode causar um grande dano para a coletividade.

Quando fiz a proposta originária, pareceu-me necessário que nós tivéssemos, no âmbito do Ministério Público, uma homologação interna para resguardarmos a unidade da Instituição, isto sem macularmos a independência funcional do membro, e a homologação pelo juiz, que poderia verificar excessos ou insuficiências de alguma ordem. Precisamos lembrar que a ideia de proporcionalidade, e isso remonta aos germânicos, veda tanto o excesso, o *übermassverbot*, como a insuficiência, a *untermassverbot*. Nós não podemos compactuar nem com o excesso nem com a insuficiência. Portanto, a ideia seria a homologação interna e, ato contínuo, a homologação judicial.

Ainda é importante ressaltar que, na sistemática da Lei nº 8.429/1992, o Ministério Público deve atuar como órgão interveniente nas ações ajuizadas pela pessoa jurídica lesada. A pessoa jurídica lesada, por sua vez, deve ser igualmente cientificada das ações ajuizadas pelo Ministério Público, aplicando-se o disposto no art. 6º, § 3º, da Lei nº 4.717/1965 (Lei da Ação Popular). Ora, afastar a exigência de homologação judicial importará em desconsiderar essa exigência sistêmica, alijando um dos legitimados dos termos do acordo celebrado pelo outro.

No meu modo de ver, a homologação judicial é imprescindível, apesar da ausência de menção expressa no art. 17. Trata-se de exigência sistêmica. Se não houver homologação judicial, nós teremos o seguinte quadro: o Poder Público celebra o acordo de não persecução cível e o Ministério Público ajuíza a ação de improbidade, ou o Ministério Público celebra o acordo de não persecução e o Poder Público ajuíza a ação de improbidade, isto com um complicador. Além de ajuizar a ação de improbidade, aquele que o faz terá que anular o acordo de não persecução cível anteriormente celebrado. Com isso, traremos à tona toda a polêmica envolvendo o termo de ajustamento de conduta celebrado por um legitimado, com base na Lei nº 7.347/1985, bem como em outros diplomas que o permitiram, com a correlata discordância de outro legitimado.

O sistema seria facilmente preservado com a participação do Poder Judiciário. Se o Ministério Público celebra o acordo de não persecução cível, ele leva à homologação do Poder Judiciário; a Fazenda Pública é necessariamente intimada, como exige a própria Lei de Improbidade, e ela vai se pronunciar. Se ela verificar excesso ou insuficiência, pode recorrer. E a recíproca é verdadeira, se a Fazenda Pública celebra o acordo, leva à homologação judicial; o Ministério Público será necessariamente ouvido e aí nós teríamos um diálogo permanente entre os operadores, verificando a solução mais adequada. Não teríamos nenhuma medida praticada à margem da luz na certeza de que todos a desconhecerão.

Porque, vejam, há o risco de o Ministério Público ou de a Fazenda Pública só tomarem conhecimento de um acordo anteriormente celebrado no momento em que a ação for ajuizada. E ele pode ser tido sido celebrado anos atrás. E qual é a consequência disso? Há uma insegurança jurídica para aquele que celebrou o acordo. Podemos ter situações de absoluta boa-fé, como podemos ter situações de má-fé. A segurança seria alcançada com a homologação judicial.

Em relação ao conteúdo desse acordo, há um outro problema, já que não temos balizamentos previstos em lei. Parece-me bem razoável tentarmos estabelecer um paralelo com os acordos de não persecução penal, veiculados na mesma lei que instituiu o acordo de não persecução cível. Que paralelo seria esse? A pessoa teria que reconhecer a prática do ilícito, teria que fornecer as informações necessárias para o deslinde de outras consequências desconhecidas e seria necessária a reparação do dano, requisitos que nada mais são que os arquétipos básicos de um acordo em que deve ser preservado o interesse público. Mas a homologação parece necessária. Esse é um dos problemas fulcrais envolvendo o acordo de não persecução cível.

Há um direito subjetivo à celebração do acordo? Não, à evidência que não. A Fazenda Pública ou o Ministério Público terão que avaliar a consequência do ilícito, o benefício obtido com a celebração do acordo e, por fim, decidir celebrá-lo, ou não, de forma devidamente fundamentada. Mas isso não significa que haja um direito subjetivo do envolvido à celebração do acordo.

Após a realização da palestra, foi promulgada a Lei nº 14.230, de 25 de outubro de 2021, que promoveu amplas alterações na Lei nº 8.429, de 2 de junho de 1992, inserindo um art. 17-B nesse diploma normativo. Esse preceito, fortemente inspirado no texto apresentado pelo autor no âmbito da Comissão que elaborou o anteprojeto de reforma da Lei nº 8.429/1992, estabeleceu o detalhamento do acordo de não persecução cível. O ajuste sempre será submetido à homologação judicial (art. 17-B, § 1º, III), mas somente haverá necessidade de aprovação, pelo órgão do Ministério Público competente para apreciar as promoções de arquivamento de inquéritos civis, caso seja celebrado antes do ajuizamento da ação (art. 17-B, § 1º, II). No acordo, devem ser previstos, ao menos, o integral ressarcimento do dano e a reversão à pessoa jurídica lesada da vantagem indevida obtida (art. 17-B, I e II).

Deve ser ressaltado que a Lei nº 14.230/2021 passou a prever a legitimidade privativa do Ministério Público para ajuizar a ação para a aplicação das sanções por ato de improbidade administrativa (art. 17, caput e §§ 6º-A, 10-C e 14), bem como para celebrar o acordo de não persecução cível (art. 17-B, caput e § 5º). O Supremo Tribunal Federal, em decisão monocrática proferida em sede de cognição sumária, realizou interpretação conforme à Constituição do caput e dos §§ 6º-A, 10-C e 14 do art. 17 da Lei nº 8.429/1992, com a redação dada pela Lei nº 14.230/2021, para manter a legitimidade disjuntiva e concorrente entre a Fazenda Pública e o Ministério Público para o ajuizamento da ação (ADI nº 7.042 e 7.043, rel. Min. Alexandre de Moraes, decisão de 17/02/2022). Embora tenha sido pedida, não foi deferida a medida cautelar para que a legitimidade disjuntiva fosse estendida à celebração dos acordos de não persecução cível.

5. EPÍLOGO

Pois bem, são essas, em linhas gerais, as considerações que tinha a fazer. Agradeço muitíssimo a atenção de todos.

E, uma vez mais, parabenizo a Procuradoria Geral do Estado do Rio de Janeiro pela iniciativa de organização do curso.

Muito obrigado.

6. REFERÊNCIAS:

BRASIL. *Lei nº 4.717 de 29 de junho de 1965.* Lei de Ação Popular. Regula a ação popular. Disponível em: http://www.planalto.gov.br/ccivil_03/leis/l4717.htm.

BRASIL. *Lei nº 7.347 de 24 de julho de 1985.* Disciplina a ação civil pública de responsabilidade por danos causados ao meio-ambiente, ao consumidor, a bens e direitos de valor artístico, estético, histórico, turístico e paisagístico (VETADO) e dá outras providências. Disponível em: http://www.planalto.gov.br/ccivil_03/leis/l7347orig.htm.

BRASIL. *Lei nº 8.072 de 25 de julho de 1990.* Dispõe sobre os crimes hediondos, nos termos do art. 5º, inciso XLIII, da Constituição Federal, e determina outras providências. Disponível em: http://www.planalto.gov.br/ccivil_03/leis/l8072.htm.

BRASIL. *Lei nº 8.429 de 2 de junho de 1992.* Dispõe sobre as sanções aplicáveis aos agentes públicos nos casos de enriquecimento ilícito no exercício de mandato, cargo, emprego ou função na administração pública direta, indireta ou fundacional e dá outras providências. Disponível em: http://www.planalto.gov.br/ccivil_03/leis/l8429.htm.

BRASIL. *Lei nº 9.099 de 26 de setembro de 1995.* Dispõe sobre os Juizados Especiais Cíveis e Criminais e dá outras providências. Disponível em: http://www.planalto.gov.br/ccivil_03/leis/l9099.htm.

BRASIL. *Lei nº 12.846 de 1º de agosto de 2013.* Lei de Improbidade Administrativa. Dispõe sobre a responsabilização administrativa e civil de pessoas jurídicas pela prática de atos contra a administração pública, nacional ou estrangeira, e dá outras providências. Disponível em: http://www.planalto.gov.br/ccivil_03/_ato2011-2014/2013/lei/l12846.htm.

BRASIL. *Lei nº 12.850 de 2 de agosto de 2013*. Define organização criminosa e dispõe sobre a investigação criminal, os meios de obtenção da prova, infrações penais correlatas e o procedimento criminal; altera o Decreto-Lei nº 2.848, de 7 de dezembro de 1940 (Código Penal); revoga a Lei nº 9.034, de 3 de maio de 1995; e dá outras providências. Disponível em: http://www.planalto.gov.br/ccivil_03/_ato2011-2014/2013/lei/l12850.htm.

BRASIL. *Lei nº 13.105 de 16 de março de 2015*. Código de Processo Civil. Disponível em: http://www.planalto.gov.br/ccivil_03/_ato2015-2018/2015/lei/l13105.htm.

BRASIL. *Lei nº 13.964 de 24 de dezembro de 2019*. Pacote Anticrime. Aperfeiçoa a legislação penal e processual penal. Disponível em: http://www.planalto.gov.br/ccivil_03/_ato2019-2022/2019/lei/L13964.htm.

Parte II
DIÁLOGOS INSTITUCIONAIS: AS POSSIBILIDADES DE CONTRIBUIÇÕES RECÍPROCAS ENTRE OS CONTROLES EXTERNOS E INTERNOS

O ACORDO DE LENIÊNCIA NO NOVO MARCO REGULATÓRIO ANTICORRUPÇÃO DO ESTADO DO RIO DE JANEIRO[1]

André Uryn
Procurador do Estado do Rio de Janeiro.

Sumário: 1. Introdução – 2. Acordo de leniência: histórico e natureza jurídica – 3. Requisitos para a celebração do acordo de leniência e critérios para a mensuração do montante a ser recuperado em razão da prática de atos de corrupção. O decreto 46.366/18 do Estado do Rio de Janeiro – 4. Conclusão – 5. Referências.

1. INTRODUÇÃO

O Estado do Rio de Janeiro possui um novo marco regulatório anticorrupção, formado pela Lei 7.989/2018, Lei 7.753/2017 e Decreto 46.366/2018[2]. Esse conjunto de normas foi instituído a partir dos recentes escândalos ocorridos no âmbito da Administração Pública fluminense[3], tendo em vista a constatação de que o sistema de controle interno não foi capaz de prevenir, apurar e punir as condutas perpetradas pelos agentes e pessoas jurídicas envolvidas.

Inicialmente, foi preciso reorganizar a atuação dos órgãos de controle interno, que não estavam voltados para o combate à corrupção. O sistema de controle interno era vetusto, baseado na Lei 287/1979, que instituiu o Código de Contabilidade Pública. Era composto pela Auditoria Geral do Estado e pela Contadoria Geral do Estado, ambos estruturados na Secretaria de Estado de Fazenda com a finalidade de verificação de inconformidades em contratos e convênios celebrados pela Administração Pública, na forma do Decreto 43.463/2012.

---

1. O presente artigo foi originalmente publicado pela Universidade Nova de Lisboa como resultado do I curso sobre mecanismos de prevenção e combate à corrupção na Administração Pública, que ocorreu entre 03 e 07 de setembro de 2018, tendo sido atualizado com posteriores alterações normativas.
2. Parcialmente alterado pelo Decreto 46.788, de 14 de outubro de 2019, pelo Decreto 47.361, de 13 de novembro de 2020 e pelo Decreto 47.361, de 13 de novembro de 2020.
3. Segundo informado pelo Ministério Público Federal, até o momento, a Operação Lava-Jato no Estado do Rio de Janeiro produziu 33 denúncias com 153 denunciados, tendo sido pleiteados R$ 2,34 bilhões em reparação e R$ 452,2 milhões efetivamente recuperados.

A necessidade de alteração desse marco foi verificada também por uma questão prática: a aplicação da Lei 12.846/2013 – Lei Anticorrupção – e seus mecanismos de combate à corrupção somente poderiam ser manejados de forma eficiente a partir da existência de um órgão central. Daí a criação da Controladoria Geral do Estado, com o advento da Lei 7.989/2018.

A Lei 12.846/2013 trouxe relevantes inovações ao sistema normativo de combate à corrupção, como a responsabilidade objetiva da pessoa jurídica, independentemente de culpa, o processo administrativo de responsabilização da pessoa jurídica, a previsão de adoção de programa de integridade e, ainda, o acordo de leniência.

Com a finalidade de regulamentar a Lei Anticorrupção, no âmbito da Administração Pública estadual foi editado o Decreto 46.366/2018, baseado no Decreto federal 8.420/2015. O Decreto estadual dispõe sobre o procedimento para a instauração, instrução e julgamento do processo administrativo de responsabilização e formas de fiscalização do programa de integridade, tal como o Decreto federal, mas tem algumas novidades, como a expressa possibilidade de adesão a acordo já realizado por outros órgãos e ainda requisitos mais específicos para a celebração de acordo de leniência, notadamente quanto ao eventual montante indenizatório.

Tendo como ponto de partida a Lei Anticorrupção e o novo marco regulatório do Estado do Rio de Janeiro, o presente trabalho tem como objetivo o estudo específico do acordo de leniência, a sua origem, o fundamento legal e como está regulamentado junto à Administração Pública estadual.

De modo a facilitar a leitura, o texto está organizado em duas partes.

A primeira trata do arcabouço jurídico do sistema anticorrupção surgido no Brasil nos últimos anos, voltado em especial para o acordo de leniência.

Na segunda parte, como não poderia deixar de ser, é tratada a negociação havida com a pessoa jurídica, examinando, ponto por ponto, o atendimento aos requisitos e exigências estipuladas pelo Decreto 46.366/2018. Particular atenção será dada para as cláusulas que deverão constar do eventual acordo de leniência, assim como para a questão da perda do produto decorrente do ato ilícito e a reparação do dano.

2. ACORDO DE LENIÊNCIA: HISTÓRICO E NATUREZA JURÍDICA

Ao falarmos de sistema anticorrupção e acordo de leniência, mostra-se necessária uma breve recapitulação histórica para fins de contextualização.

No ano de 2001, as empresas *WorldCom* – gigante das telecomunicações – e *Enron* – importante empresa do ramo de energia sediada no Texas – foram descobertas perpetrando fraudes contábeis que, tanto num caso como no outro, tinham por objetivo maquiar perdas e impedir a queda do valor das ações negociadas em bolsa[4].

---

4. No caso específico da Enron, a então famosa consultoria *Arthur Andersen* viu-se envolvida também, o que, no final das contas, acabou resultando em sua dissolução.

Os conflitos de interesses envolvendo altos executivos das companhias, bem como consultores das firmas de auditorias que deveriam fiscalizar as contas e balanços das empresas, colocaram o sistema corporativo americano em xeque – de acordo com a revista *The Economist*, a quebra geral de confiança sofrida exigia, da parte das autoridades responsáveis, um conjunto de reformas sistêmicas (*sistemic reforms*) em três áreas: (i) no trabalho desenvolvido pelas auditorias independentes; (ii) nos conflitos de interesse entre as firmas de auditoria e as empresas auditadas; e (iii) nos padrões contábeis existentes[5].

O esforço resultou, ao menos nos Estados Unidos, na edição da hoje famosa lei *Sarbanes-Oxley* (*Sarbanes-Oxley Act*), em 2002. Esse diploma, que leva o nome dos então congressistas, Paul Sarbanes e Michael Oxley, teve como consequência o estabelecimento de novos parâmetros de contabilidade para as corporações, bem como das correspondentes sanções em caso de descumprimento.

Além disso, o diploma criou, no que diz respeito à governança das corporações, mecanismos internos de controle, especialmente por meio de uma mais equilibrada dinâmica entre o conselho de administração (*board*) e a diretoria (*executive officers*), numa espécie de mecanismo de *cheks and balances* corporativo.

A lei também deu cabo no argumento - muito utilizado por *CEO's* e outros altos executivos nos escândalos da *Enron* e *WorldCom* - do "eu não sabia de nada" (*"I wasn't aware of financial issues"*) – os legisladores determinaram que esses altos executivos deveriam formalmente atestar a higidez dos relatórios contábeis e similares das companhias, de modo que não mais poderiam se escusar caso alguma inconsistência surgisse.

Por fim, o *Sarbanes-Oxley Act* instituiu novas responsabilidades em termos de informações e dados de natureza financeira das companhias, bem como também previu que essas companhias deveriam criar procedimentos internos de controle visando a solidez e confiança dessas mesmas informações e dados de natureza contábil e financeira.

O surgimento da nova lei, acompanhada dos atos regulatórios da *Securities and Exchange Comission* (a equivalente americana da nossa Comissão de Valores Mobiliários)[6], resultou também no surgimento paulatino de uma nova abordagem no que diz respeito à persecução de ilícitos corporativos. Ao invés de buscar a punição dos envolvidos por meio dos mecanismos clássicos de investigação, as autoridades americanas passaram a solicitar, de uma maneira ou de outra, a colaboração dos próprios perpetradores, oferecendo, em troca da colaboração, benefícios de natu-

---

5. THE real scandal. *The Economist*, [s. l.], 17 jan. 2002. Disponível em: www.economist.com/node/940091.
6. De acordo com o texto da *Sarbanes-Oxley*, a *Securities and Exchange Comission* é a responsável pela aplicação das disposições ali fixadas, atuando como órgão regulador a esse respeito. O texto no original é o seguinte: "Sec.3. Commission Rules and Enforcement (a) Regulatory Action – The Commission [I.e., a SEC] shall promulgate such rules and regulations, as may be necessary or appropriate in the public interest or for the protection of investors, and in furtherance of this Act".

reza jurídica que teriam o condão de atenuar as sanções aplicáveis ou até mesmo eliminá-las de todo.

Na verdade, dada a complexidade desse tipo de infração, de caráter fraudulento e grandemente dissimulado, a investigação torna-se extremamente difícil e árdua, ficando inviabilizada, num grande número de casos, a definição de autoria e materialidade.

Desse modo, desenvolveu-se nos Estados Unidos, especialmente pela atuação do Departamento de Justiça do Governo federal, uma nova abordagem na persecução de ilícitos corporativos, que, em razão (i) das dificuldades da investigação, mas também por conta (ii) de uma visão baseada mais na prevenção desse tipo de infração do que na sua pura e simples repressão, foca na colaboração dos agentes envolvidos para fins de obter fundamentalmente uma mudança de cultura corporativa. Afirma Peter J. Henning que "*the purpose of corporate prosecutions is not to punish but instead to change corporate cultures through agreements that deal directly with internal governance*"[7].

Pois bem, é com esse espírito de colaboração com os agentes envolvidos, na tentativa de, além de atender aos interesses da persecução, obter uma mudança de cultura corporativa, por meio de mecanismos internos de governança[8], almejando, no final das contas, a prevenção desse tipo de ilícito, que foi introduzido no Brasil o aqui chamado acordo de leniência, por meio da Lei federal 12.846/2014[9].

Mas o fato é que mecanismos do tipo do acordo de leniência previsto na Lei Anticorrupção não são propriamente uma novidade. Não são uma novidade no direito brasileiro, inclusive, haja vista a existência de institutos assemelhados na seara do direito penal e mesmo na do direito da concorrência.

Especificamente no direito penal, tem-se a presença da figura da colaboração premiada ou delação premiada que, enquanto tal, possui semelhanças e diferenças com o acordo de leniência previsto na aludida lei.

Outra fonte histórica da colaboração premiada é o *plea bargain* americano[10]. É sabido que nos Estados Unidos os promotores de justiça gozam de amplíssima liberdade no que diz respeito à persecução criminal – colhem provas, tomam depoimen-

---
7. HENNING, Pedro. The Organizational Guidelines: R.I.P? *Yale Law Journal Pocket Part*, New Haven, n. 116, p 312-318, 2007.
8. A governança é aqui tratada como uma forma de alinhamento das condutas dos diferentes agentes que integram uma pessoa jurídica. Como se sabe, especialmente a partir da teoria econômica do agente principal, os indivíduos que participam da pessoa jurídica possuem interesses diversos e que muitas vezes se encontram em conflito, ainda mais em ambientes corporativos complexos, o que resulta em assimetria informacional. Em outras palavras, nem sempre o empregado possui o mesmo interesse que o corpo diretivo. Por isso, é necessária a implantação de medidas para a superação dessa falha organizacional. A Lei 12.846/2013 volta-se para esse moderno objetivo ao dar especial tratamento à implantação de um programa de integridade pelas pessoas jurídicas, incluindo, por exemplo, a adoção de um código de ética e de conduta.
9. Não que mecanismos de leniência já não existissem no Direito brasileiro. Existiam, é claro, no direito ambiental e no direito da concorrência. Mas não trataremos deles aqui – apesar de que uma breve menção ao acordo de leniência previsto no sistema de defesa da concorrência será feita.
10. Federal Rules of Criminal Procedure. Rule 11. Pleas.

tos, dirigem o trabalho da polícia etc. Além disso, têm autorização para literalmente negociarem com o acusado – ou mesmo investigado – uma punição mais branda em troca de uma confissão de culpa. Em alguns casos, no entanto, exige-se do acusado mais do que uma simples confissão de culpa – pede-se que ele, além da confissão, incrimine com informações um coautor ou comparsa.

No Brasil, a colaboração premiada surge, pela primeira vez, com a Lei dos Crimes Hediondos (Lei 8.072/1990). O parágrafo único do artigo 8º desta Lei prevê o seguinte:

> Artigo 8º Será de três a seis anos de reclusão a pena prevista no artigo 288 do Código Penal, quando se tratar de crimes hediondos, prática da tortura, tráfico ilícito de entorpecentes e drogas afins ou terrorismo.
>
> Parágrafo único. O participante e o associado que denunciar à autoridade o bando ou quadrilha, possibilitando seu desmantelamento, terá a pena reduzida de um a dois terços.

Cinco anos depois, com a Lei do Crime Organizado (Lei 9.034/1995), o legislador novamente previu o mecanismo da colaboração premiada. O artigo 6º da Lei 9.034/95 dispõe que "nos crimes praticados em organização criminosa, a pena será reduzida de um a dois terços, quando a colaboração espontânea do agente levar ao esclarecimento de infrações penais e sua autoria".

O instituto ganha força com a disciplina trazida pela Lei da Lavagem de Dinheiro (Lei 9.613/1998 com as alterações trazidas pela Lei 12.683/2012). Reza assim o § 5º do artigo 1º do diploma, *in verbis*:

> Artigo 1º (...)
>
> (...)
>
> § 5º A pena poderá ser reduzida de um a dois terços e ser cumprida em regime aberto ou semiaberto, facultando-se ao juiz deixar de aplicá-la ou substituí-la, a qualquer tempo, por pena restritiva de direitos, se o autor, coautor ou partícipe colaborar espontaneamente com as autoridades, prestando esclarecimentos que conduzam à apuração das infrações penais, à identificação dos autores, coautores e partícipes, ou à localização dos bens, direitos ou valores objeto do crime.

Por fim, com o advento da Lei 12.850/2015, que define o que é uma organização criminosa, e quais os crimes correlatos, revogando a Lei 9.034/1995, a colaboração premiada é definitivamente consagrada no ordenamento jurídico brasileiro, recebendo o tratamento legislativo merecido. Num primeiro momento, a lei estipula a colaboração premiada como um dos meios de obtenção de prova em crimes que envolvam a participação de organizações criminosas (artigo 3º, inciso I). Num segundo momento, trata detidamente do instituto, prevendo inclusive os direitos do colaborador e o conteúdo necessário do termo de acordo da colaboração (artigos 4º a 7º).

Bem se vê das disposições legais mencionadas que a colaboração premiada importa sempre numa diminuição de pena ou mesmo na extinção da punibilidade. Isto é, desde que o interessado – autor, coautor ou partícipe – colabore com as autoridades, por meio de informações e dados que as ajudem na persecução criminal, o benefício, o prêmio, será sempre ou uma redução de pena ou mesmo a sua total extinção.

A nosso sentir, o que caracteriza propriamente a colaboração premiada – e nesse sentido também o acordo de leniência –, traduzindo a sua essência, é o fato de que, em qualquer situação ou contexto, o que as partes envolvidas estabelecem é um tipo ou espécie de transação. De acordo com o Código Civil vigente, "é lícito aos interessados prevenirem ou terminarem o litígio mediante concessões mútuas"[11].

Toda vez que se esteja diante de uma colaboração premiada, as partes estarão fazendo justamente isto, ou seja, concessões mútuas com o objetivo de prevenir ou terminar um litígio. Sim, porque, de um lado, a autoridade abre mão – em parte ou totalmente – do *jus puniendi*, admitindo que o acusado receba uma pena inferior àquela que seria cabível ou nem receba pena alguma; de outro lado, o acusado colaborador, em troca de informações preciosas à persecução criminal, aceita a punição, ainda que mitigada, abrindo mão, em certo grau, de seu direito de defesa e de não autoincriminação. Em poucas palavras, faz-se cessar o litígio entre acusado e acusador por meio de concessões mútuas que beneficiam ambos os lados do conflito[12]. E, em toda e qualquer situação, será essa a essência da atuação dos envolvidos na colaboração premiada – é uma transação, portanto.

Evidente que as regras específicas da transação prevista no direito civil não se aplicam aqui – como sói acontecer, os institutos do direito privado que, de um modo ou de outro, são aproveitados ou absorvidos pelo direito público, passam a sofrer a influência desse regime de direito, com o que se modificam para atender, não mais a interesses puramente privados, mas de natureza coletiva ou social.

A transação do direito privado somente se opera com os chamados direitos patrimoniais ou interesses disponíveis. Não é a hipótese dessa transação de direito público que é a colaboração premiada. Aqui o que está em jogo são interesses indisponíveis – de um lado, o *jus puniendi* do Poder Público; de outro, o direito fundamental à ampla defesa e à não autoincriminação.

E não apenas o acusado transaciona – este estaria terminando o litígio. Também o investigado, que ainda não é formalmente réu, pode colaborar com as autoridades, transacionando uma punição mais branda, ou mesmo uma imunidade penal, em troca

---

11. BRASIL. *Lei 10.406, de 10 de janeiro de 2002*. Institui o Código Civil. Brasília: Casa Civil, [2002].
12. É claro que para aqueles mais aferrados à tradição do direito público, essa afirmação soará como verdadeira heresia. De nenhuma forma o interesse público pode ser objeto de concessão; de nenhuma forma a autoridade competente pode, mesmo em grau mínimo, dispor do interesse público – ele é indisponível. Lembramos, no entanto, que se a autoridade criminal ou administrativa abre mão, em parte, do *jus puniendi*, o faz, não por benemerência ou para fazer um agrado ao administrado investigado/acusado, mas em vista de um bem maior que é o desbaratamento – na maioria dos casos – de uma rede criminosa encoberta pelo manto do silêncio e da fraude. Não é o caso aqui de se desamparar o interesse público, mas na verdade de fazê-lo prevalecer por meio de estratégias inteligentes que podem, num primeiro momento, se assemelharem a uma disponibilização do interesse público, mas que, no final, resultam justamente no contrário. Como lembra Emerson Garcia, "esse acordo [referem-se ao acordo de leniência da Lei Anticorrupção], que, longe de refletir a disponibilidade do interesse público, busca justamente assegurar a sua concretização com a maior efetividade possível (…)". GARCIA, Emerson. A nova lei de responsabilização das pessoas jurídicas: convergências e divergências com a Lei de Improbidade Administrativa. *Cadernos FGV Projetos*, 11, n. 27, p. 37- 44, 2016.

de informações decisivas para o desbaratamento de uma organização criminosa, por exemplo. Estaríamos nessa hipótese diante de um litígio que é prevenido.

Pois bem, visto que a colaboração premiada é um tipo de transação de direito público, pode-se dizer, sem grande risco de erro, que o acordo de leniência da Lei Anticorrupção – e também o da Lei do Conselho Administrativo de Defesa Econômica – participa da mesma natureza, da mesma essência – é transação de direito público na qual, de um lado, a autoridade, em troca de informações e colaboração, oferece ao investigado (ou réu ou acusado) a isenção ou mitigação das sanções cabíveis, tal como preceitua o § 2º, do artigo 16 da Lei 12.846/2013; e, de outro, o investigado, em troca de alguns benefícios relativos às sanções administrativas a que está sujeito, "admit[e] sua participação no ilícito e cooper[a] plena e permanentemente com as investigações e o processo administrativo (...)".

Seja como for, a circunstância a ser notada é que a Lei Anticorrupção realmente representa, na esfera do direito administrativo, um salto qualitativo ou, melhor dizendo, o reconhecimento da necessidade de adoção de mecanismos modernos de combate à corrupção e práticas lesivas do patrimônio público, bem como de persecução de ilícitos[13].

Há de se reconhecer que o diploma legal, e todo o sistema anticorrupção que se desenvolveu nos últimos anos no direito administrativo de uma forma geral, não partiu de uma iniciativa puramente brasileira. Na realidade, o que se tem é o resultado de compromissos internacionais assumidos pelo Brasil junto à comunidade internacional já há alguns anos. Podemos citar a Convenção sobre o Combate da Corrupção de Funcionários Públicos Estrangeiros em Transações Comerciais Internacionais, da Organização para a Cooperação e Desenvolvimento Econômico, de 1997; a Convenção Interamericana contra a Corrupção, de 1996; e, por fim, a Convenção das Nações Unidas contra a Corrupção, de 2003.

O ponto fulcral da Lei Anticorrupção é o estabelecimento da responsabilidade administrativa e judicial das pessoas jurídicas. Não se trata de punir pessoas naturais, mas sim de perseguir a responsabilização de pessoas jurídicas que tenham praticado quaisquer das condutas previstas na lei tidas como lesivas à Administração Pública[14].

---

13. Nesse sentido, de acordo com Valdir Moysés Simão e Marcelo Pontes Vianna: "[A referida lei] veio inaugurar, no ordenamento pátrio, a possibilidade de responsabilização administrativa e civil de pessoas jurídicas pela prática de atos lesivos contra a Administração Pública nacional e estrangeira. Com sua promulgação, o Estado passou a deter meio de sancionar pessoas jurídicas de forma efetiva. Anteriormente, a ação estatal ficava restrita à punição das pessoas naturais que agiam em nome das empresas ou, ainda, à aplicação de sanções judiciais ou administrativas de fundo contratual ou regulatório.". SIMÃO, Valdir Moyses; VIANNA, Marcelo Pontes. *O Acordo de Leniência na Lei Anticorrupção* – Histórico, Desafios e Perspectivas. São Paulo: Trevisan Editora, 2017, p. 21.

14. A intenção do legislador, por óbvio, não foi a de deixar de punir a pessoa física que praticou a corrupção. Existe um verdadeiro cabedal de leis nesse sentido. Contudo, talvez tenha faltado certo incentivo para uma apuração interna mais profunda realizada pela pessoa jurídica, com a indicação de todos os empregados envolvidos. Muitas vezes, inclusive, diante do ato de corrupção praticado pela alta administração, a leniente deixa de informar às autoridades a verdadeira extensão da autoria. Nos Estados Unidos, a percepção de que o foco do combate à corrupção estava sendo feito em demasia sobre a pessoa jurídica, deu origem a

Os três primeiros artigos são esclarecedores nesse sentido:

> Artigo 1º Esta Lei dispõe sobre a responsabilização objetiva administrativa e civil de pessoas jurídicas pela prática de atos contra a administração pública, nacional ou estrangeira.
>
> (...)
>
> Artigo 2º As pessoas jurídicas serão responsabilizadas objetivamente, nos âmbitos administrativo e civil, pelos atos lesivos previstos nesta Lei praticados em seu interesse ou benefício, exclusivo ou não.
>
> Artigo 3º A responsabilização da pessoa jurídica não exclui a responsabilidade individual de seus dirigentes ou administradores ou de qualquer pessoa natural, autora, coautora ou partícipe do ato ilícito.
>
> § 1º A pessoa jurídica será responsabilizada independentemente da responsabilização individual das pessoas naturais referidas no *caput*.

Não se trata aqui de examinar ponto por ponto da norma, mas apenas de mencionar seu escopo geral e suas principais inovações, em especial o acordo de leniência.

3. REQUISITOS PARA A CELEBRAÇÃO DO ACORDO DE LENIÊNCIA E CRITÉRIOS PARA A MENSURAÇÃO DO MONTANTE A SER RECUPERADO EM RAZÃO DA PRÁTICA DE ATOS DE CORRUPÇÃO. O DECRETO 46.366/18 DO ESTADO DO RIO DE JANEIRO

No que interessa propriamente ao presente trabalho, o acordo de leniência está previsto no artigo 16 e seguintes da Lei Anticorrupção. O legislador não definiu propriamente o acordo de leniência, mas estipulou quais deveriam ser seus objetivos, ou seja, o que deveria ser alcançado pelo Poder Público com a celebração de um acordo de leniência. Diz o *caput*, do artigo 16 da Lei o seguinte:

> Artigo 16. A autoridade máxima de cada órgão ou entidade pública poderá celebrar acordo de leniência com as pessoas jurídicas responsáveis pela prática dos atos previstos nesta Lei que colaborem efetivamente com as investigações e o processo administrativo, sendo que dessa colaboração resulte: I – a identificação dos demais envolvidos na infração, quando couber; e II – a obtenção célere de informações e documentos que comprovem o ilícito sob apuração.

A lei estabelece no § 1º do art. 16 uma série de requisitos para a eventual celebração de acordo de leniência entre a Administração Pública e a pessoa jurídica interessada, como ser a primeira a se manifestar sobre o interesse em cooperar, o término completo da prática do ato lesivo, a admissão da participação e a plena cooperação com as investigações[15].

---

uma nova política, divulgada em setembro de 2015, denominada "Yates Memo", por ter sido emitida pela vice-Procuradora Geral, Sally Yates. A nova atuação do Departamento de Justiça decorreu do entendimento de que seria eficiente a punição da pessoa física como forma de evitar a ocorrência da corrupção.

15. O que se tem aqui, como em geral com todo o instituto do acordo de leniência previsto na Lei Anticorrupção, uma transposição das normas correspondentes na Lei do CADE – Lei 12.529/2011. Modesto Carvalhosa diz que esses requisitos previstos no § 1º, do art. 16 seriam inaplicáveis aos acordos de leniência firmados no âmbito da lei, na medida em que somente teriam sentido na esfera da defesa da concorrência e no combate

Bem se vê, portanto, que a finalidade do acordo de leniência, contrariamente ao que pode parecer à primeira vista, não é indenizatório, isto é, não é o de ressarcir a Administração Pública pelos danos e prejuízos sofridos em virtude das práticas lesivas e corruptas. É esse o teor do § 3º do artigo 16 da Lei 12.846/2013: "O acordo de leniência não exime a pessoa jurídica da obrigação de reparar integralmente o dano causado".

O acordo de leniência, basicamente na mesma linha da colaboração premiada na esfera do direito penal, tem por finalidade a "obtenção de informações que permitam à Administração Pública desbaratar o esquema corrupto, identificando, quando for o caso, outros envolvidos. É fundamentalmente um instrumento de persecução penal-administrativa que tem por objetivo último desvendar o ilícito em todas as suas ramificações, apontando, na maior medida do possível, todos os envolvidos[16].

Diante da percepção de que o acordo de leniência não tem como objetivo a reparação do dano causado com a corrupção[17], surge a necessidade de sua compatibilização com os meios existentes na legislação para a recomposição do prejuízo

---

à formação de cartéis. Diz o autor o seguinte: "a autoridade correcional competente para celebrar o acordo de leniência tem uma discricionariedade precipuamente objetiva para acolher ou não a proposta feita para tanto pela pessoa jurídica ré no processo penal-administrativo. Como se viu são inaplicáveis os requisitos contidos nos incisos I, II e III do § 1º do art. 16, pois se referem a situações de cartel que não se ajustam às finalidades precípuas da presente Lei. A transposição de dispositivos referentes à formação de cartel da Lei Antitruste para a presente Lei tem efeito neutro, não podendo ser considerado requisito objetivo para que a autoridade correcional firme o pacto. A pessoa jurídica proponente será "primeira" com a relação a quem(?); cesse seu "envolvimento" com quem (?); admita sua participação no que(?)". CARVALHOSA, Modesto Souza Barros. *Considerações sobre a Lei anticorrupção das pessoas jurídicas*: Lei 12.846/2013. São Paulo: Ed. RT, 2015, p. 386-387.

16. De acordo com Modesto Carvalhosa:
"(...) o regime de leniência instituído deverá resultar, para que se efetive o abrandamento das penalidades (artigo 6º) em favor da pessoa jurídica denunciante, numa ampliação dos sujeitos ativos, ou então, na delação de outros agentes públicos envolvidos. Leniência significa lenidade, ou seja, brandura, suavidade, doçura, mansidão. Leniência vem do verbo lenificar: adoçar, mitigar. Trata-se de um lenimento, de um elemento que abranda ou amolece, de um lenitivo.
Leniência, portanto, no contexto da presente Lei representa um pacto de colaboração firmado entre a autoridade processante e a pessoa jurídica indiciada ou já processada, através da qual se estabelece a promessa de serem abrandadas as penalidades aqui instituídas (artigo 6º) uma vez alcançada a maior abrangência do concurso delitivo em termos de pessoas jurídicas e/ou agentes públicos envolvidos, sabendo-se que estes últimos não integram, como sujeito ativo, o devido processo penal-administrativo, como reiterado.
Trata-se de uma promessa pactuada de diminuição das penalidades vinculada a uma condição resolutiva de resultado, ou seja: somente se cumpre e se perfaz a promessa de benefício, na medida em que das informações e dos documentos fornecidos pela pessoa jurídica pactuante resultar efetivamente a ampliação das pessoas componentes do concurso delitivo, sejam pessoas jurídicas, sejam outros agentes públicos, ou ambos, neles compreendidos os agentes políticos, os administrativos, os judiciários ou do Ministério Público". CARVALHOSA, Modesto Souza Barros. *Considerações sobre a Lei anticorrupção das pessoas jurídicas*: Lei 12.846/2013. São Paulo: Ed. RT, 2015, p. 370-371.

17. Valdir Moysés Simão e Marcelo Pontes Vianna afirmam que:
"A efetividade da colaboração necessariamente deve ser analisada à luz do conjunto de imposições imposto pela Lei Anticorrupção. Com efeito, o legislador estabeleceu que, da colaboração efetiva, devem advir dois resultados.
O primeiro resultado exigido diz respeito à identificação dos demais envolvidos na infração. De forma geral, a doutrina entende « por demais envolvidos » as pessoas jurídicas e os agentes públicos implicados nos atos

ocorrido ao erário e do perdimento do produto do ilícito, tendo em vista outras leis que visam a punição dos agentes causadores da corrupção.

A possibilidade da aplicação da Lei 12.846/2013 sobre fatos também abrangidos por outras leis é assim abordada por José Munhós de Souza[18]:

> Nada impede que uma mesma conduta indesejada seja considerada ilícita por diversos ramos do ordenamento jurídico, constituindo, ao mesmo tempo, um ilícito civil, administrativo e penal, com o consequente sancionamento de acordo com as especificidades do regime jurídico próprio de cada esfera de responsabilização. É exatamente esse fenômeno que ocorre com as condutas lesivas à Administração nacional e estrangeiras previstas no artigo 5º da Lei Anticorrupção.

Portanto, é forçosa uma visão geral do ordenamento para que seja possível a mensuração, em sede de acordo de leniência, de valores a serem ressarcidos de pronto pela empresa que firmará a transação com a Administração Pública[19]. A legislação

---

lesivos. Todavia, a norma faz uma ressalva significativa. Tal resultado só será esperado « quando couber ». A expressão suscita uma série de importantes interpretações.
(...)
O segundo resultado exigido pela lei diz respeito à obtenção célere de informações e documentos que comprovem o ilícito sob apuração. Aqui não parece haver qualquer dúvida acerca da necessidade de que as informações e os documentos a serem fornecidos pelo proponente devem ser novos e úteis para a Administração. Difícil sustentar que a colaboração pode ser considerada efetiva quando os dados fornecidos pela pessoa jurídica já eram todos de conhecimento do Estado ou em nada auxiliavam sua capacidade persecutória". SIMÃO, Valdir Moyses; VIANNA, Marcelo Pontes. *O Acordo de Leniência na Lei Anticorrupção* – Histórico, Desafios e Perspectivas. São Paulo: Trevisan Editora, 2017, p. 116-118.

18. SOUZA, Jorge Munhós de; QUEIROZ, Ronaldo Pinheiro de. *Responsabilização Administrativa na Lei Anticorrupção*. Lei Anticorrupção e Temas de *Compliance*. 2. ed. Salvador: JusPodivm, 2016, p. 189.
19. Segundo a Nota técnica 1/2017 da 5ª Câmara do Ministério Público Federal:
"Para atingir máxima utilidade e fornecer melhores resultados às partes, o instituto negocial depende da observância do que se denomina transversalidade em cada configuração concreta. Compreende-se por caráter transversal a heterogeneidade de situações jurídicas em que estão a pessoa jurídica infratora (parte disposta a colaborar) e o Poder Público (parte leniente). Em razão da existência e da autonomia dos sistemas de responsabilização, o Poder Público apresenta-se fragmentado, com órgãos e entidades diversas, com atribuições constitucionais e legais diferenciadas, que detêm pretensões sancionadoras distintas em razão dos mesmos atos ilícitos. No entanto, em situação diversa, do ponto de vista da pessoa jurídica infratora a realidade infracional é unitária, ainda que sujeita aos diferentes canais estatais de responsabilização. De um lado, fragmentação sancionatória; de outro, unidade da personificação jurídica afetada pelas diversas consequências sancionatórias. Para compatibilizá-la com a aludida fragmentação organizacional do Estado, no intuito de assegurar efetivo equilíbrio às posições de cada parte, há de se interpretar as diversas regras do microssistema para respeitar o princípio de que a leniência deve beneficiar, mas não prejudicar o colaborador, quando se compara sua situação posterior à leniência com aquela em que estaria caso não tivesse optado pelo acordo.
(...)
Circunstância especial se verifica quando firmado o acordo de leniência, sob a égide da Lei Anticorrupção, incide também sobre os mesmos fatos a responsabilização prevista na LIA. Em tal hipótese, principalmente, cumpre reconhecer que houve derrogação da vedação prevista no artigo 17, § 1º, da Lei de Improbidade Administrativa, de modo a ser possível que no acordo de leniência se contemple a aplicação da punição, por ato de improbidade administrativa, ajustada com o colaborador-infrator. Tal proceder decorre da observância da confiança, boa-fé e expectativa legítima, considerada a renúncia da pessoa jurídica ao direito de não autoincriminação e a sua efetiva colaboração com as investigações e coleta de provas. Ademais, sem que se observem tais peculiaridades, o acordo de leniência perde a sua eficiência e seu potencial de combate à corrupção, sabido, no mais, que um direito que seja socialmente ineficiente, caduca e perde sua legitimidade".

brasileira trata dos aspectos patrimoniais da prática do ato de corrupção em três diferentes leis: Código Penal (Decreto-Lei 2.848/1940), Lei de Lavagem de Dinheiro (Lei 9.613/1998) e Lei de Improbidade Administrativa (Lei 8.429/1992) [20].

Diante do que prescreve o §3º do artigo 16 da Lei 12.846/2013, nada impede que os valores assumidos pela leniente sejam de pronto ressarcidos, sendo considerado como um adiantamento.

Desse modo, é importante elucidar qual seria a composição da devolução de valores em decorrência da prática de ato de corrupção.

André Mendonça[21] esclarece que, em toda ação da Administração Pública na qual se pretenda buscar os ativos decorrentes de atos de corrupção, há necessidade de verificação do produto e do dano[22]. Produto, em breves palavras, seria o resultado patrimonial da corrupção em relação ao autor do ilícito, denominado pela Lei de Improbidade Administrativa (Lei 8.429/1992) como enriquecimento ilícito. Dano seria o prejuízo sofrido pela vítima.

O enriquecimento ilícito e o dano podem se confundir. O Autor dá o exemplo de um notebook furtado de dentro de um veículo. Caso o notebook seja recuperado, esse é o produto e o dano; mas, na hipótese de avaria do veículo, esse custo deve ser somado ao dano sofrido pela vítima.

O enriquecimento ilícito pode ser verificado de duas formas: a partir do custo integral do contrato ou apenas tendo como base a utilidade experimentada. A primeira surge da constatação de que o agente corrupto não pode se beneficiar da própria torpeza: assim, no caso de a atividade ser ilícita, como o tráfico de drogas ou a construção de uma ponte que liga nada a coisa alguma, o valor integral recebido deve ser devolvido. No entanto, caso a atividade seja lícita, deve ser devolvido apenas o lucro, ou seja, leva-se em consideração os custos lícitos para a obtenção do

---

20. Deve ser incluída também a Convenção de Mérida, incorporada ao ordenamento jurídico brasileiro por meio do Decreto 5.687/2005.
21. Disponível em: file:///Users/andreuryn1/Downloads/LOS_CRITERIOS_PARA_LA_MENSURACION_DEL_VA.pdf. Acesso em: 21 fev. 2019.
22. Conforme previsto no Código Penal, na Lei de Lavagem de Dinheiro e na Lei de Improbidade Administrativa. Para o Autor: "El concepto de producto del ilícito está directamente relacionado con el concepto de daño producido por el ilícito. Ambos son pertinentes a los efectos y las consecuencias económicas generadas por la conducta ilícita. Sin embargo, a pesar de esa correlación y coexistencia, presentan tres diferencias fundamentales. En primero lugar, el producto tiene como perspectiva el beneficio o las rentas generadas en virtud de la práctica ilícita, mientras el daño se relaciona al perjuicio soportado por la víctima o personas afectadas por el ilícito – como el hijo del padre víctima de homicidio –; segundo porque el producto puede estar relacionado directa o indirectamente al ilícito, mientras el daño suele estar relacionado directamente al evento que lo ha generado2 , y; tercero porque el daño debe ser recompuesto a la víctima o perjudicado, mientras el producto será destinado al Estado. Ante esa conexión y concomitante distinción, se puede afirmar que el producto (lato sensu) es todo el resultado patrimonial generado por la conducta ilícita, la cual puede producir (i) un daño para la víctima o tercero y (ii) la circulación de valores en determinado negocio – ilícito en si o marcado por un ilícito –, que es el producto propiamente dicho o producto (stricto sensu), lo cual puede ser considerado como [a] producto bruto o [b] producto neto. Por lo tanto, todo el debate en torno al producto bruto o neto, está relacionado al producto "strictu sensu", pero todavía está íntimamente ligado a la cuestión del daño generado por el ilícito".

resultado, na medida em que haveria enriquecimento ilícito da vítima na hipótese da devolução desses custos[23].

O dano, em se tratando de contrato administrativo, pode ser entendido como o custo superior arcado pela Administração. Assim, sobrepreço, superfaturamento[24] e propina[25] são tratados como dano.

Depreende-se que a corrupção pode dar ensejo à existência de enriquecimento ilícito e dano ou apenas de enriquecimento ilícito. Como nota André Mendonça, na hipótese de uma obra que tenha a sua utilidade, caso tenha ocorrido pagamento de propina para a obtenção do contrato com valores acima do mercado, há enriquecimento ilícito e dano. Já na hipótese de não pagamento de propina – imagine-se que o diretor-presidente da empresa seja amigo do Governador – e de valores de mercado, há apenas o enriquecimento ilícito: o lucro deve ser devolvido por conta da fraude à licitação, mas não há dano a ser ressarcido.

Os orçamentos para a contratação pública, em geral, adotam a sua composição a partir dos custos diretos e indiretos, além do lucro. Cláudio Sarian Altounian explica que custo direto é *"a parte do custo do serviço que depende diretamente da quantidade de bens produzidos, ou seja, pode ser facilmente vinculada à execução de determinado bem ou serviço. Por esse motivo, guarda relação proporcional ao quantitativo produzido"*. Já o custo indireto é definido pelo Autor como a *"parte do custo do serviço que não pode ser associada de forma proporcional às quantidades produzidas"*. O lucro é normalmente incluído no que se denomina BDI (benefício/bonificação e despesas

---

23. Cabe lembrar aqui o disposto no artigo 59 da Lei 8.666/1993: Artigo 59. A declaração de nulidade do contrato administrativo opera retroativamente impedindo os efeitos jurídicos que ele, ordinariamente, deveria produzir, além de desconstituir os já produzidos. Parágrafo único. A nulidade não exonera a Administração do dever de indenizar o contratado pelo que este houver executado até a data em que ela for declarada e por outros prejuízos regularmente comprovados, contanto que não lhe seja imputável, promovendo-se a responsabilidade de quem lhe deu causa.
24. O conceito legal de sobrepreço e superfaturamento encontra-se no §1º do artigo 31 da Lei 13.303/2016: "Para os fins do disposto no *caput,* considera-se que há: I – sobrepreço quando os preços orçados para a licitação ou os preços contratados são expressivamente superiores aos preços referenciais de mercado, podendo referir-se ao valor unitário de um item, se a licitação ou a contratação for por preços unitários de serviço, ou ao valor global do objeto, se a licitação ou a contratação for por preço global ou por empreitada; II – superfaturamento quando houver dano ao patrimônio da empresa pública ou da sociedade de economia mista caracterizado, por exemplo: a) pela medição de quantidades superiores às efetivamente executadas ou fornecidas; b) pela deficiência na execução de obras e serviços de engenharia que resulte em diminuição da qualidade, da vida útil ou da segurança; c) por alterações no orçamento de obras e de serviços de engenharia que causem o desequilíbrio econômico-financeiro do contrato em favor do contratado; d) por outras alterações de cláusulas financeiras que gerem recebimentos contratuais antecipados, distorção do cronograma físico-financeiro, prorrogação injustificada do prazo contratual com custos adicionais para a empresa pública ou sociedade de economia mista ou reajuste irregular de preços".
25. O contrato, em regra, poderia ter seu preço inferior se a propina não tivesse sido paga, razão pela qual a propina é classificada como um dano presumido. Esse posicionamento pode ser elidido caso a propina paga não tenha sido embutida nos custos, de modo que tal valor teria saído do lucro. Nesse caso, em se tratando de um contrato obtido com o pagamento de propina, será buscada a devolução do lucro, não somada à propina.

indiretas), conforme o disposto no artigo 9º do Decreto 7.983/2013, específico para obras públicas custeadas com recursos federais[26].

Portanto, a orçamentação pública é elaborada com o conjunto de custos diretos – aqueles em relação aos quais é possível a definição de um valor diretamente – somado aos custos indiretos – que correspondem a uma porcentagem dos custos diretos, e ainda o lucro, também uma porcentagem referente ao montante contratual.

A devolução dos valores atinentes à corrupção leva em consideração o montante pago descontados os custos lícitos. Assim, é importante perceber que, caso se pretenda a devolução de certa quantia a título de dano, por ter havido, por exemplo, superfaturamento, ou seja, o contrato teria que ter sido celebrado com valor menor, essa parcela incluirá o lucro, isto é, o enriquecimento ilícito. Isso porque, conforme explicado, o orçamento é feito a partir da soma dos custos diretos, indiretos e lucro: a diminuição do valor contratual em razão do pagamento feito a maior não discrimina a origem da parcela em relação a essas três rubricas.

O Decreto 46.366/2018, que regulamentou a Lei 12.846/2013 no âmbito da Administração Pública do Estado do Rio de Janeiro indica a forma de cálculo do montante mínimo a ser incluído no acordo de leniência. Nos termos do § 3º do artigo 57:

> § 3º Além da multa cabível, poderá constar do acordo de leniência rubrica com natureza de ressarcimento, a qual não eximirá a pessoa jurídica da obrigação de reparar integralmente o dano causado e será composta pelas três categorias a seguir elencadas:
>
> I – somatório de eventuais danos incontroversos atribuíveis às empresas colaboradoras;
>
> II – somatório de todas as propinas pagas; e
>
> III – lucro pretendido ou auferido.

Esse dispositivo deve ser lido em conjunto com o disposto no § 6º do art. 57:

> § 6º O valor do ressarcimento, em hipótese alguma, será considerado como integral pela Administração Pública caso o valor do dano não tenha sido apurado ou ainda esteja em apuração pelo Tribunal de Contas do Estado ou pelo Ministério Público, em sede administrativa ou judicial.

Com essas regras o Estado do Rio de Janeiro buscou evitar inúmeros conflitos havidos entre órgãos no plano federal. Dessa forma, a Administração deixa de dar quitação enquanto ainda pendente discussão sobre a ocorrência de sobrepreço e superfaturamento. O montante pago, nesse caso, é considerado como um adiantamento.

---

26. "Artigo 9º O preço global de referência será o resultante do custo global de referência acrescido do valor correspondente ao BDI, que deverá evidenciar em sua composição, no mínimo:
I – taxa de rateio da administração central;
II – percentuais de tributos incidentes sobre o preço do serviço, excluídos aqueles de natureza direta e personalística que oneram o contratado;
III – taxa de risco, seguro e garantia do empreendimento; e
IV – taxa de lucro".

Pela experiência, sabe-se que processos dessa natureza são extremamente complexos e se arrastam por muitos anos. Ainda mais quando a questão é levada ao Poder Judiciário. Nos termos do Decreto 46.366/2018, como o acordo de leniência pode não abranger o dano, é possível que, caso haja condenação definitiva, tanto administrativa quanto judicial, o Estado possa cobrar esses valores posteriormente.

Por fim, aplica-se a multa prevista na Lei Anticorrupção, com os critérios previstos no art. 35 e art. 36 do Decreto 46.366/2018 e a multa prevista na Lei de Improbidade Administrativa.

Uma última questão deve ser levada em consideração.

O acordo de leniência envolve boa-fé da empresa leniente. Por isso, todos os atos ilícitos descobertos devem ser relatados às autoridades, bem como informado o nome dos agentes públicos e privados envolvidos. Caso se descubra que, dolosamente, a empresa deixou de prestar tais informações, o acordo de leniência deve ser rescindido.

O acordo de leniência pode abranger sanções previstas na Lei 8.666/1993[27]. Assim, é possível o afastamento da declaração de inidoneidade[28]. A empresa somente pode se beneficiar do abrandamento das sanções se o seu comportamento de fato for novo e de acordo com os melhores padrões éticos.

Com isso, com os incentivos para a adoção de um comportamento ético pelas empresas, espera-se que o Estado do Rio de Janeiro possa retomar o rumo do crescimento econômico com um mercado de fato saudável, no qual a eficiência seja o grande diferencial, de modo que nesse ambiente competitivo prevaleça o melhor e não o agente privado que recebeu benefício pelo pagamento de propina.

4. CONCLUSÃO

O acordo de leniência constitui uma nova visão sobre a eficiência no combate à corrupção. A custosa máquina estatal que tradicionalmente visava combater a corrupção passa a ceder espaço para a técnica da negociação e dos incentivos. É fácil constatar que as ações judiciais propostas pelos órgãos de controle não têm o poder de trazer à tona os atos lesivos causados por agentes econômicos que se valem cada vez mais de técnicas sofisticadas. Esses instrumentos não têm força suficiente para dar a resposta punitiva esperada pela sociedade, tampouco recuperar os ativos obtidos pelos malfeitores e, muito menos, recompor o dano sofrido pelo Erário.

---

27. Art. 87. Pela inexecução total ou parcial do contrato a Administração poderá, garantida a prévia defesa, aplicar ao contratado as seguintes sanções: I – advertência; II – multa, na forma prevista no instrumento convocatório ou no contrato; III – suspensão temporária de participação em licitação e impedimento de contratar com a Administração, por prazo não superior a 2 (dois) anos; IV – declaração de inidoneidade para licitar ou contratar com a Administração Pública enquanto perdurarem os motivos determinantes da punição ou até que seja promovida a reabilitação perante a própria autoridade que aplicou a penalidade, que será concedida sempre que o contratado ressarcir a Administração pelos prejuízos resultantes e após decorrido o prazo da sanção aplicada com base no inciso anterior.

28. A declaração de inidoneidade visa impedir que o particular participe de licitação ou que firme contrato com a Administração Pública, ante a inexecução parcial ou total do contrato.

Por outro lado, deve-se ter cautela, pois nem sempre a manutenção da empresa e os valores pagos são suficientes para promover um novo status no relacionamento com o poder público: em determinados setores, a corrupção é tão generalizada que pode ser mais eficiente a busca por novos agentes. Nesse caso, a aplicação de sanções passa a ser a melhor alternativa, pois o rigor da lei valerá como um desestímulo aos atos de corrupção. O acordo de leniência é um novo instrumento poderoso posto nas mãos da Administração Pública, que deverá utilizá-lo adequadamente.

O acordo de leniência surgiu no âmbito de medidas anticorrupção adotadas como resposta ao clamor da população brasileira, cansada da corrupção e de seus efeitos nefastos. O novo marco regulatório anticorrupção do Estado do Rio de Janeiro é consequência desse movimento. Mas não basta a existência dos sofisticados mecanismos previstos na legislação. É necessário que os órgãos de controle de fato atuem e que a sociedade cobre pela mudança do comportamento dos agentes públicos e privados.

5. REFERÊNCIAS

BRASIL. *Decreto 5.687, de 31 de Janeiro de 2006*. Promulga a Convenção das Nações Unidas contra a Corrupção, adotada pela Assembleia Geral das Nações Unidas em 31 de outubro de 2003 e assinada pelo Brasil em 9 de dezembro de 2003. Brasília: Casa Civil, [2006].

BRASIL. *Decreto 7.893, de 8 de abril de 2013*. Estabelece regras e critérios para elaboração do orçamento de referência de obras e serviços de engenharia, contratados e executados com recursos dos orçamentos da União, e dá outras providências. Brasília: Casa Civil, [2013].

BRASIL. *Lei 8.666, de 21 de junho de 1993*. Regulamenta o art. 37, inciso XXI, da Constituição Federal, institui normas para licitações e contratos da Administração Pública e dá outras providências. Brasília: Casa Civil, [1993].

BRASIL. *Lei 10.406, de 10 de janeiro de 2002*. Institui o Código Civil. Brasília: Casa Civil, [2002].

BRASIL. *Lei 12.529, de 30 de novembro de 2011*. Estrutura o Sistema Brasileiro de Defesa da Concorrência; dispõe sobre a prevenção e repressão às infrações contra a ordem econômica; altera a Lei 8.137, de 27 de dezembro de 1990, o Decreto-Lei 3.689, de 3 de outubro de 1941 – Código de Processo Penal, e a Lei 7.347, de 24 de julho de 1985; revoga dispositivos da Lei 8.884, de 11 de junho de 1994, e a Lei 9.781, de 19 de janeiro de 1999; e dá outras providências. Brasília: Casa Civil, [2011].

BRASIL. *Lei 12.846, de 1 de agosto de 2013*. Dispõe sobre a responsabilização administrativa e civil de pessoas jurídicas pela prática de atos contra a administração pública, nacional ou estrangeira, e dá outras providências. Brasília: Casa Civil, [2013].

BRASIL. *Lei 13.303, de 30 de junho de 2016*. Dispõe sobre o estatuto jurídico da empresa pública, da sociedade de economia mista e de suas subsidiárias, no âmbito da União, dos Estados, do Distrito Federal e dos Municípios. Brasília: Secretaria Geral, [2016].

BRASIL. Ministério Público Federal. *Nota técnica 1/2017 – 5ª CCR*. Brasília: Ministério Público Federal, 20 nov. 2017.

CARVALHOSA, Modesto Souza Barros. *Considerações sobre a Lei anticorrupção das pessoas jurídicas*: Lei 12.846/2013. São Paulo: Ed. RT, 2015.

HENNING, Pedro. The Organizational Guidelines: R.I.P? *Yale Law Journal Pocket Part*, New Haven, n. 116, p. 312-318, 2007.

RIO DE JANEIRO. Decreto 46.788, de 14 de Outubro de 2019. [Altera o Decreto 46.366, de 19 de julho de 2018, que regulamenta no âmbito do Poder Executivo Estadual a Lei Federal 12.846, de 1º de agosto de 2013, e da outras providências]. *Diário Oficial do Estado do Rio de Janeiro*: parte 1: Poder Executivo, Rio de Janeiro, ano 45, n. 196, p. 2, 15 out. 2019.

RIO DE JANEIRO. Decreto 47.361, de 13 de novembro de 2020. [Regulamenta e define os procedimentos para a celebração do acordo de leniência de que trata a Lei 12. 846, de 1º de agosto de 2013, e o Decreto Estadual 46. 366, de 19 de julho de 2018, no âmbito da controladoria geral do estado, dispõe sobre a participação da procuradoria geral do estado, cria a comissão permanente para a condução de negociação dos acordos e altera o artigo 57 do Decreto 46.366/2018]. *Diário Oficial do Estado do Rio de Janeiro*: parte: 1: Poder Executivo, Rio de Janeiro, ano 46, n. 211, p. 3, 16 nov. 2020.

SIMÃO, Valdir Moyses; VIANNA, Marcelo Pontes. *O Acordo de Leniência na Lei Anticorrupção* – Histórico, Desafios e Perspectivas. São Paulo: Trevisan Editora, 2017.

SOUZA, Jorge Munhós de; QUEIROZ, Ronaldo Pinheiro de. *Responsabilização Administrativa na Lei Anticorrupção*. Lei Anticorrupção e Temas de *Compliance*. 2. ed. Salvador: JusPodivm, 2016.

DEPENDÊNCIA DE DADOS TÉCNICOS E INTERAÇÃO ENTRE CONTROLES INTERNO E EXTERNO: CRIAÇÃO OU COMPARTILHAMENTO DE CORPOS TÉCNICOS INDEPENDENTES

Anderson Schreiber

Professor Titular de Direito Civil da UERJ. Professor Permanente do Programa de Pós-graduação *stricto sensu* (Mestrado e Doutorado) da UERJ. Professor da Fundação Getúlio Vargas (FGV). Procurador do Estado do Rio de Janeiro. Procurador-Chefe do Centro de Estudos Jurídicos da Procuradoria Geral do Estado do Rio de Janeiro. Membro da Academia Internacional de Direito Comparado. Doutor em Direito Privado Comparado pela *Università degli studi del Molise* (Itália). Mestre em Direito Civil pela UERJ.

Cumprimento a Professora e Promotora de Justiça Patrícia Villela, o Dr. Sergio Lino, do Tribunal de Contas do Estado do Rio de Janeiro, o meu colega Victor Aguiar e saúdo a todos os demais participantes na pessoa do Paulo Enrique Mainier, que, há alguns meses, em uma conversa entre amigos, suscitou a ideia de promover um dia de debate interinstitucional em torno das diferentes visões sobre o controle de legalidade da Administração Pública. A ideia ganhou corpo e acabamos montando uma programação intensa de sete encontros, em que variados aspectos do controle interno e externo de legalidade são postos em revista, em uma perspectiva centrada sobre o diálogo crítico, o aprendizado e o aprimoramento. Naturalmente, no sistema jurídico brasileiro, cada entidade encarregada do controle de legalidade – aí incluídas a Advocacia Pública, o Ministério Público, as Cortes de Contas e as Controladorias – detém uma visão própria do tema, construída a partir de sua peculiar experiência, mas temos a firme convicção de que um maior intercâmbio de ideias e de ações neste campo poderia ajudar todos os envolvidos, sem prejuízo de sua independência, de sua autonomia e de sua própria perspectiva acerca das prioridades a serem enfrentadas. Não raro, um obstáculo surgido no exercício do controle por uma destas instituições poderia ser mais facilmente solucionado com apoio de outra, e é justamente o que me parece ocorrer no que diz respeito ao tema que foi atribuído: a dependência de dados técnicos.

Um dos principais obstáculos que o controle interno de legalidade da Administração Pública enfrenta, no Brasil, é a sua dependência de dados técnicos fornecidos pelo próprio ente sujeito ao controle. Com efeito, o integrante de uma Assessoria Jurídica de uma Secretaria de Estado recebe frequentemente consultas jurídicas que são precedidas de avaliações ou pareceres emitidos por técnicos do mesmo órgão acerca dos aspectos não jurídicos da questão que é submetida à sua apreciação. Em outras palavras, as avaliações jurídicas costumam partir de um cenário fático e técnico que é apresentado com base em dados colhidos pelo próprio órgão controlado. Ocorre, porém, que a apresentação deste cenário pode se revelar, posteriormente, equivocada ou até deturpada, o que compromete as próprias conclusões alcançadas pela avaliação jurídica.

Para evitar esse tipo de manipulação ou simples erro, não basta situar o órgão jurídico responsável pelo controle interno dentro da entidade que está sujeita a controle. Faz-se necessário dotar o controle interno de legalidade também de uma assessoria *técnica* que não esteja vinculada à entidade que é controlada, mas a um corpo *independente* de técnicos, que seja capaz de analisar e validar, ou não, as assertivas técnicas que precedem a apreciação jurídica e que lhe servem de premissas.

Há, contudo, dois argumentos usualmente levantados contra a criação de um corpo independente de técnicos: o custo desta iniciativa e o seu eventual impacto sobre o tempo de análise dos processos administrativos. Comecemos pela questão do tempo. É intensa, na realidade atual, a pressão para uma análise sempre mais célere dos processos administrativos, com vistas ao alcance de metas ou à pronta obtenção de melhorias a serem entregues à população. A expressão "Administração Pública de resultados" ganha aí uma conotação influenciada pela cultura empresarial e, por vezes, pouco atenta às peculiaridades do direito público. De modo geral, as pessoas escolhidas para ocupar cargo de gestores públicos têm sido, cada vez mais, buscadas na iniciativa privada, e, quando aceitam o convite, desejam usualmente imprimir alguma espécie de mudança de cenário na "produtividade" do órgão público – situação que é ainda mais frequente em Estados e Municípios que sofrem historicamente com problemas ligados à ineficiência administrativa ou à dificuldade de atração de investimentos no desenvolvimento social ou econômico. Não raro, há uma visão de que a Administração Pública é lenta e burocrática.

Nesse contexto, a análise jurídica consubstanciada no exercício do controle interno é vista com desconfiança, como se fosse animada por uma injusta suspeita sobre agentes que estão "efetivamente trabalhando em prol da coisa pública". Cobra-se celeridade, não raro ao argumento de que benefícios importantes para a população serão perdidos se a análise jurídica não for concluída em tempo. É evidente que, como em qualquer área do serviço público, o dever de agir com eficiência deve estar sempre presente (Constituição, art. 37, *caput*), mas a demanda excessiva por celeridade não pode recair sobre o exercício do controle interno de legalidade. Toda a experiência nacional dos últimos anos, marcada pelo desmascaramento de esquemas espantosos de corrupção em diferentes níveis de Governo, reforça a importância do controle de legalidade da Administração Pública.

Pode-se dizer, nesse cenário, que o eventual acréscimo de tempo na tramitação de processos administrativos que decorreria da presença de uma assessoria técnica independente não seria significativo ante o imenso ganho que poderia advir de um controle de legalidade que deixasse de ser puramente jurídico, mas adentrasse os aspectos técnicos da matéria objeto de avaliação. Isso representaria, de certo modo, a passagem de um controle de legalidade *formal* (calcado na análise do que resta documentado dentro de cada processo administrativo) para um controle de legalidade *substancial* (que trabalhasse com a avaliação de dados de realidade).

Isso não significa, de nenhum modo, que as entidades responsáveis pelo controle interno de legalidade estariam se imiscuindo na esfera de decisão dos agentes públicos eleitos e de seus nomeados, mas, ao contrário, estariam assegurando que tal esfera de decisão é delimitada por dados técnicos confiáveis, submetidos a uma verificação que asseguraria maior segurança e previsibilidade para os próprios agentes públicos eleitos na sua tomada de decisão. O benefício seria evidente.

Resta, portanto, a questão do custo. A criação de um corpo técnico independente tem inegavelmente um custo, que, de resto, será tanto maior quanto maior for a qualificação dos integrantes deste corpo. Remunerações justas são necessárias a atrair os melhores profissionais, aptos ao exercício de uma verificação que conjuga, não raro, diferentes especializações técnicas e que, portanto, exige um quadro de formação multidisciplinar. Ainda assim, parece que a proposta é capaz de gerar, em última análise, genuína economia de custos para a Administração Pública, na medida em que a retificação de erros técnicos *a posteriori* se mostra inevitavelmente mais custosa, sem mencionar a mitigação da corrupção que não apenas faz sangrar os cofres públicos como expele do mercado local os agentes privados sérios, criando assimetrias concorrenciais.

Há quem veja na proposta de criação de um corpo técnico independente uma espécie de duplicação desnecessária. Afirma-se que o Poder Executivo já conta com seus técnicos e, portanto, dotar entidades responsáveis pelo controle interno de legalidade de técnicos próprios ou constituir um corpo independente de técnicos, custeados pelo Poder Executivo, implicaria reproduzir um aparato técnico já existente em cada entidade submetida àquele mesmo controle. Bastaria confiar na análise técnica. Mais uma vez, não se trata aqui de confiança, mas do aprimoramento de procedimentos, com a implantação de ferramentas de *double check*, que mitigam não apenas o risco de corrupção, mas também e talvez sobretudo o erro ou a insuficiência na coleta, organização e utilização de dados técnicos – dados que servem de premissa não apenas para o exercício do controle interno de legalidade da Administração Pública, mas para a própria definição de políticas públicas.

Ainda assim, o custeio pode representar um obstáculo compreensível, exsurgindo daí a utilidade de uma maior interação institucional nesta matéria. Com efeito, convênios podem ser firmados para que a atuação de técnicos independentes em Estados ou Municípios possa advir de entidades profissionais (como os Conselhos Regionais de Engenharia), de entidades federais (como o IBGE ou o Serviço Geológico do Brasil), ou de Universidades públicas. A todas essas entidades beneficiaria a criação de uma base comum de dados técnicos a ser utilizada não apenas no desenvolvimento de políticas públicas, mas também no estudo dessas mesmas políticas, dos seus impactos concretos e de suas transformações, assegurando, inclusive, que a própria sociedade pudesse observar, "em tempo real", a continuidade ou descontinuidade dos esforços empreendidos por diferentes Governos na gestão pública.

Também parece viável que as próprias entidades encarregadas do controle de legalidade da Administração Pública – Tribunais de Conta, Ministério Público, Controladorias, Advocacia Geral da União, Procuradorias de Estado e de Municípios etc. – compartilhem a atuação de corpos técnicos ou, ao menos, dados técnicos já coletados por esses corpos técnicos, proporcionando uma espécie de base comum para a análise jurídica das diferentes iniciativas adotadas pela Administração Pública. Em matéria ambiental, por exemplo, ao menos em teoria, uma análise de dados técnicos que já contasse com o olhar de grupos técnicos altamente especializados que existem no âmbito do Ministério Público Federal ou dos Ministérios Públicos Estaduais aprimoraria o controle interno de legalidade da Administração Pública realizado pela Advocacia Pública, iniciando quiçá um efetivo diálogo entre as diferentes entidades responsáveis pelo controle, sem prejuízo da preservação da sua respectiva autonomia e independência no âmbito de seus diferentes papéis no sistema constitucional.

Essa interação institucional voltada ao aprimoramento do controle de legalidade seguramente contribuiria para o incremento de sua efetividade, podendo, ainda, assegurar maior grau de transparência e previsibilidade na atuação da Administração Pública. Enfim, é a proposta que deixo, ainda que sinteticamente, para nossa reflexão e debate interinstitucional ao longo destes dias. Muito obrigado a todos pela atenção com que me ouviram.

A EXPERIÊNCIA DO TCE-RJ NO COMBATE À CORRUPÇÃO E NO APRIMORAMENTO DA GESTÃO PÚBLICA FLUMINENSE

Bruno Mattos Souza de S. Melo

Auditor de Controle Externo do TCE-RJ. Especialista em Engenharia de Computação pela PUC-RJ e Mestre em Engenharia Elétrica pela USP.

Sérgio Lino da S. Carvalho

Auditor de Controle Externo do TCE-RJ. Mestre em Administração Pública pela EBAPE/FGV. Professor da Escola de Contas e Gestão do TCE-RJ e do Instituto de Educação Roberto Bernardes Barroso do MPRJ (IERBB/MPRJ).

Rosa Maria Chaise

Mestre e Doutora em Educação pela UFRJ. Mestre em Avaliação pela Fundação Cesgranrio. Pesquisadora associada do Laboratório Educação e República L.E.R. do Programa de Pós-Graduação em Educação da UERJ (PROPED).

Sumário: 1. Introdução – 2. Corrupção no setor público brasileiro – 3. Tribunais de Contas e o combate à corrupção – 4. A experiência do TCE-RJ no combate à corrupção – 5. Considerações finais – 6. Referências.

1. INTRODUÇÃO

A fragilidade da esfera pública é um legado que se mostra muito importante na compreensão da América Latina e do atual estágio de desenvolvimento de seus países, uma vez que as práticas patrimonialistas e privatistas têm tido impactos por séculos sobre a região. Este fenômeno se manifesta, por um lado, no domínio das oligarquias políticas sobre grande parcela de cargos e funções públicas e, por outro, na capacidade de influência do poder econômico sobre as decisões governamentais. Em ambos os cenários, decisões são tomadas geralmente sem submissão a escrutínio público, distanciando-se muitas vezes do interesse público[1].

---

1. CENTRO LATINOAMERICANO DE ADMINISTRACIÓN PARA EL DESARROLLO. Consejo Diretivo. *Gestión pública iberoamericana para el siglo XXI:* documento aprobado por la XL Reunión Ordinária del Consejo Diretivo del CLAD. Santo Domingo, República Dominicana: CLAD, 2010. Disponível em: http://old.clad.org/documentos/declaraciones/gestion-publica-iberoamericana-para-el-siglo-xxi. Acesso em: 07 jun. 2019.

Não obstante os esforços de implantação de modelos administrativos centrados na meritocracia e na impessoalidade, tais países apresentam ainda resquícios do patrimonialismo, manifestados em elevados níveis de corrupção, clientelismo e nepotismo. Essa persistência do patrimonialismo mostra-se endêmica nesses países, em especial no Brasil, onde práticas antirrepublicanas características do modelo patrimonialista convivem com traços dos modelos burocrático e gerencial de administração pública.

A esse cenário somam-se os baixos níveis de transparência da gestão pública e de participação cidadã, observados tanto no Brasil quanto nos demais países da região, onde há diversos obstáculos ao exercício do controle social dos governantes, resumindo-se esse controle, quase que exclusivamente, às eleições periódicas.

Esse déficit de *accountability* vertical no Brasil é causado por fatores culturais e educacionais, segundo a análise clássica de Campos[2]. Além das fragilidades no exercício e na consolidação da *accountability* vertical em todas as suas vertentes, há no Brasil problemas também no outro componente da *accountability*, na definição de O'Donnel (1998), na sua parcela horizontal.

A conjugação desses fatores, persistência do patrimonialismo, clientelismo e nepotismo, com baixos níveis de transparência e controle social do setor público, associados a controles internos incipientes e elevados níveis de riscos, produz um ambiente propício a práticas como desvios e malversação de recursos públicos, com impactos diretos na governança e nos resultados das políticas públicas.

Escândalos revelados no Brasil pela Operação Lava Jato e por outras iniciativas de combate à corrupção evidenciam um cenário em que tais práticas ocorrem de forma generalizada, com desvios de recursos em contratações públicas destinando-se ao enriquecimento ilícito de agentes públicos ou ao financiamento de campanhas políticas, atingindo praticamente todos os principais partidos políticos do país.

As iniciativas de combate à corrupção, em especial a Operação Lava Jato, fizeram surgir uma nova sistemática de cooperação e integração entre os órgãos de controle e de persecução penal, com atuação conjunta entre estes, em formato de forças-tarefa, e com o emprego de novas técnicas de investigação e ferramentas tecnológicas, além da troca de informações e da utilização da atividade de inteligência, fundamentais para os resultados atingidos.

Nessa mesma direção, os Tribunais de Contas, órgãos de controle externo da administração pública, implantaram recentemente suas atividades de inteligência e se organizaram em rede nacional, que abrange as unidades de inteligência de 33 tribunais, inclusive o Tribunal de Contas da União (TCU), a Rede Infocontas.

O presente artigo apresentará, por meio de estudo de caso, as contribuições concretas do Tribunal de Contas do Estado do Rio de Janeiro (TCE-RJ) no combate à corrupção, por meio de ações conjuntas e da cooperação com outros órgãos e da

---

2. CAMPOS, Anna Maria. Accountability: quando poderemos traduzi-la para o português? *Revista Gestão Pública e Controle Externo*. Salvador, v. 1, n. 1, p. 381-421, 2005.

utilização da atividade de inteligência em suas auditorias governamentais, estratégia que potencializa a atividade de controle e contribui para o incremento dos níveis de governança dos órgãos estaduais e municipais sob sua jurisdição.

2. CORRUPÇÃO NO SETOR PÚBLICO BRASILEIRO

O conceito de corrupção é muito difícil de se definir, sendo complexo e multifacetado, podendo ocorrer nos campos pessoal e institucional e também em várias esferas, pública e privada, envolvendo inúmeros atores, ligados à administração pública ou ao setor privado, ou mesmo na combinação da corrupção em ambos os setores, modalidade que se mostra especialmente danosa à sociedade.

Ademais, qualquer conceituação possui um caráter não universal, variando conforme a cultura de cada país, uma vez que práticas consideradas como corrupção em alguns países podem ser aceitas em outros.

A Organização para a Cooperação e Desenvolvimento Econômico – OCDE (2009)[3] conceitua corrupção como o abuso de agentes públicos e privados para obtenção de vantagens pessoais, aludindo não apenas ao recebimento de propina, mas incluindo a menção ao nepotismo, à fraude e à captura estatal.

A Transparência Internacional, entidade internacional dedicada ao combate à corrupção, também menciona que, em sentido mais amplo, a corrupção se relaciona ao abuso de poder visando a benefícios pessoais[4].

Na ótica de Ritt[5], corrupção envolve qualquer vantagem que é considerada indevida, por meio da prática de ato ilegal ou antiético, que possa trazer benefícios para alguém ou facilitar alguma atividade.

Fortini e Motta[6] apontam os impactos sociais nefastos que a prática da corrupção pode provocar, destacando o aumento dos valores dos contratos celebrados entre entes estatais e prestadores de serviços, diante da inclusão do "custo propina", bem como o direcionamento irracional e indevido dos recursos públicos em detrimento das reais necessidades sociais.

---

3. Apud FORTINI, Cristina; MOTTA, Fábio. Corrupção nas licitações e contratações públicas: sinais de alerta segundo a Transparência Internacional. *Revista de Direito Administrativo e Constitucional*, n. 64, p. 93-113, Belo Horizonte, 2016. Disponível em: http://www.editoraforum.com.br/wp-content/uploads/2016/07/corrupcao-licitacoes.pdf. Acesso em: 07 jun. 2019.
4. Ibidem.
5. RITT, Caroline Fockink. *Políticas públicas e privadas para o combate à corrupção em face da lei 12.846/2013*: o Acordo de Leniência como política pública para combater a corrupção instalada e o Compliance como política privada para evitar práticas corruptivas no ambiente empresarial. 2017. Tese (Doutorado em Direito) – Faculdade de Direito, Universidade de Santa Cruz do Sul, Rio Grande do Sul, 2017
6. FORTINI, Cristina; MOTTA, Fábio. Corrupção nas licitações e contratações públicas: sinais de alerta segundo a Transparência Internacional. *Revista de Direito Administrativo e Constitucional*, n. 64, p. 94, Belo Horizonte, 2016. Disponível em: http://www.editoraforum.com.br/wp-content/uploads/2016/07/corrupcao-licitacoes.pdf. Acesso em: 07 jun. 2019.

Muitos documentos internacionais e estudos acadêmicos consideram a corrupção como a mais danosa doença política dos nossos tempos. Em muitos países pobres e de setor público frágil, tem sido uma barreira permanente ao desenvolvimento de suas economias e ao bem-estar das suas populações (CLAD, 2018)[7].

No Brasil, não obstante os avanços recentes alcançados com a Operação Lava Jato, observa-se que o índice de percepção da corrupção manteve-se estagnado, em patamar muito ruim, no ano de 2020, após constante queda, com crescimento constante da percepção da corrupção observado nos anos anteriores, conforme a figura 1. A nota de 38 pontos apresentada pelo país em 2020 situa o Brasil na 94ª posição em um *ranking* de 180 países e territórios, estando abaixo da média dos BRICS (39), da média regional para a América Latina e o Caribe (41) e da mundial (43), e ainda mais distante da média dos países do G20 (54) e da OCDE (64).[8]

Figura 1: índice de percepção da corrupção 2020

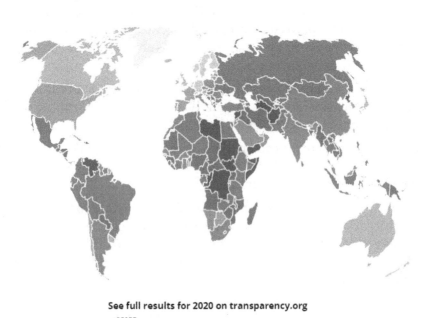

Fonte: Transparência Internacional - Brasil.

---

7. CENTRO LATINOAMERICANO DE ADMINISTRACIÓN PARA EL DESARROLLO. *Carta Iberoamericana de Ética e Integridad en la Función Pública*: aprobada por la XVIII Conferencia Iberoamericana de Ministros de Administración Pública y Reforma del Estado. Antigua, Guatemala: CLAD, 2018. Disponível em: https://www.dgaep.gov.pt/upload/RI_estudos%20Presid%C3%AAncias/CartaIberoamericanaEticaeIntegridad-FuncionPublica%20(2).pdf. Acesso em: 22 jun. 2019.
8. Disponível em: https://transparenciainternacional.org.br/ipc/. Acesso em: 21 fev. 2021.

O organismo internacional vem alertando que os esforços de combate à corrupção empreendidos nos últimos anos podem se esvair caso as ações e, principalmente, as punições de alguns poderosos alcançadas por operações como a Lava Jato, não sejam acompanhadas de instrumentos legislativos mais estruturantes, que atinjam a raiz do problema.

A luta contra a corrupção, que foi bandeira de boa parte da classe política eleita nos últimos anos, não se transformou em medidas concretas de enfrentamento do problema. Nenhuma agenda efetiva de reformas anticorrupção foi apoiada pelo governo e aprovada pelo Congresso. Pelo contrário, ocorreram graves retrocessos institucionais, principalmente com a perda de independência de órgãos fundamentais como a Procuradoria-Geral da República e a Polícia Federal (Transparência Internacional, 2021, *online*).

De outro plano, os recentes avanços observados nessa área foram possíveis a partir da edição, no Brasil, da Lei 12.850/13, Lei da Organização Criminosa, que propiciou a utilização do instituto da colaboração premiada como meio de prova em troca de benefícios ao colaborador do Estado, como redução de pena, de multas e, até mesmo, o perdão judicial, dada a importância das provas trazidas pelo colaborador para a investigação.

Outro importante instrumento legal editado no Brasil para o combate à corrupção foi a Lei Anticorrupção, Lei 12.846/13, que representou grande avanço ao prever a responsabilização objetiva, no âmbito civil e administrativo, de empresas que praticam atos lesivos contra a administração pública nacional ou estrangeira. A referida lei atende a compromissos internacionais assumidos pelo Brasil e também fecha uma lacuna no ordenamento jurídico do país ao tratar diretamente da conduta dos corruptores (CGU, 2019, *online*).

Esse instrumento legal faz parte, segundo Simão e Vianna (2017; *apud* Ritt, 2017)[9], do microssistema jurídico anticorrupção, que abrange todas as normas que, direta ou indiretamente, visam a coibir e a punir a prática de atos de corrupção. Além das já citadas Leis Anticorrupção e da Organização Criminosa, estão inseridas neste conjunto a Lei de Improbidade Administrativa, a Lei Antitruste e a Lei de Combate à lavagem de Dinheiro, dentre outras normas penais.

Além da responsabilização objetiva da pessoa jurídica por atos de corrupção, a Lei Anticorrupção inovou também ao induzir as empresas a um comportamento ético, bem como a criação de mecanismos de *compliance* para redução de riscos na execução de contratos com o setor público.

Com esse novo conjunto normativo somado a uma maior integração e aproximação dos órgãos de controle e de persecução penal, como Receita Federal, Tribunal

---

9. RITT, Caroline Fockink. *Políticas públicas e privadas para o combate à corrupção em face da lei 12.846/2013*: o Acordo de Leniência como política pública para combater a corrupção instalada e o *Compliance* como política privada para evitar práticas corruptivas no ambiente empresarial. 2017. Tese (Doutorado em Direito) – Faculdade de Direito, Universidade de Santa Cruz do Sul, Rio Grande do Sul, 2017

de Contas da União e Ministério Público Federal, foi possível se chegar no Brasil à prisão dos maiores empreiteiros do país, de servidores públicos de alto escalão e de importantes figuras do meio político envolvidas em atos de corrupção.

Esta forma integrada de trabalho é destacada por Mendes (2018)[10], ao se referir à experiência da Controladoria-Geral da União (CGU) no combate à corrupção.

A utilização de ferramentas de tecnologia da informação tem sido outro componente fundamental para que os órgãos de controle e investigação penal possam chegar aos resultados esperados nos casos de corrupção, com a efetiva punição dos envolvidos.

Em 2007, o Ministério da Justiça criou o Laboratório de Tecnologia contra a Lavagem de Dinheiro (LAB-LD), atendendo a uma das metas da Estratégia Nacional de Combate à Corrupção e Lavagem de Dinheiro (Enccla), composta de órgãos policiais e de investigação de todo o Brasil. Em 2009, iniciou-se a replicação do modelo para outros órgãos estatais, dando origem à Rede Nacional de Laboratórios de Tecnologia (RED-LAB), presente em todos os estados brasileiros.

Ao se abordar o tema corrupção no setor público, outro elemento que emerge com grande importância é a transparência dos atos de gestão nas diversas esferas de governo. Peters (2016) afirma que as obrigações de transparência podem ser uma forma efetiva de se reduzir a corrupção, considerando tanto os atos de corrupção em si quanto as violações às regras de transparência como violações a relevantes direitos humanos.

A transparência do setor público oferece aos cidadãos e a outros importantes atores, como organizações do terceiro setor, as informações necessárias ao exercício do controle social, reduzindo a grande assimetria de informações existente entre representantes e representados no sistema democrático representativo, apontada por Manin et al (2006)[11].

3. TRIBUNAIS DE CONTAS E O COMBATE À CORRUPÇÃO

Os Tribunais de Contas são órgãos previstos na Constituição Federal que realizam o controle externo da administração pública em auxílio ao Poder Legislativo, exercendo fiscalização contábil, financeira, orçamentária, operacional e patrimonial dos órgãos públicos sob suas jurisdições[12], quanto à legalidade, legitimidade, economicidade e à aplicação das subvenções e renúncia de receitas[13].

---

10. MENDES, Gilson Libório de Oliveira. Control del gasto público y lucha contra la corrupción. Congreso Internacional del Clad sobre la Reforma del Estado y de la Administración Pública, 23, 2018, México. *Anais [...]* Guadalajara, México: CLAD, 06 a 09 de novembro de 2018.
11. MANIN, Bernard et al. Eleições e representação. *Revista Lua Nova*, n. 67, p. 105-138, São Paulo, 2006.
12. Termo utilizado neste artigo a despeito da doutrina contrária à existência de jurisdição exercida pelos Tribunais de Contas, por serem órgãos que atuam na esfera administrativa, conforme a ótica de Lima (2008). Há visão antagônica a esta, consoante os ensinamentos do mesmo autor com base em alguns doutrinadores.
13. Adaptado do artigo 70 da Constituição Federal.

Essas instituições integram uma rede de controle que exerce a *accountability* horizontal, na definição de O´Donnel (1998), composta também de outros organismos estatais, como o Ministério Público, os Poderes Legislativo e Judiciário, dentro do sistema de freios e contrapesos, e também os sistemas de controle interno.

Os Tribunais de Contas exercem a *accountability* por meio da análise das prestações de contas apresentadas por gestores do setor público, quando exercem uma função de caráter judicante, e também por meio de auditorias governamentais, realizadas por iniciativa própria ou solicitadas por atores competentes, como o Ministério Público ou o Poder Legislativo.

Nessa perspectiva, os Tribunais de Contas assumem uma posição de muita importância na estrutura orgânica do Estado, revelando-se como órgãos de função constitucional não subordinada, com atuação autônoma e independente dos demais poderes, cuja atividade de fiscalização dos recursos públicos está dirigida para os interesses da sociedade (CHAISE; BERGUE; e CARVALHO, 2014)[14].

As auditorias governamentais executadas por esses tribunais podem ser auditorias de conformidade, auditorias operacionais ou auditorias financeiras, conforme definições da Organização Internacional de Entidades Fiscalizadoras Superiores, na sigla em inglês, Intosai (2013)[15].

Em seu atual estágio de desenvolvimento, os Tribunais de Contas brasileiros vêm incorporando cada vez mais as auditorias operacionais ao exercício da atividade de controle externo, como apontam Castro e Carvalho (2018), trabalhos de grande importância na avaliação de resultados de políticas públicas e de desempenho da gestão. Também se encontram em um estágio inicial de implantação em relação às auditorias financeiras.

Atualmente, são executadas, majoritariamente, auditorias de conformidade, nas quais, não raro, se constatam fraudes envolvendo desvios de recursos públicos ou desvios de finalidade na sua aplicação, que normalmente resultam em responsabilização de gestores e de empresas envolvidas nas irregularidades, bem como no ressarcimento ao erário do dano causado. Nesse sentido, as auditorias de conformidade dos Tribunais de Contas possuem importante papel no combate à corrupção, à semelhança do que aponta Mendes (2018)[16] em relação às auditorias executadas pela CGU.

---

14. CHAISE, Rosa Maria; BERGUE, Sandro Trescastro; CARVALHO, Sergio Lino da S. Escolas de Governo: o papel pedagógico nos Tribunais de Contas. Congreso Internacional del Clad sobre la Reforma del Estado y de la Administración Pública, 19, 2014, Equador. *Anais* [...] Quito, Equador: CLAD, 11 a 14 de novembro de 2014.
15. INTOSAI. *ISSAI 100*: princípios fundamentais de auditoria do setor público. 2013. Disponível em: https://pt.scribd.com/document/317910822/ISSAI-100-Portugues. Acesso em: 09 jun. 2019.
16. MENDES, Gilson Libório de Oliveira. Control del gasto público y lucha contra la corrupción. Congreso Internacional del Clad sobre la reforma del Estado y de la Administración Pública, 23, 2018, México. *Anais* [...] Guadalajara, México: CLAD, 06 a 09 de novembro de 2018.

Além da função mais repressiva, ligada à execução das auditorias de conformidade e ao julgamento de contas, os tribunais de contas possuem outra vertente de atuação que contribui com o combate à corrupção: a fiscalização dos níveis de transparência dos órgãos públicos sob sua jurisdição. Neste sentido, Carvalho e Melo (2018)[17] ressaltam o papel das Cortes de Contas de cobrar dos gestores públicos a disponibilização de informações à sociedade, bem como o de interpretar tecnicamente tais informações e divulgá-las às instâncias de controle social.

Outro fator citado na literatura estudada, apontado por Gálvez (2018)[18] como importante elemento no desenho de qualquer estratégia anticorrupção, é a profissionalização do serviço público e de seus quadros. Nesse sentido, os tribunais de contas brasileiros possuem vinculadas a si escolas de contas, que são escolas de governo voltadas à formação e capacitação, tanto dos seus próprios servidores quanto de servidores públicos oriundos dos órgãos sob sua jurisdição, além de órgãos parceiros, contribuindo assim para o aperfeiçoamento e profissionalização do serviço público.

Chaise, Bergue e Carvalho (2014)[19] assinalam a ótica da ação preventiva dos tribunais de contas ao implantarem suas escolas de governo, que passaram assim a ter uma atuação pedagógica, apostando na "cultura do conhecimento", que resulta em melhores serviços prestados à população.

4. A EXPERIÊNCIA DO TCE-RJ NO COMBATE À CORRUPÇÃO

O agravamento da crise econômica no Brasil em 2016, quando ocorreu uma queda do PIB de 3,6% após outra queda de 3,8% ocorrida no ano anterior, trouxe a estagnação de praticamente todos os indicadores econômicos e a maior recessão da história do país. A crise trouxe também o desequilíbrio das contas públicas do governo federal, passando a um cenário fiscal em que as despesas superavam as receitas, cenário que permanece até os dias atuais.

Essa crise econômica teve especiais reflexos no estado do Rio de Janeiro e em seus municípios, fazendo com que muitas prefeituras decretassem estado de calamidade ou emergência financeira no início de 2017, a exemplo do que já havia feito o governo estadual. Em muitos casos ocorreram atrasos no pagamento de salários a servidores

---

17. CARVALHO, Sergio Lino da Silva; MELO, Bruno Mattos Souza de S. A evolução da transparência pública nos municípios do estado do Rio de Janeiro: uma análise à luz do exercício do controle social. Congreso Internacional del Clad sobre la reforma del Estado y de la Administración Pública, 23, 2018, México. *Anais [...]* Guadalajara, México: CLAD, 06 a 09 de novembro.

18. GÁLVEZ, Emilio Zacarías. Profesionalización como instrumento para combatir la corrupción en la administración pública federal. Congreso Internacional del Clad sobre la Reforma del Estado y de la Administración Pública, 23, 2018, México. *Anais [...]* Guadalajara, México: CLAD, 06 a 09 de novembro de 2018.

19. CHAISE, Rosa Maria; BERGUE, Sandro Trescastro; CARVALHO, Sergio Lino da S. Escolas de Governo: o papel pedagógico nos Tribunais de Contas. Congreso Internacional del Clad sobre la Reforma del Estado y de la Administración Pública, 19, 2014, Equador. *Anais [...]* Quito, Equador: CLAD, 11 a 14 de novembro de 2014.

estaduais e municipais e no pagamento a fornecedores, acarretando suspensão do fornecimento de bens e serviços essenciais aos cidadãos (NAZARETH, 2017)[20].

Um dos fatores que fez com que os impactos das crises financeira e fiscal fossem sentidos mais fortemente no estado do Rio de Janeiro foram os diversos casos de corrupção revelados pelo braço da Operação Lava Jato no estado, seguidos de ações também do Ministério Público Estadual.

Ademais, produziram-se também efeitos negativos na economia do estado do Rio de Janeiro em função de serem algumas contratações da Petrobrás os principais alvos da Operação Lava Jato, uma vez que a empresa possui sede no estado e que a revelação dos escândalos causou a paralisação de diversos projetos e investimentos de grande vulto, com grandes impactos econômicos.

Também as finanças estaduais sofreram fortes desajustes, com crescentes níveis de endividamento e desequilíbrio fiscal resultantes dos fatores econômicos já citados, da queda nos preços internacionais do barril de petróleo, por ser o estado o principal produtor brasileiro da *commodity*, elementos que se somam também a contratações superfaturadas e incentivos fiscais alheios ao interesse público revelados no governo estadual. Esse cenário é apontado em pareceres prévios contrários consecutivos emitidos pelo TCE-RJ na análise das prestações de contas do governo estadual nos últimos três exercícios analisados[21].

Além da sua atuação no julgamento de contas apresentadas por gestores estaduais e municipais, o TCE-RJ, a partir do exercício de 2017, alterou a sua sistemática de controle sobre os recursos estaduais e municipais, deixando de realizar uma análise meramente formal de atos e contratos, enviados ao órgão de forma obrigatória pelos gestores no modelo anterior, e passando a efetuar a análise desses atos de gestão por meio de auditorias governamentais, selecionadas por fatores de risco, materialidade, relevância e oportunidade[22].

A alteração na sistemática de controle do TCE-RJ, buscando maior efetividade em suas ações finalísticas e na linha de análise de riscos adotada pelos principais organismos de controle, veio acompanhada da implantação efetiva no órgão da atividade de inteligência ligada à área de controle externo[23], exercida pelo Núcleo de Informações Estratégicas para o Controle Externo (NICE).

A atividade de inteligência no TCE-RJ consiste na produção de conhecimento a partir da estruturação, processamento e análise de grandes bases de dados, corporativas e externas à instituição, além da análise de outras informações relevantes, com o

---

20. NAZARETH, Paula Alexandra Canas de Paiva. Crise econômica e capacidade de gestão local no Rio de Janeiro, Brasil. Congreso Internacional del Clad Sobre la Reforma del Estado y de la Administración Pública, 22, 2017. Espanha. *Anais* [...] Madrid, Espanha: CLAD, 14 a 17 de novembro de 2017
21. Cf. processos TCE-RJ 101.576-6/17, 113.304-9/18 e 101.949-1.
22. Alteração no modelo de controle realizada pelas Deliberações TCE-RJ 280/17 e 281/17, e Resolução TCE-RJ 302/17.
23. Criada pela Portaria SGE 01/2015, mas com implantação efetiva das atividades de inteligência em 2017.

objetivo de subsidiar a atividade de controle na seleção e na execução das auditorias governamentais realizadas, trazendo maior eficiência à atividade finalística do órgão, na linha do que aponta Carvalho (2012)[24].

O NICE está interligado a outros 32 núcleos de informações estratégicas ligados a tribunais de contas de todo o Brasil, formando a Rede Infocontas, executando atividades de coleta, processamento e análise de dados, por meio de cruzamentos de informações, *data mining*, uso de componentes de inteligência artificial e do desenvolvimento de *scripts* para automatização de atividades de análise, como o *script* desenvolvido que possibilitou, em 2018, a realização automatizada e remota de auditorias em todos os órgãos estaduais do Poder Executivo e em todas as 91 prefeituras jurisdicionadas do TCE-RJ, para verificação da ordem cronológica de pagamentos.

As análises de dados são realizadas em resposta a solicitações dos auditores do órgão ou por iniciativa própria do núcleo, e o conhecimento produzido, associado ou não a outras informações de interesse, é disponibilizado à área-fim por meio de relatórios de informações, que robustecem o processo de planejamento e a execução das auditorias governamentais. Outras informações relevantes são disponibilizadas também à atividade de controle externo para a seleção de objetos de auditoria, servindo de base para o processo de construção do plano de fiscalização do órgão de controle[25].

Dentre essas informações está o indicador de risco em contratações (IRIS), desenvolvido por técnicos da área de controle externo[26], baseado integralmente na análise automatizada de tipologias de controle associadas a características das contratações realizadas pelos órgãos jurisdicionados. Este indicador é distribuído aos auditores do TCE-RJ juntamente com outras informações que possam denotar risco, como informações de mídia, solicitações do Ministério Público e demandas de Ouvidoria, na linha do que apontou Carvalho (2012).

A implantação da atividade de inteligência no TCE-RJ trouxe uma maior necessidade de intercâmbio e troca de informações, bem como uma maior aproximação com outras instituições de controle e de persecução penal, notadamente em casos de corrupção na esfera administrativa também associados a ilícitos penais, como peculato e lavagem de dinheiro, ou improbidade administrativa.

A aproximação do órgão com parceiros externos conduziu a uma atuação conjunta com essas instituições, organizando-se o modelo de trabalho à semelhança do modelo empregado nas operações realizadas no âmbito federal, como a Operação Lava Jato, conforme citado por Mendes (2018).

> En Brasil, la actuación conjunta de órganos ha producido buenos resultados. Los trabajos de escrutinio de fraudes realizados por la Contraloría General de la Unión en conjunto con otros

---

24. CARVALHO, Sergio Lino da Silva. A inteligência aplicada ao controle externo: fatores críticos de sucesso no caso do TCE-RJ. *Revista Síntese*, n. 7, p. 92-105, Rio de Janeiro, 2012.
25. Processo de elaboração do plano de fiscalização disciplinado pela Resolução TCE-RJ 302/17.
26. O indicador IRIS foi desenvolvido pela equipe do Núcleo de Auditoria de TI da Coordenadoria de Auditorias Especializadas (CTE).

órganos de defensa del Estado, como el Departamento de la Policía Federal y el Ministerio Público, se llaman operaciones especiales. Se producen tanto en el ámbito federal como en los estados (MENDES, 2018, p. 4)[27].

A realização de auditorias governamentais no âmbito de operações conjuntas com outras instituições, como o Ministério Público e a Polícia Civil, tem potencializado no TCE-RJ os resultados da atividade de controle em casos que envolvem corrupção de agentes públicos. Em 2018, foram realizados mais de dez trabalhos conjuntos com órgãos como os Ministérios Públicos Federal e Estadual, Polícias Civil e Federal e CGU[28], além da troca de informações com o TCU, que resultaram em prisões e afastamentos de prefeitos municipais, de outros agentes públicos, cumprimentos de mandados de busca e apreensão, expedição de medidas cautelares e medidas visando ao ressarcimento ao erário de recursos desviados.

Adicionalmente à realização de operações conjuntas com outros órgãos, de forma coordenada e integrada, outra ação desempenhada pelo TCE-RJ que contribui com o combate à corrupção é a fiscalização do cumprimento da legislação que rege a transparência do setor público nos órgãos sob sua jurisdição, com base em auditorias realizadas nos portais da transparência das prefeituras e câmaras municipais do estado do Rio de Janeiro.

Os resultados dessas auditorias evidenciaram que houve um pequeno avanço em 2018 nos níveis de transparência observados nas prefeituras, onde há base de comparação com auditorias anteriores, estando ainda esses níveis muito distantes do desejável, passados mais de cinco anos da edição da Lei de Acesso à Informação (LAI). Nas câmaras municipais os níveis de cumprimento da legislação de transparência mostraram-se ainda menores (CARVALHO; MELO, 2018)[29].

A fiscalização de caráter administrativo realizada pelo TCE-RJ contribui também com o combate à corrupção na medida em que avalia o cumprimento da legislação que normatiza a integridade de empresas que contratam com o setor público, como a recente Lei Estadual 7.753/17, que exige que empresas fornecedoras do estado com contratos de maior valor tenham plano de integridade.

Por fim, a contribuição do TCE-RJ no combate à corrupção se dá também por meio da atuação pedagógica e preventiva da Escola de Contas e Gestão (ECG), que tem por missão a capacitação e formação de servidores dos órgãos jurisdicionados e parceiros, além de servidores do próprio órgão de controle, oferecendo cursos nas

---

27. MENDES, Gilson Libório de Oliveira. Control del gasto público y lucha contra la corrupción. Congreso Internacional del Clad sobre la Reforma del Estado y de la Administración Pública, 23, 2018, México. *Anais* [...] Guadalajara, México: CLAD, 06 a 09 de novembro de 2018.
28. Conforme os processos exemplificativos TCE-RJ nos 207.668-2/18, 204.986-3/19, 229.605-8/18 e 231.353-3/18.
29. CARVALHO, Sergio Lino da Silva; MELO, Bruno Mattos Souza de S. A evolução da transparência pública nos municípios do estado do Rio de Janeiro: uma análise à luz do exercício do controle social. Congreso Internacional del Clad sobre la Reforma del Estado y de la Administración Pública, 23, 2018, México. *Anais* [...] Guadalajara, México: CLAD, 06 a 09 de novembro.

mais diversas áreas do conhecimento ligadas à gestão pública e dois cursos de Pós-Graduação, em gestão pública e controle e em gestão pública municipal.

5. CONSIDERAÇÕES FINAIS

A fragilidade da esfera pública é uma das características observada em países da América Latina, onde há uma situação endêmica quanto à persistência de práticas patrimonialistas, com a captura e controle de instituições por redes de pessoas que utilizam o aparato estatal em busca de seus próprios interesses. No Brasil, em especial, o grande déficit de *accountability* vertical existente e os baixos níveis de transparência no setor público somam-se aos fatores históricos, em um cenário favorável à corrupção e ao clientelismo.

Na esteira de tratados internacionais assinados pelo país, avançou-se muito no campo legislativo em relação ao combate à corrupção, notadamente com o fortalecimento do combate à lavagem de dinheiro e com o instituto da colaboração premiada, que permitiram os resultados obtidos em operações como a Lava Jato, com a punição efetiva de importantes personalidades do meio político e empresarial.

Não obstante os avanços ocorridos, a Transparência Internacional alerta para o risco de que haja retrocesso no processo de combate à corrupção, caso as punições de alguns poderosos alcançadas não sejam acompanhadas de instrumentos legislativos mais estruturantes, que atinjam a raiz do problema.

Outras questões estão fortemente associadas à corrupção no setor público, como a integridade do meio empresarial e o modelo de financiamento de campanhas políticas, ligado diretamente ao sistema democrático representativo e à crise que este modelo enfrenta atualmente no Brasil. Os casos revelados parecem demonstrar o quanto a corrupção está enraizada no país, quando investigados continuaram as práticas delituosas mesmo com a Operação Lava Jato já em curso.

A literatura estudada destaca a importância de medidas repressivas/punitivas como forma de dissuadir práticas de corrupção, bem como a relevância da cooperação entre instituições que a combatem, de forma integrada e coordenada, com troca de informações e experiências.

Nesse sentido, os Tribunais de Contas emergem como atores capazes de contribuir significativamente com o combate à corrupção no país, em função das auditorias governamentais que realizam, verificando licitações e contratações públicas onde há grande volume de recursos envolvidos e fortes riscos de desvios, inclusive em relação à finalidade a que se destinam.

O TCE-RJ vem, nos últimos anos, recrudescendo o *enforcement* necessário à dissuasão das práticas de corrupção por meio de julgamentos técnicos de contas apresentadas por gestores e da mudança do modelo de controle exercido, agora mais essencialmente baseado em auditorias governamentais.

A implantação da atividade de inteligência na área-fim, com a análise de grandes massas de dados para fornecimento de insumos aos auditores, bem como a criação de um indicador de risco, que passou a fundamentar a seleção dos trabalhos a serem executados, fazem com que a atividade de controle seja mais eficiente, em função de uma maior automatização e aproveitamento dos recursos disponíveis.

Essa implantação trouxe ainda uma maior aproximação do órgão de controle com outras instituições, que possibilitou a troca mais ágil de informações e a realização de trabalhos conjuntos, muitos organizados em um modelo de cooperação que se assemelha às operações já realizadas na esfera federal.

No ano de 2018, os resultados obtidos com a realização desses trabalhos conjuntos mostraram-se bastante satisfatórios, tendo culminado em prisões e afastamentos de prefeitos, medidas cautelares expedidas, identificação de significativos desvios de recursos e medidas visando ao seu ressarcimento aos cofres públicos.

Alguns casos enfrentados nessas operações conjuntas revelaram ainda que ações isoladas dos órgãos de controle e persecução criminal não teriam sido suficientes para cessar as práticas de corrupção em curso, dado o grau de captura das administrações públicas locais, onde a restauração dos níveis de governança só poderia se dar com o afastamento dos envolvidos.

Além das auditorias de conformidade, o TCE-RJ vem dando também outras contribuições muito importantes no combate à corrupção no estado do Rio de Janeiro, com a fiscalização da transparência do setor público fluminense, das renúncias de receita e isenções fiscais, e da integridade de empresas que contratam com o setor público, notadamente com a administração estadual.

Por fim, em um viés mais preventivo e pedagógico, o TCE-RJ contribui ainda com o combate à corrupção na medida em que, por meio de sua Escola de Contas e Gestão, capacita e forma servidores e gestores das administrações municipais e estadual, fortalecendo a governança e incrementando a profissionalização da administração pública, em uma perspectiva republicana.

6. REFERÊNCIAS

BRASIL. Lei 12.850, de 2 de agosto de 2013. Define organização criminosa e dispõe sobre a investigação criminal, os meios de obtenção da prova, infrações penais correlatas e o procedimento criminal; altera o Decreto-Lei 2.848, de 7 de dezembro de 1940 (Código Penal); revoga a Lei 9.034, de 3 de maio de 1995; e dá outras providências. Brasília, DF: Presidência da República, Portal da Legislação, [2013]. Disponível em: http://www.planalto.gov.br/ccivil_03/_ato2011-2014/2013/lei/l12850.htm. Acesso em: Acesso em: 13 abr. 2020.

BRASIL. Lei 12.846, de 2 de agosto de 2013. Dispõe sobre a responsabilização administrativa e civil de pessoas jurídicas pela prática de atos contra a administração pública, nacional ou estrangeira, e dá outras providências. Brasília, DF: Presidência da República, Portal da Legislação, [2013]. Disponível em: http://www.planalto.gov.br/ccivil_03/_ato2011-2014/2013/lei/l12846.htm. Acesso em: Acesso em: 13 abr. 2020.

BRASIL. Controladoria-Geral da União. Lei Anticorrupção. 2019. Disponível em: https://www.cgu.gov.br/assuntos/responsabilizacao-de-empresas/lei-anticorrupcao. Acesso em: 09 jun. 2019.

CAMPOS, Anna Maria. *Accountability*: quando poderemos traduzi-la para o português? *Revista Gestão Pública e Controle Externo*. v. 1, n. 1, p. 381-421, Salvador, 2005.

CARVALHO, Sergio Lino da Silva. A inteligência aplicada ao controle externo: fatores críticos de sucesso no caso do TCE-RJ. *Revista Síntese*. n. 7, p. 92-105, Rio de Janeiro, 2012.

CARVALHO, Sergio Lino da Silva; MELO, Bruno Mattos Souza de S. A evolução da transparência pública nos municípios do estado do Rio de Janeiro: uma análise à luz do exercício do controle social. Congreso Internacional del Clad sobre la Reforma del Estado y de la Administración Pública, 23, 2018, México. Anais [...] Guadalajara, México: CLAD, 06 a 09 de novembro.

CASTRO, Sebastião Helvécio Ramos de; CARVALHO, Marilia Gonçalves de. Integridade pública: um novo pilar das estruturas políticas, econômicas e sociais. Congreso Internacional del Clad sobre la Reforma Del Estado y de la Administración Pública, 23, 2018, México. Anais [...] Guadalajara, México: CLAD, 06 a 09 de novembro de 2018.

CENTRO LATINOAMERICANO DE ADMINISTRACIÓN PARA EL DESARROLLO. *Carta Iberoamericana de Gobierno Electrónico*: aprobada por la IX Conferencia Iberoamericana de Ministros de Administración Pública y Reforma del Estado. Pucón, Chile: CLAD, 2007. Disponível em: http://old.clad.org/documentos/declaraciones/cartagobelec.pdf. Acesso em: 23 jun. 2018.

CENTRO LATINOAMERICANO DE ADMINISTRACIÓN PARA EL DESARROLLO. Consejo Diretivo. *Gestión pública iberoamericana para el siglo XXI*: documento aprobado por la XL Reunión Ordinária del Consejo Diretivo del CLAD. Santo Domingo, República Dominicana: CLAD, 2010. Disponível em: http://old.clad.org/documentos/declaraciones/gestion-publica-iberoamericana-para-el-siglo--xxi. Acesso em: 07 jun. 2019.

CENTRO LATINOAMERICANO DE ADMINISTRACIÓN PARA EL DESARROLLO. *Carta Iberoamericana de Ética e Integridad en la Función Pública*: aprobada por la XVIII Conferencia Iberoamericana de Ministros de Administración Pública y Reforma del Estado. Antigua, Guatemala: CLAD, 2018. Disponível em: https://www.dgaep.gov.pt/upload/RI_estudos%20Presid%C3%AAncias/CartaIberoamericanaEticaeIntegridadFuncionPublica%20(2).pdf. Acesso em: 22 jun. 2019.

CHAISE, Rosa Maria; BERGUE, Sandro Trescastro; CARVALHO, Sergio Lino da S. Escolas de Governo: o papel pedagógico nos Tribunais de Contas. Congreso Internacional del Clad sobre la Reforma del Estado y de la Administración Pública, 19, 2014, Equador. Anais [...] Quito, Equador: CLAD, 11 a 14 de novembro de 2014.

FIGUEIREDO, Carlos Maurício C. Ética na gestão pública e exercício da cidadania: o papel dos tribunais de contas brasileiros como agências de *accountability*: o caso do Tribunal de Contas de Pernambuco. Congreso Internacional del Clad sobre la Reforma del Estado y de la Administración Pública, 7, 2002, Portugal. Anais [...] Lisboa, Portugal: CLAD, 8 a 11 de outubro de 2002. Disponível em: https://cladista.clad.org/bitstream/handle/123456789/2305/0044116.pdf?sequence=. Acesso em: 13 abr. 2020.

FORTININI, Cristina; MOTTA, Fábio. Corrupção nas licitações e contratações públicas: sinais de alerta segundo a Transparência Internacional. *Revista de Direito Administrativo e Constitucional*. n. 64, p. 93-113, Belo Horizonte, 2016. Disponível em: http://www.editoraforum.com.br/wp-content/uploads/2016/07/corrupcao-licitacoes.pdf. Acesso em: 07 jun. 2019.

GÁLVEZ, Emilio Zacarías. Profesionalización como instrumento para combatir la corrupción en la administración pública federal. Congreso Internacional del Clad sobre la Reforma del Estado y de la Administración Pública, 23, 2018, México. Anais [...] Guadalajara, México: CLAD, 06 a 09 de novembro de 2018.

INTOSAI. ISSAI 100: princípios fundamentais de auditoria do setor público. 2013. Disponível em: https://pt.scribd.com/document/317910822/ISSAI-100-Portugues. Acesso em: 09 jun. 2019.

MANIN, Bernard et al. Eleições e representação. *Revista Lua Nova*. n. 67, p. 105-138, São Paulo, 2006.

MENDES, Gilson Libório de Oliveira. Control del gasto público y lucha contra la corrupción. Congreso Internacional del Clad sobre la Reforma del Estado y de la Administración Pública, 23, 2018, México. Anais [...] Guadalajara, México: CLAD, 06 a 09 de novembro de 2018.

NAZARETH, Paula Alexandra Canas de Paiva. Crise econômica e capacidade de gestão local no Rio de Janeiro, Brasil. Congreso Internacional del Clad sobre la Reforma del Estado y de la Administración Pública, 22, 2017. Espanha. Anais [...] Madrid, Espanha: CLAD, 14 a 17 de novembro de 2017.

O'DONNELL, Guilhermo. Accountability horizontal: la institucionalización legal de la desconfianza política. *Revista Española de Ciencia Política*, n. 11, p. 11-31, oct. 2004. Disponível em: http://controlatugobierno.com/archivos/bibliografia/odonellhorizontal.pdf. Acesso em: 20 jun. 2014.

PETERS, Anne. Corruption as a violation of international human rights. *European Journal of International Law*, v. 29, n. 4, p. 1251-1287, nov. 2018. Disponível em: https://academic.oup.com/ejil/article/29/4/1251/5320164. Acesso em 07 jun. 2019.

RIO DE JANEIRO (Estado). Tribunal de Contas. Deliberação 280, de 24 de agosto de 2017. Estabelece normas a serem observadas pelos órgãos e entidades estaduais e municipais da Administração Pública Direta e Indireta de qualquer dos Poderes, sob a jurisdição do Tribunal de Contas, visando ao controle e à fiscalização dos atos administrativos que especifica. Rio de Janeiro: TCE-RJ, 2017.

RIO DE JANEIRO (Estado). Tribunal de Contas. Portaria 001, de 10 de setembro de 2015. Cria o Núcleo de Informações Estratégicas para o Controle Externo – NICE. Rio de Janeiro: TCE-RJ, 2015.

RIO DE JANEIRO (Estado). Tribunal de Contas. Resolução 302, de 24 de agosto de 2017. Estabelece normas gerais para seleção de objetos de auditoria, fiscalização de atos administrativos e elaboração do Plano Anual de Auditorias Governamentais – PAAG e do Plano de Capacitação para Auditorias no âmbito da Secretaria-Geral de Controle Externo. Rio de Janeiro: TCE-RJ, 2017.

RITT, Caroline Fockink. *Políticas públicas e privadas para o combate à corrupção em face da lei 12.846/2013*: o Acordo de Leniência como política pública para combater a corrupção instalada e o *Compliance* como política privada para evitar práticas corruptivas no ambiente empresarial. 2017. Tese (Doutorado em Direito) – Faculdade de Direito, Universidade de Santa Cruz do Sul, Rio Grande do Sul, 2017.

SANTOS, Luis Alberto dos; CARDOSO, Regina Luna Santos. Perspectivas para o controle social e a transparência da administração pública. BRASIL. Tribunal de Contas da União. *Prêmio Serzedello Corrêa 2001*: monografias vencedoras. Brasília: TCU, Instituto Serzedello Corrêa, 2002.

TRANSPARÊNCIA INTERNACIONAL BRASIL. Índice de percepção da corrupção 2020. Disponível em: https://transparenciainternacional.org.br/ipc/. Acesso em: 21 fev. 2021.

QUAL É (OU DEVERIA SER) O PAPEL DA ADVOCACIA PÚBLICA NO SISTEMA BRASILEIRO DE COMBATE À CORRUPÇÃO?

Victor Aguiar de Carvalho

Doutor e Mestre em Direito Público pela Universidade do Estado do Rio de Janeiro. Procurador do Estado do Rio de Janeiro e advogado. Foi também *Visiting Researcher* na Harvard Law School.

Sumário: 1. Introdução: a advocacia pública integra a rede de *accountability* anticorrupção? – 2. O que se busca em modelo multiagências: sobreposição ou complementariedade? – 3. Os três papéis da advocacia pública no enfrentamento da corrupção; 3.1 O papel preventivo; 3.2 O papel sancionatório; 3.3 O papel negocial – 4. Conclusão – 5. Referências.

1. INTRODUÇÃO: A ADVOCACIA PÚBLICA INTEGRA A REDE DE *ACCOUNTABILITY* ANTICORRUPÇÃO?

Arranjos institucionais diversos foram adotados em diferentes países para enfrentar episódios de corrupção[1]. No Brasil, com a redemocratização, optou-se pelo fortalecimento de um modelo multiagências de organização institucional para esse fim. Essa organização insere-se naquilo que em ciência política se denomina de rede de *accountability*[2], ou seja, um conjunto de instituições responsável por fiscalizar e sancionar agentes públicos no exercício de suas funções.

---

1. Por exemplo, em alguns lugares, como Hong Kong e Singapura, considerados uns dos poucos exemplos históricos recentes de êxito na redução sustentável do nível de corrupção, a atuação estatal se dá especialmente por meio das denominadas comissões ou agências anticorrupção. Em Hong Kong, ainda em 1974 estabeleceu-se a *Independent Comission Against Corruption* (ICAC), entidade independente do resto da Administração local, respondendo apenas diretamente ao governador local. A agência foi estruturada de acordo com o que se denomina de *modelo universal*, em que uma única entidade concentra as funções de investigação e prevenção, além de comunicação para educação da sociedade sobre temas de integridade. Também uma antiga colônia britânica, Singapura igualmente baseia sua persecução para ilícitos da espécie em uma agência anticorrupção, subordinada ao presidente do país, denominada *Corrupt Practices Investigation Bureau* (CPIB). Adotando o denominado *modelo investigativo* a entidade, que tem estrutura diminuta se comparada à ICAC, concentra-se justamente na atuação investigativa e dissuasória, especialmente buscando o sancionamento dos casos de corrupção identificados. Sobre os resultados obtidos em Hong Kong e Singapura, além das dificuldades de replicação do modelo, v. ROTBERG, Robert I. *The Corruption Cure*: how citizens and leaders can combat graft. Princeton: Princeton University Press, 2017, p. 111-112 e 120-122. Sobre os diferentes modelos de organização de agências anticorrupção, v. HEILBRUNN, John. *Anti-Corruption Comissions*: Panacea or Real Medicine to Fight Corruption? Washington: The World Bank, 2004, p. 02-03.
2. MAINWARING, Scott; WELNA, Christopher (Ed.). *Democratic Accountability in Latin America*. Nova York: Oxford University Press, 2003; POWER, Timothy J.; TAYLOR, Matthew M. Introduction: Accountability Institutions and Political Corruption in Brazil. In: POWER, Timothy J.; TAYLOR, Matthew M. (Ed.). *Cor-*

Estudos brasileiros clássicos sobre a rede de *accountability* nacional – inclusive aqueles voltados notadamente ao exame do controle da corrupção – sequer mencionam os órgãos de advocacia pública como parte desse sistema de fiscalização e responsabilização[3]. Mesmo contemporaneamente, a produção acadêmica sobre controle público e combate à corrupção se debruça especialmente sobre os papéis desempenhados pelo Ministério Público, pelo Tribunal de Contas ou, em esfera federal, pela Polícia Federal e pela Controladoria Geral da União.

No entanto, ao menos desde a publicação da Lei nº 12.846/2013, é inequívoco que os órgãos de advocacia pública também compõem o "sistema brasileiro de combate à corrupção"[4]. Com efeito, a dita Lei Anticorrupção brasileira conferiu expressamente à advocacia pública algumas atribuições atinentes ao sistema anticorrupção, cabendo a esses órgãos a competência concorrente para o ajuizamento de demandas para a "responsabilização judicial" de empresas infratoras, bem como o dever de se manifestar previamente acerca da juridicidade de eventuais sanções administrativas a serem impostas. Além disso, atos infralegais consolidaram a participação da advocacia pública nas negociações de acordos de leniência celebrados nos termos da Lei nº 12.846/2013, a exemplo da Portaria Interministerial CGU/AGU nº 2/2016.

De toda sorte, ainda há pouca reflexão – na academia e na prática da comunidade jurídica – sobre qual deveria ser o papel idealmente desempenhado pela advocacia pública em uma estrutura de *accountability* que se organiza por meio de uma rede composta por diferentes órgãos.

Além da pouca teorização sobre o tema, dois outros fatores contribuem para que, por vezes, haja uma compreensão inadequada e pouco criativa sobre a possível atuação da advocacia pública nessa rede de controle.

A uma, diplomas jurídicos como as Leis nº 8.429/1992 (em sua redação original) e 12.846/2013 atribuíram competência concorrente aos entes públicos para o ajuizamento de demandas atinentes a atos que violam a integridade pública. Essa técnica

---

ruption and Democracy in Brazil: The struggle for accountability. Notre Dame: University of Notre Dame Press, 2011; ARANTES, Rogério B. Polícia Federal e Construção Institucional. In: AVRITZER, Leonardo; FILGUEIRAS, Fernando. (Org.). *Corrupção e Sistema Político no Brasil*. Rio de Janeiro: Civilização Brasileira, 2011, p. 102-104.

3. Exemplificativamente, v. ARANTES, Rogério Bastos et al. Controles democráticos sobre a administração pública no Brasil: Legislativo, tribunais de contas, Judiciário e Ministério Público. In: LOUREIRO, Maria Rita; ABRUCIO, Fernando Luiz; PACHECO, Regina Silvia (Org.). *Burocracia e política no Brasil*: Desafios para a ordem democrática no século XXI. Rio de Janeiro: Editora FGV, 2010; e POWER, Timothy J.; TAYLOR, Matthew M. Introduction: Accountability Institutions and Political Corruption in Brazil. In: POWER, Timothy J.; TAYLOR, Matthew M. (Ed.). *Corruption and Democracy in Brazil*: The struggle for accountability. Notre Dame: University of Notre Dame Press, 2011.
4. Adotando essa nomenclatura para designar o conjunto de órgãos e normas jurídicas que versam sobre o combate à corrupção no Brasil, v. OLIVEIRA, Rafael Carvalho Rezende; NEVES, Daniel Amorim Assumpção. O sistema brasileiro de combate à corrupção e a Lei 12.846/2013 (Lei Anticorrupção). *Revista Brasileira de Direito Público – RBDP*, ano 12, n. 44, p. 9-21, Belo Horizonte, jan./mar. 2014; e OLIVEIRA, Gustavo Justino de; SOUSA, Otavio Augusto Venturini. Controladoria-Geral da União: Uma Agência Anticorrupção? In: PEREZ, Marcos Augusto; SOUZA, Rodrigo Pagani. *Controle da Administração Pública*. Belo Horizonte: Fórum, 2017.

legislativa, quando mal compreendida, pode suscitar o equivocado entendimento de que o papel primordial da advocacia pública seria buscar o sancionamento na esfera civil daqueles que cometem atos ilícitos em desfavor do ente público, o que faria com que a atuação desses órgãos apenas se sobrepusesse, em grande medida, à atuação já desempenhada pelo Ministério Público. No entanto, para além da literalidade dos comandos inseridos nos referidos diplomas legais, existem outros papéis relevantes e inerentes à *expertise* da advocacia pública, que podem e devem ser desempenhados por tais órgãos em uma rede de controle que se pretenda orgânica.

A duas – e reforçando o primeiro fator –, o êxito punitivo que o Ministério Público obteve nos últimos anos em relação à corrupção também levou à indevida compreensão no seio da advocacia pública de que a responsabilização em juízo seria o único caminho relevante de atuação no enfrentamento do problema em tela, o que certamente é uma leitura equivocada.

Como se verá, cada órgão da rede de *accountability* anticorrupção deveria preferencialmente desempenhar um papel que lhe é próprio, concernente à sua *expertise* técnica, evitando ineficientes sobreposições aos demais. Adotar como premissa que qualquer um deles deve buscar emular o papel de outro mostra-se um equívoco para a organização coerente desse sistema.

Esse breve ensaio almeja contribuir para o preenchimento da lacuna acadêmica sobre o papel a ser desempenhado pela advocacia pública no sistema brasileiro anticorrupção, suscitando algumas considerações iniciais sobre a sua atuação como parte integrante da rede de *accountability* brasileira. Para tanto, trataremos do que se espera de um modelo multiagências em uma rede de *accountability*, esclarecendo qual a sua lógica de funcionamento. A seguir, abordaremos sinteticamente as três funções que a advocacia pública deveria desempenhar em um sistema anticorrupção dotado da devida organicidade.

2. O QUE SE BUSCA EM MODELO MULTIAGÊNCIAS: SOBREPOSIÇÃO OU COMPLEMENTARIEDADE?

Acima pontuamos que no Brasil vige um modelo multiagências de organização institucional para o enfrentamento da corrupção. De fato, o ordenamento jurídico pátrio confere legitimidade a diferentes órgãos para atuação em relação a atos de corrupção em sentido amplo. São atores de relevo o Ministério Público, os Tribunais de Contas, os órgãos de Advocacia Pública (AGU e Procuradorias) e, por vezes, as Controladorias existentes em entes federativos. Com destacada atuação, há ainda os órgãos policiais (a exemplo da Polícia Federal, em âmbito federal), além da unidade de inteligência financeira, que tradicionalmente restou conhecida como Conselho de Controle de Atividades Financeiras – COAF.

No arranjo ideal de um modelo multiagências, cada um desses órgãos deveria ter atribuições e responsabilidades próprias, que se complementariam para a construção dessa rede de *accountability* ou de controle[5]. Como os termos "rede" e "sistema" sugerem, o modelo multiagências idealmente deveria ser dotado de organicidade. Nesse sentido, há que existir certa coerência e harmonia entre as funções desempenhadas pelos órgãos integrantes desse sistema.

No entanto, a organização de uma rede de controle pouco sistemática parece uma usual característica político-institucional brasileira. Rogério Arantes e Thiago Moreira sustentam que, nas condições que se colocam no país, a dita rede de *accountability* "não formaria propriamente uma rede, concebida com base num plano prévio e sistemático capaz de lhe dar coerência". Conforme os autores, o resultado da usual dinâmica político-institucional brasileira, que envolve o fortalecimento de distintos órgãos por ambições de grupos e interesses das próprias carreiras públicas, "tem sido antes a pluralização de órgãos no interior do próprio Estado do que a consolidação de um sistema de *accountability* coerente, que o adensamento da representação política ou a equalização de direitos."[6]

Essa lógica de fragmentação assistemática precisa ser evitada. Para tanto, um passo fundamental é compreender que a atuação primordial de cada integrante da rede anticorrupção deve ser harmônica e complementar à atuação dos demais. Assim, a atuação especializada de uma instituição em uma determinada atividade pode ser acrescida pela *expertise* técnica de outra organização em ação distinta, em um ambiente de colaboração e diálogo interinstitucional.

Naturalmente, um sistema multiagências não se estrutura exclusivamente sobre o pilar da complementariedade[7]. Uma técnica legislativa usualmente adotada concerne a conferir competências semelhantes ou idênticas para determinadas espécies de atuação com o escopo de promover a compensação entre diferentes órgãos, que

---

5. Cf. MONTEIRO, Fernandes Mendes. *Anti-corruption agencies*: solution or modern panacea? Lessons from ongoing experiences, p. 22. Disponível em: https://www2.gwu.edu/~ibi/minerva/Fall2013/Fernando_Monteiro.pdf. Acesso em: 29 fev. 2020.
6. "[A] assim chamada 'web of accountability institutions' (Mainwaring e Welna, 2003), defendida por muitos como condição de aperfeiçoamento da própria democracia, não formaria propriamente uma rede, concebida com base num plano prévio e sistemático capaz de lhe dar coerência. Pelo contrário, a experiência brasileira sugere que a proliferação de instituições de controle e de promoção do acesso à justiça diz respeito mais às ambições de grupos e carreiras estruturadas dentro do próprio Estado, que fazem do discurso da defesa de direitos e da fiscalização do poder público e da classe política uma bandeira de seu próprio desenvolvimento institucional. O resultado geral dessa dinâmica peculiar tem sido antes a pluralização de órgãos no interior do próprio Estado do que a consolidação de um sistema de *accountability* coerente, que o adensamento da representação política ou a equalização de direitos". ARANTES, Rogério B.; MOREIRA, Thiago M. Q. Democracia, instituições de controle e justiça sob a ótica do pluralismo estatal. *Opinião Pública*, [s. l.], v. 25, n. 1, jan.-abr., p. 97-135, p. 98, 2019.
7. Aqui adotamos classificação utilizada por Mariana Mota Prado e Lindsey Carson, que apontam quatro benefícios distintos advindos de um sistema de multiplicidade institucional para o combate à corrupção: a competição, a compensação, a colaboração e a complementaridade. Sobre o tema, v. CARSON, Lindsey D.; PRADO, Mariana Mota. Using institutional multiplicity to address corruption as a collective action problem: Lessons from the Brazilian case. *The Quarterly Review of Economics and Finance*, [s. l.], v. 62 (C), p. 56-65, p. 59, 2016; e CARSON, Lindsey D.; PRADO, Mariana Mota. *Brazilian Anti-Corruption Legislation and its Enforcement*: Potential Lessons for Institutional Design. IRIBA Working Paper, Manchester, n. 09, p. 08-09, July 2014.

significa que, se uma instituição falhar em desempenhar adequadamente as suas funções, outra poderá suprir (compensar) a sua omissão. A compensação acaba por redundar também em uma benéfica competição entre as diferentes autoridades públicas, que pode vir a criar incentivos para o aprimoramento da *performance* de cada um.

No entanto, é imperioso compreender que a regra geral de um desenho pautado na multiplicidade institucional deve ser a complementariedade. A compensação e a competição, nos termos acima descritos, são exceções, que servem como reforço para determinadas atividades sensíveis.

Interpretação diversa traz evidentes prejuízos ao sistema. Corre-se o risco de que diferentes órgãos entrem em uma competição nociva pelo protagonismo em relação a determinadas atividades, ao passo que outras possíveis atuações – igualmente relevantes – acabem não sendo adequadamente tuteladas por nenhum dos integrantes da rede de controle, uma vez que não são tratadas como prioridades por qualquer desses atores.

Não se deve ignorar que todo órgão público desempenha suas atribuições em um cenário de limitação de recursos. É ilusório imaginar que todas as possíveis atuações estatais serão executadas de forma ideal. Em um quadro de inevitável escassez (no sentido econômico do termo), prioridades precisam ser eleitas. Assim, cabe a cada integrante da rede anticorrupção brasileira definir suas atuações centrais, à luz da desejável complementariedade em relação aos demais.

Nessa toada, parece-nos uma leitura indevida do sistema brasileiro anticorrupção considerar que a centralidade do atuar da advocacia pública se resume à compensação ao Ministério Público, por meio do ajuizamento de demandas judiciais para a responsabilização de infratores. Como se verá na próxima seção, no nosso entender, essa não deveria ser a atuação primordial da advocacia pública, cabendo-lhe o exercício preferencial de outras funções de interesse público.

Entendemos que a atuação anticorrupção da advocacia pública deve ser desempenhada por meio de três diferentes papéis: o preventivo, o sancionatório e o negocial. Ainda, parece-nos que, mesmo entre essas diferentes atividades, o esforço preventivo deveria ser enfatizado, seja pela sua primordial importância, seja por ser o campo de excelência para a complementariedade da advocacia pública em relação às demais instituições.

3. OS TRÊS PAPÉIS DA ADVOCACIA PÚBLICA NO ENFRENTAMENTO DA CORRUPÇÃO

3.1 O papel preventivo

O principal escopo de um sistema de controle da corrupção deveria ser o de prevenir a ocorrência desses ilícitos, induzindo agentes públicos e particulares a adotar – voluntária e proativamente – condutas em conformidade ao ordenamento jurídico.

Com efeito, a despeito dos esforços empreendidos por órgão de controle para desvendar e punir episódios de corrupção, a efetividade da persecução a esses ilícitos, posteriormente à ocorrência de tais malfeitos, ainda é bastante reduzida, em razão de todas as complexidades e dificuldades inerentes a uma investigação da espécie. Afinal, tais malfeitos são cometidos às escondidas e, não raramente, são perpetrados por atores que possuem consideráveis recursos, preparo técnico e influência política para camuflar seus malfeitos.

Mesmo quando tais ilícios são identificados e sanções conseguem ser impostas, não há qualquer certeza quanto ao êxito na obtenção do ressarcimento ao erário. É muito frequente que as autoridades públicas não tenham sucesso em identificar o paradeiro do patrimônio daqueles que são objeto da persecução estatal ou que os perpetradores do ilícito restem ilíquidos frente à magnitude dos danos causados.

Ainda quando se logra êxito em recuperar valores que foram objeto de corrupção, a magnitude do montante reavido não se compara nem remotamente com as quantias transacionadas cotidianamente pela Administração Pública. A Operação Lava Jato ajuda a ilustrar o ponto. Até os últimos meses do ano de 2020, haviam sido adotadas providências para o retorno ao erário de quase R$ 15 bilhões, dos quais somente cerca de R$ 4,3 bilhões haviam efetivamente ingressado nos cofres[8].

A despeito de se tratar de uma quantia expressiva, não se deve perder de perspectiva a verdadeira ordem de grandeza dos referidos valores frente aos gastos públicos. Considerando que a despesa estimada para o ano de 2020 no Governo Federal alcançava o montante de R$ 4,13 trilhões[9], o sucesso de recuperação patrimonial obtido ao longo de seis anos pela operação Lava Jato corresponde a um retorno de apenas aproximadamente 0,36% do orçamento de um único ano, tão somente da União Federal.

Em outros termos, a considerável diferença entre as despesas públicas realizadas cotidianamente e as quantias recuperadas aos cofres após escândalos de corrupção indica que a maior eficiência com o gasto público – o que inclui a adequada prevenção a desperdícios e a malfeitos – pode apresentar um impacto financeiro benéfico ao Estado muito mais importante do que a atuação sancionatória *a posteriori*[10].

Os dados acima corroboram que prevenção precisa ser o aspecto central em uma política anticorrupção, não sendo suficiente apostar apenas na ameaça de repressão a

---

8. Dados disponíveis em: http://www.mpf.mp.br/grandes-casos/lava-jato/resultados. Acesso em: 05 out. 2020.
9. Dado disponível em: http://www.portaltransparencia.gov.br/orcamento?ano=2020. Acesso em: 02 fev. 2021.
10. A hipótese de que o mero desperdício por incompetência pode ter um impacto financeiro mais expressivo do que a corrupção é corroborada por ao menos um artigo da literatura. Oriana Bandiera e outros, em pesquisa empírica sobre licitações na Itália, dividiram o desperdício governamental entre ativo e passivo. O ativo seria aquele que traz benefícios pessoais para o formulador da política, sendo a corrupção o mais claro exemplo. Já o passivo seria aquele que não decorre de uma tentativa do agente público de beneficiar a si próprio. Seriam os casos de imperícia da burocracia estatal, displicência em reduzir custos etc. Os resultados demonstram que, na média, 82% do desperdício é passivo e o desperdício passivo corresponde a mais da metade do total, em 83% dos entes da amostra. V. BANDIERA, Oriana; PRAT, Andrea; VALLETTI, Tommaso. Active and Passive in Government Spending: Evidence from a Policy Experiment, *American Economic Review*, London, v. 99, n. 4, p. 1278-1308, set. 2009.

posteriori, quando os ilícitos já foram perpetrados e o dano já se consumou. Somente o aprimoramento à prevenção permitirá que a luta contra os ilícitos em exame tenha um aspecto prospectivo. O esforço anticorrupção não pode se limitar a um embate contra malfeitos do passado, devendo também envolver a busca por soluções para que esses ilícitos não venham a se repetir.

É justamente nessa seara que advocacia pública poderia desempenhar o seu mais relevante papel como integrante do sistema anticorrupção brasileiro. Há ao menos duas razões que indicam que, em comparação a outros atores, como o Ministério Público e os Tribunais de Contas, a advocacia pública está mais bem posicionada para atuar preventivamente, complementando, assim, os papéis desempenhados por outros órgãos de controle na rede de *accountability* brasileira.

A uma, a advocacia pública costuma ter uma capilaridade dentro da Administração Pública que os órgãos de controle externo não possuem. Como exemplo, no Estado do Rio de Janeiro, por força da Lei 5.414/2009, a chefia de cada assessoria jurídica das Secretarias de Estado são cargos privados de Procuradores de Estado.

A duas, os membros da advocacia pública não possuem treinamento relevante para conduzir investigações *a posteriori* e nem são dotados de instrumentos tecnológicos ou de ferramentas jurídicas para impulsionar investigações, trabalho esse mais bem desempenhado pelos órgãos policiais, pelo Ministério Público e pelas Controladorias, em sua função de auditoria. A *expertise* dos membros da advocacia pública nos temas correlatos à atividade anticorrupção costuma se concentrar em Direito Administrativo, matéria que melhor se coaduna à prevenção a atos de violação à juridicidade administrativa.

Há diversas questões jurídicas e institucionais que poderiam ser objeto de reflexão pela advocacia pública para o melhor desempenho de sua atividade preventiva. A construção de um desenho institucional que permita o mais efetivo controle interno da Administração pode, por si só, tornar-se um desafio tormentoso, notadamente porque os órgãos de advocacia pública não gozam das mesmas garantias constitucionais que foram atribuídas ao Ministério Público ou à magistratura. De plano, há que se refletir sobre o tratamento institucional que se dará ao inevitável conflito entre controlador e controlado, bem como sobre eventuais proteções à figura do controlador. Afinal, um modelo de arranjo institucional que, na hipótese de conflito, acabe por favorecer o controlado, afastando ou substituindo a figura do controlador, certamente não se mostrará minimamente capaz de exercer um controle preventivo relevante.

No mais, como se sabe, os incentivos à corrupção emergem em cenários em que agentes públicos se veem dotados de poder para impor ônus ou conceder benefícios escassos, especialmente em um quadro de exercício discricionário de poder e de insuficiente *accountability*[11]. Cabe justamente à atividade preventiva identificar e sugerir a correção dos diversos riscos de corrupção existentes na atuação adminis-

---
11. ROSE-ACKERMAN, Susan; PALIFKA, Bonnie J. *Corruption and Government* – Causes, Consequences and Reform. 2. ed. Nova Iorque: Cambridge University Press, 2016, p. 126-127.

trativa, reduzindo, dessa forma, o espaço para a prática de atos corruptos e ímprobos pelos gestores públicos.

3.2 O papel sancionatório

Não obstante a atuação preventiva merecer atenção primordial da advocacia pública, certo é que o ordenamento jurídico também impõe a esses órgãos a legitimidade para desempenhar um papel sancionatório.

Contudo, deve-se compreender esse atuar sancionatório em sua justa medida. Acima já expusemos que os entes públicos, representados em juízo pelos seus órgãos de advocacia pública, foram historicamente dotados de legitimidade concorrente disjuntiva para o ajuizamento de demandas com fulcro na Lei 8.429/1992[12] e 12.843/2013. Como dito, essa legitimidade – que é importante e deve ser mantida para a maior efetividade do sistema[13] – concerne a um aspecto de modelos multiagências atinente à possibilidade de compensação entre os diferentes legitimados.

No entanto, em um cenário de recursos naturalmente escassos, não nos parece que a busca pelo sancionamento dos infratores, por meio do ajuizamento de demandas judiciais na esfera cível, deva assumir prioridade no atuar da advocacia pública na seara anticorrupção. Há três razões para tanto.

Em primeiro lugar, porque esse papel já costuma ser adequada e suficientemente desempenhado pelo Ministério Público, órgão que possui maior *expertise* em investigações de condutas ilícitas e que pode buscar a responsabilização dos infratores não apenas na seara cível, mas também penal.

Em segundo lugar, pois os dados existentes sugerem que há baixíssima efetividade na tentativa de imposição de sanções de natureza cível por meio de demandas judiciais. Quanto às ações por ato de improbidade administrativa, pesquisa do próprio Conselho Nacional de Justiça revela o pequeno índice de ressarcimento do dano por meio desse instrumento. Em apenas 4% dos processos julgados há ressarcimento integral. Em 6,4% dos casos há ressarcimento parcial. Em 89,6%, portanto, não há ressarcimento algum[14]. Em outros termos, considerando aleatoriamente uma nova

---

12. Convém registrar que a Lei 14.230/2021, ao reformar a Lei 8.429/1992, concedeu ao Ministério Público legitimidade exclusiva para o ajuizamento de ações por ato de improbidade administrativa, excluindo, portanto, a legitimidade ativa dos próprios entes públicos. Todavia, ao apreciar medida cautelar nas ADIs 7.042 e 7.043, o Ministro Alexandre de Moraes conferiu interpretação conforme a Constituição a novas redações de dispositivos da lei, entendendo pela existência de legitimidade ativa concorrente entre o Ministério Público e as pessoas jurídicas interessadas para a propositura da ação por ato de improbidade administrativa.
13. CARVALHO, Victor Aguiar de. Alteração da Lei de Improbidade Administrativa e restrições da legitimidade ativa. *Jota*, [s. l.], 29 jan. 2021. Disponível em: https://www.jota.info/opiniao-e-analise/artigos/alteracao--da-lei-de-improbidade-administrativa-e-restricao-da-legitimidade-ativa-29012021. Acesso em: 31 mar. 2021.
14. GOMES JÚNIOR, Luiz Manoel (Coord.). *Lei de improbidade administrativa*: obstáculos à plena efetividade do combate aos atos de improbidade. Brasília: Conselho Nacional de Justiça, 2015, p. 69-70.

demanda da espécie ajuizada, há uma probabilidade de 89,6% de que não venha a resultar em qualquer ressarcimento ao erário[15].

Portanto, se a advocacia pública abraçar esse mesmo atuar para si e o elevar à condição de prioridade em sua política anticorrupção, estará, ao fim, apostando em um caminho já testado e que já se relevou pouco exitoso.

Em terceiro lugar, porque o poder punitivo-retributivo desperta um natural fascínio nos agentes públicos[16], que pode induzir a alocação de forma equivocada dos limitados recursos humanos e materiais, privilegiando-se o aspecto sancionatório da política anticorrupção (em nítida sobreposição ao atuar do Tribunal de Contas e do Ministério Público), em detrimento da prioritária atuação preventiva.

Mesmo no âmbito sancionatório, a advocacia pública possui mais relevante papel a desempenhar quanto à imposição de algumas sanções administrativas, em relação às quais nem todos os demais órgãos da rede de *accountability* podem contribuir. Sobre o ponto, Luciano Da Ros, em relevante estudo, analisando as costumeiras dificuldades para a imposição de sanções de natureza penal ou cível em desfavor daqueles que cometeram atos de corrupção em sentido amplo, sustenta que as sanções administrativas são as que possuem o maior potencial inexplorado para o controle da corrupção, embora sejam usualmente negligenciadas[17].

Com efeito, alguns órgãos de advocacia pública figuraram entre aqueles que negligenciam as sanções administrativas. Embora tenham o potencial de contribuir para o bom andamento de processos administrativos de responsabilização com fulcro na Lei 12.846/2013 ou para a aplicação de eventuais sanções próprias dos regimes de contratações públicas, a exemplo da declaração de inidoneidade ou a suspensão do direito de licitar e contratar, essa atuação não parece receber atenção prioritária. É usual que se prefira dedicar esforço ao contencioso judicial, a despeito do histórico de pouca efetividade em temas relacionados à integridade pública, o que parece se relevar, por todo o exposto, um equívoco na eleição de prioridades.

3.3 O papel negocial

Por todas as dificuldades apresentadas pelo Poder Público para a persecução aos ilícitos de corrupção, bem como para a recuperação de valores desviados, as soluções negociais converteram-se em instrumentos centrais para o tratamento desses casos.

---

15. Não fosse o bastante, ainda são demandas de lenta tramitação. O tempo médio necessário para a condenação definitiva das pessoas jurídicas é de 6 anos e 8 meses. Para as pessoas físicas, embora também extenso, o lapso temporal mostra-se um pouco mais breve: 6 anos e 1 mês. Cf. seção "Destaques" de estudo elaborado pelo INSTITUTO NÃO ACEITO CORRUPÇÃO. INSTITUTO NÃO ACEITO CORRUPÇÃO. *Radiografia das Condenações por Improbidade Administrativa*. Disponível em: http://naoaceitocorrupcao.org.br/2017/radiografia/. Acesso em: 15 abr. 2020.
16. BAER, Miriam H. Choosing punishment. *Boston University Law Review*, Massachusetts, v. 92, p. 577-641, 2012.
17. DA ROS, Luciano. Accountability legal e Corrupção. *Revista da CGU*, [s.l.], v. 11, n. 20, p. 1251-1275, 2019.

A experiência internacional demonstra que um número considerável de casos de corrupção somente é descoberto e punido porque, em algum momento, as empresas envolvidas decidem confessar as práticas às autoridades e celebrar algum tipo de composição bilateral[18].

Há uma tendência recente e crescente de expansão global do uso de instrumentos negociais para solucionar potenciais litígios na seara anticorrupção[19]. No Brasil, seguindo-se a expressa previsão da Lei 12.846/2013, optou-se pela incorporação ao ordenamento jurídico de um instrumento negocial em um modelo de acordo de leniência, celebrado pela Administração Pública com pessoas jurídicas infratoras.

A negociação desses acordos usualmente envolve o reexame de atos, contratos e procedimentos administrativos, em análise inevitavelmente jurídica, tarefa que é inerente às funções institucionais da advocacia pública. Além disso, os debates em leniência também demandam um juízo sobre as alternativas ao acordo, o que exige um juízo de probabilidade quanto à obtenção de resultados por meio do ajuizamento de demandas judiciais cíveis. No mais, as negociações também exigem quantificar a magnitude dos benefícios que podem ser concedidos frente ao dano suportado, a fim de viabilizar o acordo administrativo.

Pelas razões acima, parece-nos que a participação da advocacia pública se torna indeclinável em um modelo de solução negocial celebrado com a Administração Pública, como o trazido pela Lei 12.846/2013.

Tanto é verdade que assim já vem ocorrendo naturalmente, como se infere, por exemplo, da Portaria Interministerial CGU/AGU nº 2/2016, em que restou definida a cooperação entre a CGU e a AGU na negociação de acordos de leniência, bem como do disposto na Lei fluminense 7.989/2018, que permite a atuação conjunta Procuradoria Geral do Estado e Controladoria do Estado na celebração desses instrumentos. Outros Estados foram ainda mais incisivos ao atribuir esse papel à advocacia pública. No Rio Grande Sul, a Lei 15.228/2018 atribuiu a competência para celebração de acordos de leniência é privativa da PGE. Em Pernambuco, por meio da Lei 16.309/2018, conferiu-se competência para atuação conjunta entre Controladoria local e PGE.

4. CONCLUSÃO

O sistema brasileiro anticorrupção organiza-se a partir de um modelo multiagências, formado por uma pluralidade institucional. Hoje, é inequívoco que os órgãos de advocacia pública também integram esse sistema. No entanto, ainda permanecem

---

18. Para alguns dados sobre a disseminação da composição voluntária dos litígios, v.: RESOLVING Foreign Bribery Cases with Non-Trial Resolutions: Settlements and Non-Trial Agreements by Parties to the Anti-Bribery Convention. OECD, [s. l.], 20 mar. 2019, p. 13. Disponível em: http://www.oecd.org/corruption/Resolving-Foreign-Bribery-Cases-with-Non-Trial-Resolutions.htm. Acesso em: 25 jan. 2020.
19. Para um breve relato sobre a propagação global da utilização de instrumentos negociais em casos de corrupção, v. MAKINWA, Abiola; SØREIDE, Tina. Introduction. In: MAKINWA, Abiola; SØREIDE, Tina. *Negotiated Settlements in Bribery Cases*: A Principled Approach. Northampton: Edward Elgar, 2020, p. 03-05.

dúvidas – na academia e na prática – em relação ao papel a ser desempenhado por esses órgãos como membros da rede de *accountability* anticorrupção brasileira.

Para o funcionamento orgânico de um arranjo da espécie, cada órgão integrante precisa definir as suas prioridades de atuação, em função de suas *expertises* técnicas e da necessária complementariedade aos demais.

Maior aproximação e diálogo entre os órgãos de controle que integram o sistema aprimora a cooperação interinstitucional e evita indevidas sobreposições em suas atuações. Em um cenário de limitações de recursos humanos e materiais, a redundância na mesma espécie de atuação pode se mostrar não apenas ineficiente pelo desperdício de esforços, como também levar a que outras atividades – igualmente relevantes – deixem de ser desempenhadas, enquanto se disputa o protagonismo em relação a outras.

Nesse ensaio, suscitamos que o atuar da advocacia pública no campo da integridade e do enfrentamento da corrupção deveria se dividir em três diferentes papéis: o preventivo, o sancionatório e o negocial. Entre essas diferentes atuações, defendemos que o escopo prioritário da advocacia pública deveria ser o de bem desempenhar o atuar preventivo, buscando evitar que os ilícitos e os danos em exame venham a ser perpetrados. Sem prejuízo, também cabe à advocacia pública empreender outros esforços relevantes, notadamente em relação ao sancionamento administrativo, quando cabível, bem como no que concerne à obtenção de soluções negociais, por meio da celebração de acordos de leniência, quando identificados ilícitos aqui examinados.

O caminho aqui sugerido não apenas melhor valoriza as *expertises* institucionais da advocacia pública, como também tutela a necessária complementariedade entre os órgãos do sistema anticorrupção brasileiro.

5. REFERÊNCIAS

ARANTES, Rogério B. Polícia Federal e Construção Institucional. In: AVRITZER, Leonardo; FILGUEIRAS, Fernando. (Org.). *Corrupção e Sistema Político no Brasil*. Rio de Janeiro: Civilização Brasileira, 2011.

ARANTES, Rogério Bastos et al. Controles democráticos sobre a administração pública no Brasil: Legislativo, tribunais de contas, Judiciário e Ministério Público. In: LOUREIRO, Maria Rita; ABRUCIO, Fernando Luiz; PACHECO, Regina Silvia (Org.). *Burocracia e política no Brasil*: Desafios para a ordem democrática no século XXI. Rio de Janeiro: Editora FGV, 2010.

ARANTES, Rogério B.; MOREIRA, Thiago M. Q. Democracia, instituições de controle e justiça sob a ótica do pluralismo estatal. *Opinião Pública*, Campinas, v. 25, n. 1, jan.-abr., p. 97-135, 2019.

BAER, Miriam H. Choosing punishment. *Boston University Law Review*, Massachusetts, v. 92, p. 577-641, 2012.

BANDIERA, Oriana; PRAT, Andrea; VALLETTI, Tommaso. Active and Passive in Government Spending: Evidence from a Policy Experiment, *American Economic Review*, London, v. 99, n. 4, p. 1278-1308, set. 2009.

CARSON, Lindsey D.; PRADO, Mariana Mota. Brazilian Anti-Corruption Legislation and its Enforcement: Potential Lessons for Institutional Design. *IRIBA Working Paper*, Manchester, n. 09, July 2014.

CARSON, Lindsey D. Using institutional multiplicity to address corruption as a collective action problem: Lessons from the Brazilian case. *The Quarterly Review of Economics and Finance*, [s. l.], v. 62 (C), p. 56-65, 2016.

CARVALHO, Victor Aguiar de. Alteração da Lei de Improbidade Administrativa e restrições da legitimidade ativa. *Jota*, [s. l.], 29 jan. 2021. Disponível em: https://www.jota.info/opiniao-e-analise/artigos/alteracao-da-lei-de-improbidade-administrativa-e-restricao-da-legitimidade-ativa-29012021. Acesso em: 31 mar. 2021.

DA ROS, Luciano. Accountability legal e Corrupção. *Revista da CGU*, [s. l.], v. 11, n. 20, p. 1251-1275, 2019.

GOMES JÚNIOR, Luiz Manoel (Coord.). *Lei de improbidade administrativa*: obstáculos à plena efetividade do combate aos atos de improbidade. Brasília: Conselho Nacional de Justiça, 2015.

HEILBRUNN, John. *Anti-Corruption Comissions*: Panacea or Real Medicine to Fight Corruption? Washington: The World Bank, 2004.

INSTITUTO NÃO ACEITO CORRUPÇÃO. *Radiografia das Condenações por Improbidade Administrativa*. Disponível em: http://naoaceitocorrupcao.org.br/2017/radiografia/. Acesso em: 15 abr. 2020.

MAKINWA, Abiola; SØREIDE, Tina. Introduction. In: MAKINWA, Abiola; SØREIDE, Tina. *Negotiated Settlements in Bribery Cases*: A Principled Approach. Northampton: Edward Elgar, 2020.

MAINWARING, Scott; WELNA, Christopher (Ed.). *Democratic Accountability in Latin America*. Nova York: Oxford University Press, 2003.

MONTEIRO, Fernandes Mendes. *Anti-corruption agencies*: solution or modern panacea? Lessons from ongoing experiences, p. 22. Disponível em: https://www2.gwu.edu/~ibi/minerva/Fall2013/Fernando_Monteiro.pdf. Acesso em: 29 fev. 2020.

OLIVEIRA, Gustavo Justino de; SOUSA, Otavio Augusto Venturini. Controladoria-Geral da União: Uma Agência Anticorrupção? In: PEREZ, Marcos Augusto; SOUZA, Rodrigo Pagani. *Controle da Administração Pública*. Belo Horizonte: Fórum, 2017.

OLIVEIRA, Rafael Carvalho Rezende; NEVES, Daniel Amorim Assumpção. O sistema brasileiro de combate à corrupção e a Lei 12.846/2013 (Lei Anticorrupção). *Revista Brasileira de Direito Público – RBDP*. ano 12, n. 44, p. 9-21, Belo Horizonte, jan./mar. 2014.

POWER, Timothy J.; TAYLOR, Matthew M. Introduction: Accountability Institutions and Political Corruption in Brazil. In: POWER, Timothy J.; TAYLOR, Matthew M. (Ed.). *Corruption and Democracy in Brazil*: The struggle for accountability. Notre Dame: University of Notre Dame Press, 2011.

RESOLVING Foreign Bribery Cases with Non-Trial Resolutions: Settlements and Non-Trial Agreements by Parties to the Anti-Bribery Convention. *OECD*, [s. l.], 20 mar. 2019, p. 13. Disponível em: http://www.oecd.org/corruption/Resolving-Foreign-Bribery-Cases-with-Non-Trial-Resolutions.htm. Acesso em: 25 jan. 2020.

ROSE-ACKERMAN, Susan; PALIFKA, Bonnie J. *Corruption and Government* – Causes, Consequences and Reform. 2. ed. Nova Iorque: Cambridge University Press, 2016.

ROTBERG, Robert I. *The Corruption Cure*: how citizens and leaders can combat graft. Princeton: Princeton University Press, 2017.

Parte III
Inovações no controle interno: novos instrumentos e estudo de casos

O PRINCÍPIO DA SEGREGAÇÃO DE FUNÇÕES NAS CONTRATAÇÕES PÚBLICAS E SUA APLICAÇÃO A PARTIR DA NOVA LEI DE LICITAÇÕES

Bruno Fernandes Dias

Procurador do Estado do Rio de Janeiro. Doutor em Direito (UERJ).

Sumário: 1. Introdução; 1.1 Visão geral; 1.2 Demonstração de que a segregação de funções não é uma novidade – 2. O direito aplicável; 2.1 Risco como catalisador dos deveres legais ligados à segregação de funções; 2.1.1 Risco como núcleo conceitual; 2.1.2 Atuação simultânea como critério de aplicação; 2.2 Da qualificação da segregação de funções como um princípio; 2.3 Segregação de funções, especialização e divisão de competências; 2.4 Funcionalidade do mecanismo para evitar a ocultação de erros e de ocorrência de fraudes; 2.5 Da segregação de funções nos órgãos de assessoramento jurídico – 3. Considerações finais – 4. Referências.

1. INTRODUÇÃO

1.1 Visão geral

Norteio-me, neste breve ensaio, pela seguinte pergunta: quais observações práticas podem ser feitas já nesse início dos estudos sobre a Lei Federal 14.133, de 1º de abril de 2021 ("Nova Lei de Licitações" ou "NLL"), a respeito da positivação do princípio da segregação de funções nas licitações e contratações públicas?[1] Abordarei o assunto demonstrando, em caráter introdutório, que a segregação de funções não é uma novidade (1.2). Na sequência, irei discorrer sobre as condições de aplicação da segregação de funções, focando em: (2.1) apontar como a noção de risco é a catalisadora dos deveres legais ligados à segregação de funções; (2.2) extrair as principais consequências da qualificação da segregação de funções como um princípio; (2.3) delinear o quadro geral da segregação de funções à luz da busca pela especialização e

---

1. No evento que deu origem a esta obra, um ciclo de palestras organizado na Procuradoria-Geral do Estado, fui convidado a refletir sobre novos instrumentos de combate à corrupção levando em conta a experiência profissional de atuar na Assessoria Jurídica da Controladoria-Geral do Estado do Rio de Janeiro. A proposta do evento sendo a de promover diálogos institucionais, foi oportuno apresentar alguns desafios práticos na aplicação da legislação que rege atividades tão variadas como as de auditoria, ouvidoria e corregedoria. O giro temático que aqui eu vou fazer é fruto, principalmente, de uma inovação legislativa – uma inovação, a saber, a Lei Federal 14.133, 1º de abril de 2021, que dialoga precisamente com uma ideia que está premissa da instituição mesma da Controladoria-Geral do Estado do Rio de Janeiro, a saber, a segregação de funções. Instituído pela Lei Estadual 7.989, de 18 de junho de 2018, o órgão possui a peculiaridade de contar, dentre os seus incontáveis fatores determinantes, com uma manifestação do Tribunal de Contas reconhecendo que a segregação de funções no Poder Executivo do Estado do Rio de Janeiro era insuficiente.

a da promoção de uma divisão de competências; (2.4) examinar a funcionalidade do mecanismo voltado a evitar a ocultação de erros e a ocorrência de fraudes; e, por fim, (2.5) cotejar a segregação de funções com as principais características do regime dos órgãos de assessoramento jurídico. Ao final, oferecerei algumas reflexões conclusivas, utilizando a noção de Efeito Halo, tal como descrita por Phil Rosenzweig, para indicar as contribuições que um diálogo mais estreito entre as entidades encarregadas do controle interno e externo pode trazer para a aplicação da segregação de funções.

1.2 Demonstração de que a segregação de funções não é uma novidade

As patologias mais interessantes de serem analisadas no direito administrativo provavelmente são aquelas que envolvam a improbidade de um agente público. Se houve vantagem patrimonial indevida, na forma do art. 9º, da Lei Federal 8.429, de 2 de junho de 1992 ("Lei de Improbidade"), então se pode concluir que a conduta está entre as mais reprováveis pelo ordenamento. Com as quase três décadas de vigência, e pouco ou nenhum sinal de que os males que ela pretende atacar estejam próximos de desaparecer dos noticiários, a Lei de Improbidade será aqui uma referência apenas lateral no exame de um assunto que até poderia ser considerado uma novidade trazida pelo novo marco regulatório das licitações e contratações públicas. Essa novidade seria a do *princípio da segregação das funções*, positivado no art. 5º, c/c art. 7º, §§ 1º e 2º da Nova Lei de Licitações.

Efetivamente novo o tema não é.[2] Ilustra-o um caso concreto que chegou ao Superior Tribunal de Justiça em 2016, mas que remonta a contratos celebrados em uma autarquia federal em 2007.[3] A ação de improbidade teve por objeto "a emissão fraudulenta de Boletins de Desempenho Parciais a partir da inclusão de dados falsos no Sistema de Acompanhamento de Contratos do DNIT e pagamento por serviços não prestados em decorrência da emissão fraudulenta dos Atestados de Execução dos Serviços". Reporto, bem genericamente, apenas a natureza da controvérsia, sem descer aqui aos detalhes de toda a tramitação do processo. É possível estabelecer,

---
2. Ainda em 2019, o TCE-PR julgou o seguinte processo, já considerando o princípio da segregação de funções: Consulta. Câmara de vereadores de Capanema. Questionamentos quanto à composição de comissões de licitação. Interpretação do art. 51 da Lei 8.666/1993. Admissibilidade e resposta. *1. Não é admissível a participação de servidor efetivo ocupante do cargo de controlador interno na comissão de licitação, por injunção do princípio da segregação de funções.* 2. É inadmissível a participação de vereador na comissão de licitação dada a sua incompatibilidade com o exercício da função política de vereador. 3. Diante da literalidade do *caput* do art. 51 da Lei 8.6666/1993, não há óbice legal para que um servidor titular de um cargo, não qualificado pela exigência de formação em curso técnico ou de ensino superior, seja membro de comissão de processamento e julgamento de licitação, desde que não integre o quantitativo reservado pela lei para servidores qualificados, ressalvando-se a possibilidade de capacitação para o exercício da função. 4. Não é possível que seja formada uma comissão de licitação composta majoritariamente por servidores comissionados. 5. A Câmara Municipal pode se valer da comissão de licitações do Poder Executivo no caso de não dispor de número suficiente de servidores para compor sua própria comissão nos moldes disciplinados lei local ou federal, formalizado por termo de cooperação. TCE-PR 33235417, Relator: Jose Durval Mattos Do Amaral, Tribunal Pleno, Data de Publicação: 22.08.2019. (grifo nosso)
3. Superior Tribunal de Justiça. AgInt no REsp 1694819/RS, Rel. Ministro Mauro Campbell Marques, Segunda Turma, julgado em 05.06.2018, DJe 11.06.2018.

sem maior esforço, que a fraude na emissão de um documento com o fim de gerar um enriquecimento ilícito é uma das mais típicas mazelas das contratações públicas. Diante das formalidades da legislação, a emissão de documentos falsos talvez seja mesmo a única maneira de encobertar algo da realidade para que, no papel, tudo pareça normal. Não haveria, porém, qualquer dificuldade em estabelecer que, em 2007, o ordenamento jurídico brasileiro já estava de alguma forma apto a fornecer os meios necessários para que tal irregularidade fosse devidamente apurada e punida.[4]

Aliás, esse caso dá conta de um arcabouço administrativo bem montado para evitar que os problemas que uma não segregação de funções pode suscitar. Já há muito que o pagamento por serviços prestados à Administração é cercado de uma série de cuidados e medidas visando à adequada verificação da regularidade formal e material da despesa.[5] Neste caso julgado pelo STJ, chegaram a ser publicadas diversas portarias cominando, a determinados agentes, em diferentes momentos, a atribuição de fiscal do contrato; e havia um rito definindo em que, além da emissão dos tais "boletins de desempenho parciais", a cargo do fiscal, o pagamento dos serviços estava subordinado à emissão de um parecer pelo "chefe do serviço". Contava-se, ainda, com um sistema de atribuição de notas, tarefa que cabia ao respectivo superintendente. Mais segregadas as funções não poderiam ser.

Em dado momento essa lógica de freios e contrapesos foi rompida e, na visão do Ministério Público, chegou-se ao limite da improbidade quando a função de fiscal do contrato restou usurpada, com conhecimento da administração da autarquia, com o fim de beneficiar a empresa contratada. O resultado aí teria sido a incidência do art. 10, XII, c/c 11, *caput*, da Lei de Improbidade, tendo em vista a conduta de "permitir, facilitar ou concorrer para que terceiro se enriqueça ilicitamente", bem como o atentado "contra os princípios da administração pública [materializado por] qualquer ação ou omissão que viole os deveres de honestidade, imparcialidade, legalidade, e lealdade às instituições".

Guardar esse caso na cabeça, representante de tantos outros, é útil para examinar características da segregação de funções no novo marco regulatório. De fato, para especificar como os art. 10, XII, c/c 11, *caput*, da Lei de Improbidade teriam sido violados, o Ministério Público argumentou que os réus na ação de improbidade haviam concorrido... *para violar o princípio da separação das funções*. E o sucesso do Ministério Público, em relação a alguns réus, a alguns períodos e a alguns pagamentos, mostra bem que a segregação das funções é, sim, um norte relevante para nossos

---

4. Da mesma forma, o Tribunal de Contas da União julgou o Acórdão 747 em 2013: (...) *promova a segregação de funções*, quando da realização dos processos de aquisição de bens e serviços, em observância às boas práticas administrativas e ao fortalecimento de seus controles internos, de forma a *evitar que a pessoa responsável pela solicitação participe da condução do processo licitatório,* integrando comissões de licitações ou equipes de apoio nos pregões. (grifo nosso)

5. A 2ª Câmara do TCU julgou também o Acórdão 5.615 no ano de 2008, na época já salientando que o princípio da segregação de funções "consiste na separação de funções de autorização, aprovação, execução, controle e contabilização das operações, evitando o acúmulo de funções por parte de um mesmo servidor".

tribunais. Com maior razão, portanto, a segregação de funções merece ser debatida como uma ferramenta preventiva, tática mesmo, de melhoria de tomada de decisões na gestão da coisa pública.

Em suma: *a segregação de funções e sua lógica de freios e contrapesos respondem ao ímpeto de se evitarem atos de improbidade, sendo aplicada pelos tribunais antes mesmo do advento da NLL em procedimentos de apuração de responsabilidade pela fraude na emissão de documentos.*

2. O DIREITO APLICÁVEL

2.1 Risco como catalisador dos deveres legais ligados à segregação de funções

Deixando de lado o fato de que a segregação de funções já vem servindo para a imputação de improbidade há muito anos, o cotejo entre os princípios aplicáveis às contratações públicas sob a LL e aqueles que o legislador positivou na NLL sugere que a segregação de funções seja uma novidade normativa. Durante os primeiros meses de 2020, a novidade teve até uma nota de adicional suspense por circularem versões diferentes da consolidação redacional do projeto que veio a desembocar na NLL – chegou a parecer que teríamos em breve uma nova categoria jurídica em relação aos *princípios* citados pelo art. 3º da Lei Federal 8.666, de 21 de junho de 1993 ("Lei de Licitações" ou "LL"). Essa nova categoria jurídica teria sido a de *diretriz*.[6] Farei, logo abaixo, algumas observações sobre essa – hipotética – distinção entre princípio e diretriz, mas, nesse momento inicial, quero chamar a atenção para os dispositivos legais que mais concretude dão à noção de segregação de funções.

O art. 7º, § 1º, estabelece que o princípio da segregação de funções deverá ser observado pela autoridade máxima do órgão ou entidade quando da designação de agentes públicos. As diversas designações a serem feitas para o funcionamento do órgão terão como que uma limitação extrínseca. Será "vedada a designação do mesmo agente público para atuação simultânea em funções mais suscetíveis a riscos, de modo a reduzir a possibilidade de ocultação de erros e de ocorrência de fraudes na respectiva contratação". O § 2º do art. 7º ainda completa o regime, prevendo que o princípio da segregação de funções também será observado para os fins dos "requisitos estabelecidos", inclusive no tocante aos "órgãos de assessoramento jurídico e de controle interno da Administração".

Extraio dessa norma um núcleo conceitual, a noção de risco; e um critério de aplicação, a simultaneidade na atuação do agente público. Passo a comentá-los em tópicos separados.

---

6. A LL não se vale desse vocábulo com o sentido de um núcleo conceitual específico aplicável às licitações e contratações enquanto tais. Vale-se, em caráter incidental, no art. 42, para cuidar da aplicação, às concorrências internacionais, "às diretrizes da política monetária e do comércio exterior".

2.1.1 Risco como núcleo conceitual

O núcleo conceitual da segregação de funções, o qual se reflete na sua qualificação como princípio e que permeia outros dispositivos da lei, é mesmo a noção de risco. Passando ao largo de discussões conceituais mais profundas, riscos podem ser compreendidos como uma função de dois elementos: uma dada probabilidade de ocorrência, e uma dada estimativa de impacto. Visto assim e no contexto da lei, riscos não se esgotam no próprio objeto contratado, pois se manifestam também no processo mesmo de contratação. Para fazer frente aos riscos inerentes ao objeto contratado, o legislador estabelece, por exemplo, a obrigatoriedade de seu endereçamento no projeto básico (art. 6º, XXV, c)[7], ou, em caráter mais contratual, a necessidade de aposição de uma cláusula de matriz de riscos (art. 6º, XXVII)[8]. Já porque a contratação mesma é uma fonte de riscos, os arts. 169 e ss. positivam o que se poderia considerar a visão superior, panorâmica mesmo, da utilização adequada dos recursos humanos, e consagra o modelo organizacional das três linhas de defesa como o modelo ideal da segregação de funções.

O próprio arranjo institucional do órgão, dessa forma, é conformado de tal maneira que a distribuição dos recursos humanos seja feita levando em conta um organograma ideal. A autoridade máxima, pelo art. 7º, deverá dispor de algo como um mapeamento "das funções mais suscetíveis a riscos" e, com base nele, cuidar para que as designações de agentes públicos não ocorram com sobreposição de atribuições. O escopo desse mapeamento se alarga, do nível individual para o nível estrutural, e resulta nas chamadas linhas de defesa. É assim porque há, aí, a percepção clara e prática de que a sobreposição de atribuições é um fator de risco na qualidade do procedimento de contratação.

---

7. Art. 6º Para os fins desta Lei, consideram-se: XXV – projeto básico: conjunto de elementos necessários e suficientes, com nível de precisão adequado para definir e dimensionar a obra ou o serviço, ou o complexo de obras ou de serviços objeto da licitação, elaborado com base nas indicações dos estudos técnicos preliminares, que assegure a viabilidade técnica e o adequado tratamento do impacto ambiental do empreendimento e que possibilite a avaliação do custo da obra e a definição dos métodos e do prazo de execução, devendo conter os seguintes elementos: c) identificação dos tipos de serviços a executar e dos materiais e equipamentos a incorporar à obra, bem como das suas especificações, de modo a assegurar os melhores resultados para o empreendimento e a segurança executiva na utilização do objeto, para os fins a que se destina, considerados os riscos e os perigos identificáveis, sem frustrar o caráter competitivo para a sua execução.
8. Art. 6º Para os fins desta Lei, consideram-se: XXVII - matriz de riscos: cláusula contratual definidora de riscos e de responsabilidades entre as partes e caracterizadora do equilíbrio econômico-financeiro inicial do contrato, em termos de ônus financeiro decorrente de eventos supervenientes à contratação, contendo, no mínimo, as seguintes informações: a) listagem de possíveis eventos supervenientes à assinatura do contrato que possam causar impacto em seu equilíbrio econômico-financeiro e previsão de eventual necessidade de prolação de termo aditivo por ocasião de sua ocorrência; b) no caso de obrigações de resultado, estabelecimento das frações do objeto com relação às quais haverá liberdade para os contratados inovarem em soluções metodológicas ou tecnológicas, em termos de modificação das soluções previamente delineadas no anteprojeto ou no projeto básico; c) no caso de obrigações de meio, estabelecimento preciso das frações do objeto com relação às quais não haverá liberdade para os contratados inovarem em soluções metodológicas ou tecnológicas, devendo haver obrigação de aderência entre a execução e a solução predefinida no anteprojeto ou no projeto básico, consideradas as características do regime de execução no caso de obras e serviços de engenharia.

A legislação também positivou, no art. 7º, III[9], uma regra que eleva a preocupação com o mero risco à categoria de vedação propriamente dita: dentre os agentes públicos designados "para o desempenho das funções essenciais à execução" não poderão figurar aqueles que sejam "cônjuge ou companheiro de licitantes ou contratados habituais da Administração nem tenham com eles vínculo de parentesco, colateral ou por afinidade, até o terceiro grau, ou de natureza técnica, comercial, econômica, financeira, trabalhista e civil." Ausente da LL, essa previsão parece claramente extrapolar os limites de impedimento e suspeição aplicáveis por força dos arts. 18 a 21 da Lei Federal 9.784, de 29 de janeiro de 1999.

Tanto quanto a noção de risco seja difusa, subjetiva, e varie pelas mais diversas escalas de mera mitigação de problemas, e nunca de sua completa eliminação, a segregação de funções só pode ser encarada como mais uma, dentre as inúmeras iniciativas tomadas para combater um mal que simplesmente não pode desaparecer por mera determinação legal. Ficam mantidos, assim, o estatuto natural do erro, da ineficiência, da corrupção como integrantes da natureza humana e das instituições. Considerando que esse truísmo não se presta a justificar a inércia, a passividade ou a cegueira deliberada do gestor, a legislação imputa, além de uma responsabilidade quando os problemas ocorrem, também um dever jurídico de tomar medidas tendentes a evitá-los. Eis que novas ações de improbidade poderão, além de ter um fundamento literal e expresso, também um rol mais alargado de legitimados passivos.

É dessa forma que deve ser lido o art. 11, parágrafo único[10], o qual positiva a responsabilidade "da alta administração" pela "governança das contratações", com o dever jurídico de instituir "processos e estruturas" voltados, para além da seleção do resultado mais vantajoso, também para "evitar contratações com sobrepreço" e "superfaturamento na execução dos contratos". O mesmo se diga do art. 169 e de seu § 1º, que aludem à necessidade de as contratações públicas se submeterem a "práticas contínuas e permanentes de gestão de risco e de controle preventivo", para o fim de se promoverem "relações íntegras e confiáveis".

Voltando à literalidade do art. 7º, § 1º, pode-se refinar a ideia de que o núcleo conceitual da segregação seja a noção de risco e se apontar que o que o legislador tem em vista são as funções "mais suscetíveis a risco". Risco mesmo, fica implícito

---

9. Art. 7º Caberá à autoridade máxima do órgão ou da entidade, ou a quem as normas de organização administrativa indicarem, promover gestão por competências e designar agentes públicos para o desempenho das funções essenciais à execução desta Lei que preencham os seguintes requisitos: III – não sejam cônjuge ou companheiro de licitantes ou contratados habituais da Administração nem tenham com eles vínculo de parentesco, colateral ou por afinidade, até o terceiro grau, ou de natureza técnica, comercial, econômica, financeira, trabalhista e civil.
10. Art. 11. O processo licitatório tem por objetivos: (...) Parágrafo único. A alta administração do órgão ou entidade é responsável pela governança das contratações e deve implementar processos e estruturas, inclusive de gestão de riscos e controles internos, para avaliar, direcionar e monitorar os processos licitatórios e os respectivos contratos, com o intuito de alcançar os objetivos estabelecidos no *caput* deste artigo, promover um ambiente íntegro e confiável, assegurar o alinhamento das contratações ao planejamento estratégico e às leis orçamentárias e promover eficiência, efetividade e eficácia em suas contratações.

na norma, há em toda e qualquer função. Umas conseguirão se destacar mesmo entre as mais arriscadas. Endereçar e mitigar os riscos associados a cada função não deixa de ser um dever de gestão da autoridade, mas o que o princípio da segregação de funções implica, mais em particular, é que haja uma gradação qualitativa e quantitativa. Naquelas em que os erros e fraudes possam se passar com maior probabilidade e impacto, é dever da autoridade garantir que não haja sobreposição de agentes. O nível de comprometimento, reflexão e cuidado que a norma exige pode até estar bem acima da média dos nossos gestores, mas o princípio, em si, dificilmente exigirá uma análise combinatória muito complexa. Fulano de tal poderá acumular as funções A, B e C, estando vedado de atuar nas posições X, Y e Z, ao passo que beltrano poderá desempenhar as funções B, C, e Y, contanto que as funções X e A sejam feitas por sicrano.

Equacionar da melhor maneira os termos dessa alternativa é responsabilidade da autoridade máxima, idealmente com base em uma decisão motivada sobre as situações em que os problemas tenham o maior impacto e a maior probabilidade. É coisa mais fácil de ser falada e pensada do que ser executada, é claro. No entanto, basta olhar para a marcha processual de uma licitação e para a execução de um contrato para identificar pelo menos alguns pontos críticos de risco de decisões viciadas por falhas individuais. Demonstrando um planejamento prévio mínimo para evitar que fulano, beltrano e sicrano deturpem a marchem processual, tornando-a um círculo moldado a produzir decisões no mínimo questionáveis, quando já não sejam propriamente viciadas, o gestor terá avançado na promoção do princípio.

Em suma: *o legislador reconhece expressamente que há uma gama de fatores riscos (cada qual com uma probabilidade e um impacto) no procedimento de contratação pública, estabelecendo o modelo organizacional das três linhas de defesa, no plano institucional, e a segregação de funções, no plano individual, para evitar a sobreposição de atribuições, inclusive por meio da vedação a determinadas designações.*

2.1.2 Atuação simultânea como critério de aplicação

Se o risco é o núcleo conceitual do princípio, seu critério de aplicação tem um pano de fundo bastante prático. Para atender ao princípio da segregação de funções é preciso que a autoridade máxima promova designações atentando à circunstância de os agentes terem, ou não, atuação simultânea em funções de mais risco. Parece que aqui o legislador não quis se apegar ao elemento temporal da "atuação simultânea", a qual poderia render discussões interessantes na física quântica, mas, sim, ao elemento funcional da prática de um determinado ato no bojo de um procedimento. Quer dizer: se, no curso de um procedimento, um mesmo agente acaba por desempenhar funções que devessem estar segregadas, o fato de haver se passado um longo tempo entre o T1 e T2 seria, em tese, irrelevante. O problema está na incapacidade mental ou na indisposição pessoal do agente em apreciar a qualidade intrínseca do ato praticado em T1, quando este seja submetido a sua análise em T2. Sem dúvidas, há um elemento psicológico nessa escolha do legislador que parece estar fortemente respaldada naquilo que normalmente acontece na experiência ordinária, sendo natural que as pessoas sejam incapazes de percebê-los ou queiram esconder seus próprios erros.[11]

Lembrando do caso concreto mencionado na introdução (o da emissão fraudulenta de "Boletins de Desempenho Parciais" associada à emissão fraudulenta de "Atestados de Execução dos Serviços"), anoto um singelo impasse que poderá surgir. Denomino o impasse da perspectiva interna ou externa do princípio da segregação de funções. Se a ideia da segregação de funções fosse, precipuamente, a de preservar a imagem da Administração, uma certa paralisia poderia se instalar. Seria vedado cogitar a mera designação de um agente para um setor em que, tese, ele poderia vir a emitir Boletins de Desempenho Parciais [função A] relacionados a Atestados de Execução dos Serviços [função B] que ele próprio poderia ter emitido. Seria um resultado absolutamente frustrante para gestores lidando com a escassez de recursos humanos, com a necessidade de adaptações temporárias nas escalas do serviço etc.

Aquilo que considero uma condicionante psicológica do critério de aplicação da segregação de funções possui o que considero uma limitação sociológica. Apesar do ditado de que a mulher de Cesar deve parecer honesta, essa perspectiva externa da segregação de funções, preocupada com a forma pela qual a função pública é percebida por terceiros, precisa ser devidamente podada. Penso que o legislador adotou uma perspectiva mais interna da segregação de funções; e tanto é assim que foi positivado expressamente que a segregação de funções tem o objetivo de "reduzir a possibilidade de ocultação de erros e de ocorrência de fraudes *na respectiva contratação*".

Tiro dessa preocupação individualizada com cada caso concreto que, embora a segregação de funções extrapole os limites do impedimento e da suspeição previstos na Lei Federal 9.784, de 29 de janeiro de 1999 ("Lei 9.784/1999"), a não atuação pontual de um dado servidor em expedientes específicos pode ser suficiente para legitimar a sua designação para funções que, em tese, deveriam estar sempre segregadas. Pela Lei 9.784/1999, o impedimento decorre, essencialmente, do interesse direto ou indireto na matéria; da participação como perito, testemunha ou representante; ou em caso de litígio com o interessado. Já a suspeição decorre da amizade íntima ou inimizade notória. Tais circunstâncias não incapacitam o indivíduo para atuar em todo e qualquer procedimento em trâmite perante a Administração, mas, sim, retiram-lhe pontualmente a prerrogativa de "despachar" certos casos. Uma perspectiva interna

---

11. Joel de Menezes Niebuhr explica que "o princípio da segregação de funções indica que as licitações não são conduzidas de forma centralizada, por apenas uma autoridade que identifica a necessidade de licitação, elabora o edital e julga as propostas apresentadas selecionando a mais vantajosa. Pelo contrário, as licitações são procedimentos complexos, compostos por diversos agentes espalhados por diversas repartições. É a segregação de funções que garante, por exemplo, que um mesmo servidor não será o responsável pela fiscalização de um ato por ele mesmo produzido, o que revelaria nítido conflito de interesses".

da segregação de funções deve operar da mesma maneira.[12] Voltando uma vez mais ao caso mencionado na introdução, não é que uma mesma pessoa não possa nunca emitir Boletins de Desempenho Parciais e Atestados de Execução dos Serviços: ela só não poderá fazer no bojo de uma mesma contratação.

Em suma: *a vedação à atuação simultânea em funções que devam ser segregadas denota um aspecto funcional, e não temporal, devendo prevalecer, entre os elementos psicológico e sociológico, uma perspectiva interna do princípio da segregação de funções, à semelhança das hipóteses de impedimento e suspeição.*

2.2 Da qualificação da segregação de funções como um princípio

Diante das indicações textuais de que a segregação de funções é uma resposta à percepção da presença e da necessidade de tratamento de uma variada gama de riscos que rondam as licitações e contratações, uma rápida análise sistemática é de grande auxílio para entender melhor o significado da segregação de funções no esquema normativo da lei, especialmente por conta de sua qualificação como princípio.[13]

O Capítulo II das NLL, dotado de um único dispositivo (art. 5º), anuncia, em seu título, que certos princípios guiarão o intérprete na aplicação da lei. O bloco normativo das licitações e contratações, portanto, compõe-se assim: (i) das extensas disposições da própria lei, em seus quase duzentos artigos; (ii) de mais de uma dúzia de princípios, todos eles de feição aberta e indeterminada, de apelo constitucional; (iii) e, além disso, das disposições da LINDB, por mandamento expresso do *caput* do art. 5º.

Quer parecer, dessa estrutura, que os atos administrativos regidos pela lei terão sua demarcação normativa estabelecida principalmente segundo as definições trazidas pela própria NLL, com as imposições procedimentais e materiais por ela instituídas. Dever recorrer aos critérios estabelecidos na lei para a prática dos correspondentes atos administrativos não significa, é claro, que existam fórmulas predeterminadas para a solução de todos os problemas que surgem no dia a dia. As tomadas de decisão concreta, nas situações duvidosas, podem e devem ser inspiradas pelos comandos de outros diplomas legais, mas devem ser especialmente guiadas pelas orientações da LINDB. O ciclo se fecha harmoniosamente porque essa especificação normativa por certo só pode ser legítima se prestigiar os princípios contidos na própria NLL.

---

12. O Conselho Nacional do Ministério Público coloca em seu manual do ordenador de despesas a segregação de funções como o princípio básico do sistema de controle interno que consiste na separação de funções, nomeadamente de autorização, aprovação, execução, controle e contabilização das operações. (Portaria 63/96, de 27 de fevereiro 1996 – Manual de Auditoria do TCU) Explica ainda que a segregação é ferramenta para otimizar e gerar eficiência administrativa. (Acórdão 409/2007 – TCU 1ª Câmara e Acórdão 611/2008 – TCU 1ª Câmara).

13. Frederico Leitão explica que o princípio da segregação de funções, é a ideia de descentralizar o procedimento do edital, uma espécie de divisão das tarefas do processo licitatório, voltado a impedir ou restringir possibilidades de ilegalidades, exemplo, um prepara o edital, outro analisa as propostas, um terceiro contrata, outro analisa a prestação de serviços que será pago por outra pessoa.

Volto aqui com uma nota praticamente jornalística. Enquanto circulavam versões do projeto de Lei que ainda aludiam às *diretrizes*, havia um motivo específico para se conceber uma categoria que agora foi reconduzida à noção de princípio: a categoria das normas cujo papel é o de moldar a *organização institucional* que favoreça os resultados mais jurídicos que os gestores puderem produzir na busca pela implementação das políticas públicas democraticamente estabelecidas.

Aqui é preciso fazer uma enorme ressalva. Essa construção doutrinária do significado prático da qualificação da segregação de funções como uma modalidade específica de princípio é ainda altamente especulativa. Simplesmente não há um histórico suficientemente consistente para se determinar como a matéria vai ser interpretada e aplicada. Provisoriamente, entendo que aqueles *princípios* que o consolidador redacional da NLL quase tornou *diretrizes* – e, dentre eles, especialmente a segregação de funções – prestam-se a mostrar ao gestor o que deve ser levado em consideração na montagem e nos trabalhos da equipe. Elas dizem respeito, igualmente, à forma de trabalhar (planejamento) e à orientação de que o trabalho deve ser mostrado de maneira inteligível ao cidadão (transparência), tudo com vistas a uma meta geral comum (desenvolvimento nacional sustentável), mediante o emprego sagaz de recursos escassos (eficácia e economicidade). Em uma palavra: esses princípios são menos um parâmetro estritamente jurídico para a aferição da regularidade formal ou material do procedimento licitatório ou da execução contratual enquanto tais; eles são mais uma categoria de orientação ao gestor sobre como e para quê trabalhar.

Deixando para outra oportunidade a tarefa de explorar um fio condutor interpretativo único para todos esses princípios, a segregação de funções é bastante tangível. Afinal, a montagem de equipes na Administração, por si só, é um desafio prático enfrentado por qualquer gestor. Para explorar, ainda que apenas superficialmente, as consequências jurídicas de como a NLL tratou desse aspecto, é preciso atentar ao art. 8º, *caput*. Ali se descreve o rol de atribuições do agente de contratação na condução da licitação, cabendo ao § 1º a menção – inovadora, em relação à LL – de que uma "equipe de apoio" deverá existir. Tamanha é a relevância da equipe que sua atuação serve, inclusive, de parâmetro para aferição da responsabilidade de atos do agente de contratação. Pela literalidade do dispositivo, a responsabilidade do agente de contratação é individual "pelos atos que praticar". Não haverá responsabilidade do agente de contratação, porém, se seu ato estiver baseado "na atuação da equipe" e se tal "atuação da equipe" for apta a induzir o agente a erro.[14]

O contexto em que a segregação de funções surge pode ser decomposto da seguinte maneira:

---

14. O § 2º do art. 8º prevê, em complemento, a possibilidade de formação de uma comissão de contratação para lidar com licitações envolvendo bens ou serviços especiais. O regime de responsabilidade aí será de solidariedade "por todos os atos praticados pela comissão, ressalvado o membro que expressar posição individual divergente fundamentada e registrada em ata lavrada na reunião em que houver sido tomada a decisão".

(i) a autoridade máxima deverá designar o agente de contratação e sua equipe de apoio levando em conta que a competência daquele, nos termos do art. 8º, *caput*, é a de "tomar decisões, acompanhar o trâmite da licitação, dar impulso ao procedimento licitatório e executar quaisquer outras atividades necessárias ao bom andamento do certame, até o envio à homologação", e que a competência desta é a de auxílio;

(ii) o agente de contratação deverá exercer suas competências levando em conta seu amplo rol de competências decisórias e diretivas, auxiliado por uma equipe de apoio;

(iii) a segregação de funções dentro da própria equipe de apoio deverá estar conformada desde um nível superior, imputável à própria autoridade máxima, sendo que atos da equipe de apoio, inclusive aqueles que se desviarem do esquema de segregação de funções aplicável, poderão ser relevantes para eximir o agente de contratação de responsabilidade.

Em suma: *o bloco normativo das licitações e contratações resulta em imposições procedimentais e materiais e em uma organização institucional para a observância das quais a segregação de funções exerce um papel articulador, alinhando a atuação da equipe de apoio, do agente de contratação e da autoridade máxima.*

2.3 Segregação de funções, especialização e divisão de competências

A gestão da coisa pública, como parece ser o caso de qualquer empreendimento humano de bases profissionais, exige alguma dose de especialização. Isso aparece no próprio art. 5º, com o princípio da eficiência, e está contido, em alguma medida, também no princípio da eficácia. Surge também no *caput* do art. 7º, quando ali se fala que caberá à autoridade máxima "promover gestão por competências". Surge, até mais especificamente, quanto a certos contratos, que, por possuírem um objeto tão peculiar, podem exigir que haja uma "capacitação de servidores ou de empregados para [sua] fiscalização e gestão" (art. 18, § 1º, X).

No contexto da segregação de funções, tudo isso leva a um parâmetro mais ou menos trivial de que agentes públicos devem ser estimulados a desenvolverem certos conhecimentos e habilidades que possam proveitosamente ser utilizados em uma divisão de caráter exclusivista de certas atividades na máquina pública. Conforme haja regras que estabeleçam um caráter normativo para essa divisão de tarefas – por exemplo, as portarias que existiam no caso comentado na introdução –, a segregação de funções é reforçada e, com isso, também o são as chances de se alcançarem as finalidades previstas pelo legislador.

O equilíbrio entre segregação de funções e especialização parece ganhar sentido quando elas sejam vistas como um resultado a ser alcançado, e não como o ponto de partida da organização no setor público. Qualquer que seja o impulso individual dos agentes públicos de se especializarem, e independentemente da existência de uma política ou simples ambiente de estímulo a isso no plano institucional, o certo é que a segregação de funções encontra limites quando esbarrar em competências constitucionais e legais atribuídas, pelo vínculo funcional, a certos agentes. Mesmo a estrutura das linhas de defesa, aliás, repousa, em boa medida, em uma divisão de competência constitucional que não está à disposição da autoridade máxima alterar.

Recorro ao princípio geral – para não inventar um nome – de que quem pode o mais, pode o menos. Se as próprias linhas de defesa – que são o *mais* – não alteram formal ou materialmente competências legais de quaisquer entidades, ou agentes públicos, e antes ressaltam como o objeto de atuação dessas entidades e agentes se articula no controle das contratações, é certo que a segregação de funções – que é o *menos* – jamais pode servir de instrumento para distorcer o regime de compartilhamento de competências.

Por fim, é sempre bom lembrar que uma visão uniformizante da segregação de funções é simplesmente inviável. Haverá um grau diferente de sua compreensão e aplicação nos diferentes entes, por conta das limitações materiais do órgão. Distintos entes federativos já aplicam a LL com severos recortes em relação a um esquema ideal de tarefas, seja pela singeleza do objeto a ser adquirido, seja pela escassez de indivíduos junto aos quadros públicos. Se isso já acontece com a legislação tal como está, novas exigências organizacionais inevitavelmente terão o mesmo destino: o destino enfático, incontornável e, por isso mesmo consolador, da realidade.

Em suma: *licitações e contratações exigem especialização dos quadros públicos e, mesmo, uma segregação de funções, mas essas devem ser concebidas como resultados a serem alcançados com base em uma divisão constitucional e legal de competências e atenuadas pelas limitações materiais do órgão.*

2.4 Funcionalidade do mecanismo para evitar a ocultação de erros e de ocorrência de fraudes

O legislador indica a finalidade a ser alcançada por meio da segregação de funções em termos que são bastante sugestivos. O objetivo é marcado por um relativismo que se espalha por diversos aspectos do ordenamento, um relativismo que está impregnado na noção mesma de um marco regulatório para licitações e contratos públicos. É o relativismo do enfrentamento aos erros e fraudes. Sem dúvida uma lei de licitações possui outros objetivos, mas é patente que a sistemática engendrada pelo legislador leva em conta uma suspeita – até mesmo uma constatação – de que falhas acontecem, intencional ou não intencionalmente. Não importa o quão bem compreendidos e perseguidos venham a ser os princípios do art. 5º; não importa o quão arraigadas na máquina pública venham a ser as boas práticas que decorram da estrita observância da NLL: não há, para usar uma imagem dos desenhos animados, um campo de força protegendo a Administração desses erros e fraudes, e a linguagem utilizada pelo legislador revela que a posição *default* nessa matéria só pode ser a de que tais falhas são inevitáveis.

O art. 7º, § 1º se refere à intenção de "reduzir a possibilidade" – e não já de eliminá-la – de que puros erros não intencionais sejam ocultados em razão de um mau arranjo procedimental da licitação. O dispositivo se complementa pelo objetivo de reduzir a possibilidade de comportamentos intencionais de fraude sejam perpetrados. Esses dois objetivos são estabelecidos como uma necessidade decorrente da constatação de que certas funções são "mais suscetíveis a riscos", o que claramente recoloca o legislador no terreno das probabilidades, das incertezas, do desconhecido; ou, se preferirmos, no terreno da certeza de que não há um controle absoluto.

Não irei enfrentar a questão mais profunda relacionada às causas primordiais dos erros e das fraudes nas licitações e contratos, ou mesmo aquela que é um pouco mais tangível, a respeito dos mecanismos jurídicos que podem ser acionados para prevenir, detectar e punir tais problemas. Abordarei, unicamente, minhas expectativas mais imediatas e práticas de como o princípio deveria ser aplicado no curso de um procedimento licitatório e no curso da execução de um contrato para que se aumentem as chances de que os erros – ocultos – sejam descortinados, e de que as fraudes – ocorridas – sejam prevenidas e punidas.

Uma abordagem bastante útil é colocar sob um guarda-chuva conceitual as etapas do processamento de uma despesa (autorização, aprovação, execução, controle e contabilização) e determinar que a competência decisória acerca da regularidade de cada uma delas, a permitir o avanço para a seguinte, seja exercida por agentes diferentes.[15] Opera, nessa lógica, não apenas um ganho de eficiência com base na suposta especialização que os respectivos agentes desenvolverão, mas, também, até mesmo uma provável – e apenas ligeira – perversidade psicológica de que o agente em cada elo da cadeia procurará pelos erros cometidos pelos demais para fins do máximo apuro na tramitação. Em um ambiente saudável de trabalho em equipe, e contanto que haja o devido planejamento, a detecção dos erros cometidos nos elos anteriores será natural e positiva, funcionando como uma oportunidade de se corrigir a rota de um procedimento que poderia resultar em sobrepreços ou superfaturamentos.

Em suma: *como instrumento de enfrentamento a erros e fraudes, a segregação de funções é, em essência, uma ferramenta de alcance relativo, devendo ter como principais eixos as respectivas etapas de processamento de uma despesa (autorização, aprovação, execução, controle e contabilização).*

2.5 Da segregação de funções nos órgãos de assessoramento jurídico

O assessoramento jurídico nas licitações e contratos obedece ao regime propriamente constitucional da Advocacia Pública e, mais, às especificidades técnicas, algumas até mesmo ético-filosóficas, da profissão de advogado. Esse quadro referencial está refletido no art. 52 da lei. A norma estabelece que *"ao final da fase preparatória, o processo licitatório seguirá para o órgão de assessoramento jurídico da Administração, que realizará o controle prévio de legalidade mediante análise jurídica da contratação"*.[16]

---

15. CGE explica a importância do princípio da segregação de funções. Disponível em: http://www.conaci.org.br/noticias/cge-explica-a-importancia-do-principio-da-segregacao-de-funcoes. Acesso em: 05 abr. 2021.
16. No entanto, Marinês Restelatto Dotti elucida que "não é permitido à assessoria jurídica imiscuir-se na escolha do objeto da contratação, adentrando no campo da oportunidade e da conveniência do gestor. Se este pretende adquirir automóveis, não compete à assessoria jurídica manifestar-se no sentido de que a aquisição deva ser de motocicletas; se pretende contratar serviços de vigilância, não cabe à assessoria jurídica decidir

Sem maiores dificuldades interpretativas, o dispositivo cria uma etapa necessária de tramitação do procedimento de contratação. Isso, para que a regularidade jurídica dos atos administrativos até então praticados possa ser aferida antes de se dar a devida publicidade à documentação que servirá de referência para os particulares na análise dos direitos e obrigações a serem criados no bojo da futura contratação.

Apesar de sucinto, o regime constitucional da Advocacia Pública como função essencial à justiça basta para ilustrar o quão amplo é o papel de controle prévio de legalidade. É um papel que se articula com a própria legitimidade que se espera dos atos do poder público em uma dimensão bem mais profunda do que faz supor o art. 52. Para além de cada caso concreto, o corpo de entendimentos jurídicos da Advocacia Pública guia o gestor tanto naquilo que se quer alcançar mediante a contratação, como naquilo que diz respeito aos meios e formas a serem empregados para a consecução do objeto. O controle prévio de legalidade, por outro lado, perfaz uma atividade de caráter eminentemente jurídico que se insere na Lei Federal 8.906, de 4 de julho de 1994, e, mais especificamente, se rege pela "independência técnica" quanto à informação, ao cliente, pelo advogado, dos "eventuais riscos e consequências" (arts. 8º, § 1º, e 9º, *caput*, do Código de Ética da OAB).

Uma dificuldade na elaboração de pareceres dessa natureza está em que não se trata de responder a um questionamento específico, pontual e direto, para o qual respostas puramente afirmativas ou negativas sejam adequadas. Tampouco se está diante uma análise que recaia sobre um único documento, como a minuta de contrato ou o edital. Trata-se de uma manifestação jurídica a regularidade jurídica do procedimento como um todo. Passa-se por questões técnicas que estejam na esfera de competência do respectivo órgão, abrangendo os aspectos puramente quantitativos e qualitativos da descrição da demanda pelo bem ou serviço. Chega-se a pontos mais ou menos controversos, como a adoção correta da respectiva modalidade licitatória até o atendimento de preceitos fundamentais na configuração do edital e do contrato voltados a garantir a máxima competitividade da licitação.

Com esse pano de fundo, a NLL tratou de forma expressa de uma questão que estava apenas implícita no art. 38, parágrafo único da Lei 8.666/1993. O parecer jurídico, já reputado obrigatório anteriormente, passou a ter seus efeitos disciplinados da seguinte maneira: "o parecer jurídico que desaprovar a continuidade da contratação, no todo ou em parte, poderá ser motivadamente rejeitado pela autoridade máxima do órgão ou entidade, hipótese em que esta passará a responder pessoal e exclusivamente pelas irregularidades que, em razão desse fato, lhe forem eventualmente imputadas".

---

que melhor seria a contratação de recepcionistas. Tem o gestor público a discricionariedade de optar pela contratação do objeto que melhor atenda ao interesse público, não podendo a assessoria jurídica adentrar no mérito dessa escolha. O prolator de uma manifestação jurídica não se transforma num gestor público. Todavia, é dever da assessoria jurídica pronunciar-se quando verifica que o objeto da contratação afronta normas e princípios, passando a orientar o gestor público para que não prossiga no seu intento, de forma motivada".

Bem consideradas as coisas, já haveria uma base normativa autônoma para se afirmar que o assessoramento jurídico é prestado segundo uma lógica de funções segregadas. Tanto é assim que o art. 168, II, o classifica como fazendo parte da segunda linha de defesa, juntamente com o controle interno. A classificação faz sentido não porque, de uma hora para a outra, o regime da Advocacia Pública mudou, mas, sim, porque tal regime já era distinto, ontologicamente, da gestão. Mas, descendo desse nível institucional para o nível individual do agente responsável por cada manifestação jurídica em cada caso concreto, o problema que se quer atacar com a segregação de funções foi considerado grave o suficiente para que o legislador se posicionasse explicitamente. Do art. 7º, § 2º se tira que os órgãos de assessoramento jurídico também deverão ser conformados por temas como a gestão por competências, as vedações decorrentes do parentesco, dos vínculos conjugais ou dos profissionais, e, sobretudo, a vedação para "a atuação simultânea em funções mais suscetíveis a riscos".

Em termos práticos, um primeiro nível de aplicação da segregação de funções pressupõe que um integrante da assessoria jurídica não poderá desempenhar funções de agente de contratação e *vice-versa*: o critério do art. 7º, § 1º, aplicável ao órgão de assessoramento jurídico pelo § 2º, é o da "atuação simultânea". Além desse critério, o art. 7º, § 1º, também estipula alguns requisitos, e tais requisitos são expressamente mencionados pelo art. 7º, § 2º. A consequência é a de que integrantes do órgão de assessoramento jurídico estarão impedidos de atuar em situações em que tais funções se confundam com o assessoramento jurídico. Exemplo disso, com a mesma ressalva da perspectiva interna da segregação de funções, à semelhança das hipóteses de impedimento e suspeição, seria a participação em comissões de licitação e em comissões de fiscalização.

Questão mais tormentosa é a de saber como deve ser abordada, juridicamente, no caso concreto, a observância mais ou menos rigorosa da própria segregação de funções nas etapas do procedimento que precederam a remessa do expediente ao órgão de assessoramento jurídico. Em outras palavras: a validade do procedimento é afetada caso os indivíduos que tenham atuado no expediente não tenham sido organizados, pela autoridade máxima, em um regime ótimo de segregação de funções?

Haverá, sem dúvida, um grande casuísmo. Uma coisa é utilizar a segregação de funções como um parâmetro para imputar responsabilidade a agentes públicos e entes privados com base na apuração de um dano já aferido. Outra, utilizar a segregação de funções para invalidar atos ainda em formação – o que é a missão mesma do controle prévio de legalidade – ou para presumir um dano em um contrato já formalizado. Mas aqui já entramos na discussão mais etérea das diversas modalidades de atos de improbidade.

Fora dessas hipóteses extremas, na situação concreta é que se poderão aferir o grau de desconformidade, a participação dos respectivos agentes, a proporcionalidade de eventual sanção à luz das condições materiais do órgão etc. Principalmente, na situação concreta é que se poderão verificar o momento em que o vício foi detectado e os efeitos até então produzidos. Como regra geral, o art. 71 distingue entre irregularidades que podem ser sanadas (por exemplo, um Boletim de Emissão tecnicamente adequado, apenas assinado pela pessoa errada) daqueles vícios insanáveis (total deturpação do procedimento pela usurpação de competências, por exemplo). O art. 147, por sua vez, pontua que a declaração de nulidade precisa passar no teste do interesse público, inclusive à luz de diversos fatores.

Em suma: *a etapa necessária do pronunciamento jurídico nas licitações deve, ela própria, se sujeitar a uma clara segregação de funções, podendo, o respectivo parecer, em situações concretas, avaliar os impactos de eventual não observância do princípio nas etapas precedentes do expediente, à luz da possibilidade de saneamento de eventuais vícios.*

3. CONSIDERAÇÕES FINAIS

Ao longo destas singelas notas, e principalmente com base na literalidade da NLL, procurei destacar que:

(i) a segregação de funções e sua lógica de freios e contrapesos respondem ao ímpeto de se evitarem atos de improbidade, sendo aplicada pelos tribunais antes mesmo do advento da NLL em procedimentos de apuração de responsabilidade pela fraude na emissão de documentos.

(ii) o legislador reconhece expressamente que há uma gama de fatores riscos (cada qual com uma probabilidade e um impacto) no procedimento de contratação pública, estabelecendo o modelo organizacional das três linhas de defesa, no plano institucional, e a segregação de funções, no plano individual, para evitar a sobreposição de atribuições, inclusive por meio da vedação a determinadas designações.

(iii) a vedação à atuação simultânea em funções que devam ser segregadas denota um aspecto funcional, e não temporal, devendo prevalecer, entre os elementos psicológico e sociológico, uma perspectiva interna do princípio da segregação de funções, à semelhança das hipóteses de impedimento e suspeição.

(iv) o bloco normativo das licitações e contratações resulta em imposições procedimentais e materiais e em uma organização institucional para a observância das quais a segregação de funções exerce um papel articulador, alinhando a atuação da equipe de apoio, do agente de contratação e da autoridade máxima.

(v) licitações e contratações exigem especialização dos quadros públicos e, mesmo, uma segregação de funções, mas essas devem ser concebidas como resultados a serem alcançados com base em uma divisão constitucional e legal de competências e atenuadas pelas limitações materiais do órgão.

(vi) como instrumento de enfrentamento a erros e fraudes, a segregação de funções é, em essência, uma ferramenta de alcance relativo, devendo ter como principais eixos as respectivas etapas de processamento de uma despesa (autorização, aprovação, execução, controle e contabilização).

(vii) a etapa necessária do pronunciamento jurídico nas licitações deve, ela própria, se sujeitar a uma clara segregação de funções, podendo, o respectivo parecer, em situações concretas, avaliar os impactos de eventual não observância do princípio nas etapas precedentes do expediente, à luz da possibilidade de saneamento de eventuais vícios

Em seu livro "O Efeito Halo e outros oito delírios empresariais que enganam os gestores", o professor americano radicado na Suíça, Phil Rosenzweig, examina "a tendência geral de olhar o desempenho geral de uma empresa e tirar conclusões sobre sua cultura, liderança e valores etc."[17] É uma obra principalmente voltada para gestores e, mesmo, investidores, uma plateia escassamente interessada e, talvez, equipada para pensar em princípios jurídicos ou diretrizes aplicáveis a licitações e contratos públicos. Quero me aproveitar dessa obra, mesmo assim, para lançar algumas reflexões críticas sobre o estado geral de coisas nos contratos administrativos no Brasil. A contribuição fundamental do livro está nos mecanismos analíticos empregados para se formar uma opinião sobre uma dada organização, o que não exclui, de forma alguma, uma organização de natureza pública.

Rosenzweig convida seus leitores a questionarem a capacidade que muitos acadêmicos julgam ter de criar explicações para o alto desempenho de empresas. Haveria uma falha constante em julgamentos dessa espécie quando as pessoas lançam um olhar retrospectivo sobre as características de empresas cujo alto desempenho já tenha sido observado. Já considerando os resultados sabidos sobre esse alto desempenho, aqueles que se encontram sob o Efeito Halo acabam por distorcer os fatos na busca de uma explicação coerente.

A vida dos analistas de empresas é talvez mais fácil do que a dos analistas da Administração Pública. A noção de alto desempenho, para empresas, é um pouco mais palpável. Na Administração Pública, e na melhor das hipóteses, não há qualquer consenso sobre *o que deve ser considerado um alto desempenho*, uma vez que, no fundo, não há nenhum consenso nem sobre o que é que deve ser desempenhado.

Mas a lição de Rosenzweig é preciosa demais para qualquer organização e comporta uma reflexão sobre o papel que a segregação de funções deve desempenhar na análise do bom funcionamento da Administração.

> [Eis] a melhor resposta que tenho a para a pergunta: O que leva ao alto desempenho? Se deixarmos de lado os suspeitos comuns como liderança, cultura, foco etc. – a que talvez sejam mais bem compreendidos como atribuições com base no desempenho do que causadores do desempenho –, ficaremos com duas categorias gerais: *escolha estratégica e execução. A primeira é basicamente arriscada, pois, se baseia em nossas suposições sobre clientes, concorrentes, tecnologia, assim como em nossas capacidades internas. A última é incerta, porque práticas que funcionam bem em uma empresa podem não ter o mesmo efeito em outras.* Apesar de querermos passos simples, a realidade da administração é muito mais incerta do que gostaríamos de admitir – e muito mais do que nossas histórias reconfortantes nos fariam acreditar. Gestores sensatos compreendem que negócios envolvem encontrar caminhos para melhorar as possibilidades de sucesso – mas nunca imaginar que o sucesso é certo. Se uma empresa faz escolhas estratégicas inteligentes, trabalha arduamente para ser e é favorecida pela sorte, pode se distanciar de seus concorrentes, pelo menos, por um tempo. Sucesso em um momento não garante sucesso no próximo, porque ele atrai novos oponentes, alguns dispostos a assumir maiores riscos. Isso explica por que, apesar das histórias sedutoras, simplesmente não existem fórmulas que garantam o sucesso. Como Tom Peters observou: "Para ser excelente, você tem que ser sistemático. Quando você é sistemático, fica vulnerável a ataques. Sim, é um paradoxo. Agora, lide com ele.[18]

---

17. ROSENZWEIG, Phil. *O Efeito Halo...* e outros oito delírios empresariais que enganam os gestores. [S. l.]: Alta Books, 2021.
18. ROSENZWEIG, Phil. *O Efeito Halo...* e outros oito delírios empresariais que enganam os gestores. [S. l.]: Alta Books, 2021, p. 143-144.

Com esse convite ao paradoxo, o que poderíamos dizer sobre as *"escolhas estratégicas"* e a *"execução"* nas licitações e contratações públicas? Elas parecem ser justamente o território em que a segregação de funções pode fazer alguma diferença. Conforme haja uma certa coletividade na escolha nas etapas de processamento de uma despesa – e a segregação de funções tende a coletivizar o procedimento –, o risco da pura deturpação pode até diminuir, muito embora elementos como a velocidade e a praticidade possam ser sacrificados.

Rosenzweig lembra muito bem que, mesmo com as melhores decisões estratégicas e com a melhor execução, empresas privadas ainda estão sujeitas a muitos riscos e incertezas, o que também é o caso da Administração nas compras públicas. Nunca imaginar que o sucesso de uma licitação será certo, eis aí a atitude essencial que deveria ser adotada, com ou sem segregação de funções. A consequência lógica é a de que o sucesso em um contrato não significa o sucesso em outro, por bem balanceado que possa parecer, em dado momento, o arranjo organizacional entre as três linhas de defesa, em geral, e entre a autoridade máxima, agente de contratação e equipe de apoio, em particular. Como bem ressalta Rosenzweig ao final, valendo-se da frase de Tom Peters, excelência, sistematicidade e vulnerabilidade formam um círculo, a um só tempo, virtuoso e vicioso.

Volto, então, ao *leitmotiv* da presente obra. Ainda me apegando à obra de Rosenzweig para retomar o foco nos diálogos institucionais entre as entidades do controle interno e externo, considero que a segregação de funções pode, sem dúvida, ser objeto de alguns delírios administrativos. A atividade de controle se traduz, basicamente, em uma análise sobre o desempenho do ente controlado, de modo que, já de início, uma dissintonia entre controlado e controlador sobre o que é que cada um pode, ou não, desempenhar, é um tanto ameaçadora. Mais do que isso, erros cognitivos que impeçam controlado e controlador de perceber corretamente o que é um fator determinante para um bom desempenho e aquilo que está simplesmente coberto pelo Efeito Halo podem perpetuar análises equivocadas, superficiais e, ao final, antijurídicas.

Como contribuição para uma boa aplicação do princípio da segregação de funções, um diálogo mais estreito entre as entidades do controle interno e externo da Administração pode ser um passo importante para disseminar a cultura da análise de riscos. Mesmo que não seja uma novidade, o impulso que a segregação de funções terá com a edição da NLL torna desejável que essas entidades comecem a se debruçar sobre os *standards* a serem adotados naquelas situações em que haverá limites humanos e materiais para que uma sobreposição de funções seja totalmente evitada. Em particular, esse diálogo poderá ser relevante em um período de adaptação, de modo que os procedimentos licitatórios e de execução contratual que eventualmente não prestigiem a segregação de funções em sua extensão máxima não sejam, só por isso, e sem que haja indícios de dano, inviabilizados por exigências do controle interno e, mesmo, tornado nulos por iniciativas do controle externo. Seria um grande atraso se submeter ao Efeito Halo de maneira inversa, para, em vez de se equivocar sobre o sucesso de uma organização atribuindo-o a um fator irrelevante, equivocar-se sobre os problemas de uma licitação atribuindo-os unicamente à falta de uma segregação de funções.

4. REFERÊNCIAS

BRASIL. Tribunal de Contas da União. *Acórdão 747/2013-TCU*. Auditoria de Conformidade. Hospitais universitários. Avaliação de controles internos, recomendações e ciência. Arquivamento. Relator: Ministro José Jorge de Lima Vasconcelos, Plenário, Data de Publicação: 03.04.2013.

BRASIL. Tribunal de Contas da União. Tomada de contas especial. Acórdão 5.615/2008-TCU – 2ª Câmara. Comprovação parcial da aplicação regular dos recursos federais geridos pela convenente. Irregularidade das contas. Débito em solidariedade. Multa. Recurso de reconsideração. Análise técnica minuciosa e conclusiva pela ocorrência de dano ao erário. Robustez do conjunto probatório. Ausência de contraprovas aptas a infirmar as conclusões da auditoria que sustentaram o acórdão condenatório. Negativa de provimento. Comprovação de recolhimento de parte da dívida. Abatimento. Embargos de declaração. Reconhecimento. Rejeição de dois embargos e acolhimento parcial de um terceiro para integrar o acórdão adversado. Ciência. Relator: Ministro Raimundo Carreiro. Brasília, 04.12.2008. *Diário Oficial da União*, 08.12.2008.

BRASIL. Tribunal de Contas do Estado do Paraná – TCE-PR. *Processo 33235417*. Consulta. Câmara de Vereadores de Capanema. Questionamentos quanto à composição de Comissões de Licitação. Interpretação do art. 51 da Lei 8.666/93. Admissibilidade e resposta. Relator: Jose Durval Mattos do Amaral, Tribunal Pleno, Data de Publicação: 22.08.2019.

BRASIL. Superior Tribunal de Justiça (2. Turma). *Agravo Interno no Recurso Especial: AgInt REsp 1694819/RS*. Processual Civil. Agravo Interno no Recurso Especial. Enunciado administrativo 3/STJ. Responsabilidade civil do Estado. Violação do Artigo 1.022 do CPC. Não ocorrência. Rejeição da preliminar de ilegitimidade do ora recorrente. Agravo de Instrumento. Art. 1.015, VII, do CPC/2015. Não cabimento Agravo Interno não provido. Relator: Ministro Mauro Campbell Marques. Julgado em: 05.06.2018, DJe 11.06.2018.

DOTTI, Marinês Restelatto. O papel da assessoria jurídica na nova lei de licitações. *Observatório da Nova Lei de Licitações*, 2019. Disponível em: http://www.novaleilicitacao.com.br/2019/10/23/o-papel-da-assessoria-juridica-na-nova-lei-de-licitacoes/.

LEITÃO, Frederico. Os 22 Princípios da Nova Lei de Licitações, Lei 14.133/21. *Jusbrasil*, 2021. Disponível em: https://fredericopleitaoadv.jusbrasil.com.br/artigos/1191927333/os-22-principios-da-nova-lei-de-licitacoes-lei-14133-21. Acesso em: 03 maio 2021.

MANUAL do Ordenador de Despesas, elaborado pelo Conselho Nacional do Ministério Público. *CNMP*, 2017. Disponível em: https://www.cnmp.mp.br/portal/institucional/comissoes/comissao-de-controle-administrativo-e-financeiro/atuacao/manual-do-ordenador-de-despesas/recursos-humanos-e-gestao-de-pessoas/segregacao-de-funcoes-como-distribuir-atividades?highlight=WyJzZWdyZWdhXHUwMGU3XHUwMGUzbyIsImZ1blx1MDBlN1x1MDBmNWVzIl0=. Acesso em: 03 maio 2021.

NIEBUHR, Joel de Menezes. *Nova Lei de Licitações e Contratos Administrativos*. Cap. 3 – Fase Preparatória das Licitações. Florianópolis: Zenite, 2020, p. 25. Disponível em: https://repositorio.ufsc.br/bitstream/handle/123456789/221786/ebook%20-%20nova%20lei%20de%2 0licitacoes%20e%20contratos%20administrativos%20-%20zenite.pdf?sequence=1&isAllowed=y. Acesso em: 04 maio 2021.

ROSENZWEIG, Phil. O *Efeito Halo*... e outros oito delírios empresariais que enganam os gestores. [S. l.]: Alta Books, 2021.

SILVEIRA, Ligiani. CGE explica a importância do princípio da segregação de funções. *Conaci*, 2020. Disponível em: http://www.conaci.org.br/noticias/cge-explica-a-importancia-do-principio-da-segregacao-de-funcoes. Acesso em: 03 maio 2021.

SINDICÂNCIA PATRIMONIAL: SOBRE A APURAÇÃO DE ENRIQUECIMENTO ILÍCITO PELA ADMINISTRAÇÃO PÚBLICA

Paulo Enrique Mainier

Procurador do Estado e Mestre pela Universidade de Lisboa.

Sumário: 1. Introdução – 2. Sobre o enriquecimento ilícito presumido – 3. A coleta de informações na investigação preliminar – 4. A sindicância patrimonial – 5. Coleta de informações fiscais e bancárias na sindicância patrimonial – 6. Métodos de análise patrimonial; 6.1 Método do fluxo de caixa; 6.2 Método de rastreio patrimonial; 6.3 Análise comparativa – 7. Conclusão – 8. Referências.

1. INTRODUÇÃO[1]

Algum tempo atrás, os jornais noticiaram que um jovem agente público, com salário de aproximadamente 4 mil reais, estava dirigindo seu veículo, avaliado em 200 mil reais, quando atirou com sua arma em um outro carro por suspeitar que ele seria vítima de um roubo. Independente dos tiros, a notícia chamou a atenção pelo fato de um agente público conseguir ter e manter um veículo que custaria 50 vezes o seu salário mensal.

Evidente que o Ministério Público poderia instaurar uma investigação e apurar esses fatos. Não só os tiros, mas também esse possível enriquecimento ilícito. Porém, a Administração Pública não precisa esperar a apuração de enriquecimento em ação de improbidade administrativa proposta pelo Ministério Público (ou pela Advocacia Pública[2]). Chegando ao conhecimento do órgão correcional da Administração Pública[3] uma suspeita de enriquecimento em valor desproporcional à evolução do patrimônio ou da renda de um agente público[4], o órgão tem o *poder-dever* de apurar tais fatos[5].

---

1. Neste espaço, gostaria de agradecer às contribuições de Claudio Roberto Paz Lima, Marco A. S. Ricciardi Jr., Jaime Berbat Filho, Gustavo Henrique de Vasconcellos Cavalcanti, Victor Marcell Almeida de Melo, Thayza dos Reis Costa, Leonardo Amaro Monte de Almeida, Guilherme Jorge de Souza Corrêa, Mayra Lygia Andery Fanuchi, Camila Silva Melo e Isabel Pernambuco para produção desse artigo.
2. Essa atuação depende do entendimento do Supremo Tribunal Federal sobre a legitimidade dos órgãos de advocacia pública promoverem ações de improbidade administrativa.
3. Estão incluídos aqui não só os órgãos do Poder Executivo, mas também os órgãos do Poder Judiciário, do Poder Legislativo, do Ministério Público, do Tribunal de Contas e Defensoria Pública, no exercício das suas atividades administrativas.
4. Por vezes, a suspeita de enriquecimento surge no curso de investigações de outras infrações administrativas praticadas no exercício da função. Não raro a apuração se depara com sinais exteriores de riqueza capazes de motivar a instauração da investigação patrimonial.
5. É firme o entendimento no âmbito do Supremo Tribunal Federal e do Superior Tribunal de Justiça acerca da competência da autoridade administrativa para impor pena de demissão a servidor público em razão da

2. SOBRE O ENRIQUECIMENTO ILÍCITO PRESUMIDO

A Lei de Improbidade Administrativa (Lei 8.429/1992), em sua redação original, estabelecia em seu art. 9º, VII:

> Art. 9º Constitui ato de improbidade administrativa importando enriquecimento ilícito auferir qualquer tipo de vantagem patrimonial indevida em razão do exercício de cargo, mandato, função, emprego ou atividade nas entidades mencionadas no art. 1º desta lei, e notadamente:
>
> (...)
>
> VII – adquirir, para si ou para outrem, no exercício de mandato, cargo, emprego ou função pública, bens de qualquer natureza cujo valor seja desproporcional à evolução do patrimônio ou à renda do agente público;

A Lei 14.230/2021 alterou as redações do caput do art. 9º e do inciso VII e passou a prever o seguinte:

> Art. 9º Constitui ato de improbidade administrativa importando em enriquecimento ilícito auferir, *mediante a prática de ato doloso,* qualquer tipo de vantagem patrimonial indevida em razão do exercício de cargo, de mandato, de função, de emprego ou de atividade nas entidades referidas no art. 1º desta Lei, e notadamente:
>
> (...)
>
> VII - adquirir, para si ou para outrem, no exercício de mandato, de cargo, de emprego ou de função pública, *e em razão deles*, bens de qualquer natureza, *decorrentes dos atos descritos no caput deste artigo,* cujo valor seja desproporcional à evolução do patrimônio ou à renda do agente público, *assegurada a demonstração pelo agente da licitude da origem dessa evolução;*

Basicamente, a norma extraída da redação anterior dos dois dispositivos (caput e inciso VII), tanto na versão anterior, quanto na versão atual, estabelece que o ato *doloso* de adquirir, para si ou para outrem, *em razão do exercício* de mandato, cargo, emprego ou função pública, bens de qualquer natureza, cujo valor fosse desproporcional à evolução do patrimônio ou à renda do agente público (vantagem patrimonial indevida) constitui uma *presunção relativa* de improbidade administrativa importando enriquecimento ilícito.

A primeira dúvida que pode surgir é: mudou algo com a nova lei? Apesar dos acréscimos na redação dos dispositivos, entende-se que não houve alteração do conteúdo da norma como será demonstrado a seguir.

Iniciando a análise do texto legal, verifica-se que para caracterização dessa hipótese de improbidade administrativa, é preciso, em primeiro lugar, que haja a aquisição de *bem de qualquer natureza*, portanto imateriais ou materiais, como imóveis, móveis, semoventes, dinheiro, títulos, ações, e qualquer outra espécie de bens e valores patrimoniais, localizado no País ou no exterior.

---

prática de ato de improbidade administrativa, independentemente de provimento jurisdicional, porque a penalidade administrativa não se confunde com a pena de perda da função pública prevista no art. 12 da Lei 8.429/1992, esta sim aplicável exclusivamente pela autoridade administrativa. Neste sentido: STJ, MS 12.828/DF, Rel. Min. Mauro Campbell Marques, Primeira Seção, julgado em 09.03.2016; STF, RMS 33.666, Rel. Min. Marco Aurelio, Primeira Turma, julgado em 31.05.2016.

Por aquisição, não se exige apenas aquela decorrente de um contrato de compra e venda. A expressão "aquisição" deve ser interpretada na acepção de obtenção de posse, administração, domínio, guarda ou titularidade de bem, abrangendo toda e qualquer situação jurídica de cunho permanente, que implique a disponibilidade da fruição do conteúdo econômico do bem e do poder de sua disposição[6].

Cabe destacar que dinheiro, em espécie ou não, também é um bem. Então, o recebimento de valores em conta bancária ou em contas de investimento, ou mesmo em criptomoeda, de origem ou motivo sem justificativa lícita, pode caracterizar a improbidade administrativa prevista no art. 9º, VII.

Merecem relevância apenas depósitos de valores significativos, tanto em relação à remuneração do agente público quanto à vista da percepção do homem médio e da vida social comum acerca de quantias que possam merecer relevância, não fazendo nenhum sentido prático ou jurídico exigir comprovação de valores diminutos e ordinários.

Entende-se, também, como aquisição de bens a fruição ilegítima de um serviço que pode gerar um bem[7]. É o caso dos bens de serviços. Por exemplo, se um agente público recebe como vantagem ilícita de uma empreiteira a realização de uma obra em sua residência, o serviço se agregará a um bem do agente público, aumentando o seu valor. Não há como deixar de caracterizar essa hipótese como improbidade administrativa.

Diferente é a hipótese da aquisição de um serviço puro e simples, mesmo que envolva o uso de bens. Por exemplo, se um agente público recebe passagens aéreas e estadias em hotéis, um almoço ou mesmo um procedimento médico, como forma de pagamento de uma vantagem ilícita, mesmo que incompatíveis com o seu patrimônio, não ficará caracterizada a improbidade administrativa prevista no art. 9º, VII.

Nota-se que pode ser enquadrado como improbidade administrativa prevista no art. 9º, VII, o ato de pagar despesas pessoais por uma via que não a bancária, sem justificativa lícita. Isso porque pressupõe-se que o pagamento de qualquer despesa dependa, previamente, de uma entrada desse recurso no patrimônio do agente público. Se um empresário paga o boleto de um agente público, é evidente que, primeiro há uma entrada de recurso no patrimônio desse para, em seguida, concomitantemente, ter uma saída.

A aquisição também deve ser um ato voluntário. Se um determinado bem, já existente no patrimônio do agente público, sofre uma valorização extraordinária, não se reputa um enriquecimento ilícito.

---

6. Cfr. MARÇAL JUSTEN FILHO, *Reforma da lei de improbidade administrativa comentada e comparada: Lei 14.230, de 25 de outubro de 2021*, 1ª ed., Rio de Janeiro: Forense, 2022.
7. No sentido de que a aquisição de qualquer serviço não caracteriza improbidade, cfr. MARÇAL JUSTEN FILHO, *Reforma da lei de improbidade administrativa comentada e comparada: Lei 14.230, de 25 de outubro de 2021*, 1ª ed., Rio de Janeiro: Forense, 2022.

Além de voluntário, a aquisição deve decorrer de um ato doloso. Cabe registrar que a necessidade de ser um ato doloso foi expressamente inserida no caput e foi inserida no dispositivo com a expressão *"decorrentes dos atos descritos no caput deste artigo"*. Entende-se que tal expressão, inserida no dispositivo no âmbito da deliberação na Câmara dos Deputados, teve o intuito de apenas chamar atenção para a necessidade de o enriquecimento pela aquisição de bens e valores se dar mediante a prática de um ato doloso.

Essa orientação de necessitar do dolo já prevalecia antes da edição da Lei 14.230/2021 pois entendia-se que apenas os atos de improbidade por lesão ao erário admitiam a modalidade culposa[8]. Então, a inclusão dessa exigência de dolo para a configuração da improbidade do art. 9º só teve por objetivo deixar a questão positiva e eliminar qualquer controvérsia[9].

Curiosamente, toda aquisição incompatível com a renda ou com a variação patrimonial já demonstra a presença do elemento subjetivo – dolo – para a configuração do ato de improbidade administrativa. Nem teria sentido tentar imaginar hipóteses culposas na disciplina do referido dispositivo. Não há como falar em enriquecimento ilícito culposo ou involuntário. Não é lógico alguém receber um bem por imprudência ou negligência[10]. Seria bem caricata a hipótese em que um agente público recebe um dinheiro de seu inimigo sem o conhecimento daquele ou de alguém que adquire um bem involuntariamente.

Chama atenção que o bem pode ser adquirido para o próprio agente público ou para outrem, que pode ser cônjuge ou companheiro, filhos e outras pessoas que vivam sob a dependência econômica do agente público.

Evidentemente, exige-se que o agente público tenha conhecimento da aquisição é desproporcional e, portanto, indevida[11]. Por hipótese, se o bem for adquirido diretamente por um filho, considerado economicamente dependente do agente público, por atividade lícita praticada por aquele, não há que se falar em enriquecimento ilícito. Diferente é a hipótese em que o bem é adquirido pelo filho com dinheiro doado pelo agente público.

---

8. Cfr. DANIEL AMORIM ASSUMPÇÃO NEVES e RAFAEL CARVALHO REZENDE OLIVEIRA, *Comentários à Reforma da Lei de Improbidade Administrativa, Lei 14.230, de 25.10.2021 comentada artigo por artigo*, Rio de Janeiro: Forense, 2022.
9. Cfr. MARÇAL JUSTEN FILHO, *Reforma da lei de improbidade administrativa comentada e comparada: Lei 14.230, de 25 de outubro de 2021*, 1ª ed., Rio de Janeiro: Forense, 2022; FERNANDO DA FONSECA GAJARDONI, LUANA PEDROSA DE FIGUEIREDO CRUZ, LUIZ MANOEL GOMES JUNIOR e ROGÉRIO FAVRETO, *Comentários à Nova Lei de Improbidade Administrativa*, 5ª ed., São Paulo: Revista dos Tribunais, 2022.
10. Cfr. FERNANDO DA FONSECA GAJARDONI, LUANA PEDROSA DE FIGUEIREDO CRUZ, LUIZ MANOEL GOMES JUNIOR e ROGÉRIO FAVRETO, *Comentários à Nova Lei de Improbidade Administrativa*, 5ª ed., São Paulo: Revista dos Tribunais, 2022.
11. Cfr. MARÇAL JUSTEN FILHO, *Reforma da lei de improbidade administrativa comentada e comparada: Lei 14.230, de 25 de outubro de 2021*, 1ª ed., Rio de Janeiro: Forense, 2022.

Indo além na análise, exige-se que a aquisição ocorra no exercício de mandato, de cargo, de emprego ou de função pública. Então, não ficará configurada a improbidade se a aquisição ocorrer após a aposentadoria ou antes do ingresso no serviço público. Tais valores recebidos antes ou após o exercício também não poderão ser utilizados para fins de análise patrimonial.

Foi inserida no texto a expressão *"e em razão deles"*. Não se trata de uma novidade. O caput em sua redação original já exigia que a aquisição de bens de qualquer natureza fosse em razão do exercício do mandato, cargo, emprego ou função. Nada mudou. O intuito inicial contido na proposta da Comissão de Juristas era inserir a expressão *"ou em razão deles"*. Porém, na Câmara dos Deputados, alterou-se para *"...e em razão deles"* para *"melhor compreensão e interpretação dos requisitos para verificação do ato ímprobo"*[12]. Portanto, o intuito do legislador parece ter sido apenas destacar no inciso o que já estava previsto no caput. Nada mais.

Essa previsão *"em razão deles"* exige a demonstração que a aquisição é decorrente da atuação como agente público em sentido lato, ou seja, de um nexo causal entre a aquisição e a função pública[13]. Exige-se, portanto, não apenas um apontamento da desproporção com a renda ou patrimônio, mas também a demonstração que a origem dos bens que ocasionaram a alteração desproporcional não seria lícita. Evidente que não basta a simples alegação de que o agente público ostenta sinais de riqueza incompatíveis com seus rendimentos. É necessário a prova efetiva de que houve um incremento patrimonial e que não haveria uma justificativa extraestatal razoável para esse incremento.

Ora, se um determinado agente público adquirir um determinado imóvel por doação, sucessão ou usucapião, não há como configurar diretamente uma improbidade, pois a aquisição, pelo menos superficialmente, não teria qualquer relação com o exercício indevido da função pública[14]. Em suma, apenas busca-se evitar que se impute como ímproba uma aquisição de um bem por um agente público sem qualquer vínculo lógico com sua função pública.

Diferente seria a hipótese de uma aquisição de um bem por um agente público por doação de um empresário sem qualquer vínculo familiar ou de amizade que justifique. Ou mesmo a hipótese de uma aquisição, com contrato de compra e venda, que o vendedor "esqueça" de cobrar o valor do bem ao agente público comprador. Ou, ainda, a venda de um bem pelo agente público para um empresário por um preço muito superior ao valor de mercado. Ou uma permuta sem torna de bens de valores de mercados extremamente distintos.

---

12. Cfr. Parecer às Emendas de Plenário em https://www.camara.leg.br/proposicoesWeb/prop_mostrarintegra?codteor=2029379&filename=Tramitacao-PL+2505/2021+%28N%C2%BA+Anterior:+pl+10887/2018%29
13. Cfr. DANIEL AMORIM ASSUMPÇÃO NEVES e RAFAEL CARVALHO REZENDE OLIVEIRA, *Comentários à Reforma da Lei de Improbidade Administrativa, Lei 14.230, de 25.10.2021 comentada artigo por artigo*, Rio de Janeiro: Forense, 2022.
14. Cfr. MARÇAL JUSTEN FILHO, *Reforma da lei de improbidade administrativa comentada e comparada: Lei 14.230, de 25 de outubro de 2021*, 1ª ed., Rio de Janeiro: Forense, 2022.

São situações que, não demonstrando uma justificativa privada razoável, mesmo sem ter que comprovação da causa dessas operações, apresentam um nexo causal com o exercício da função pública.

De todo modo, o acréscimo que deve ser auferido para caracterização do enriquecimento continua não necessitando ter uma causa conhecida. Caso fosse necessário ter uma causa conhecida (por exemplo, recebimento de uma vantagem indevida para prática de um ato de ofício), a subsunção acabaria por ocorrer em outro inciso (I, II, III, V, VI, IX e X do art. 9º). E esse dispositivo do inciso VII não teria razão de existir. O Superior Tribunal de Justiça já teve oportunidade de se manifestar sobre isso:

> "6. A conduta do servidor tida por ímproba não precisa estar, necessária e diretamente, vinculada com o exercício do cargo público. Com efeito, mesmo quando a conduta é perpetrada fora das atividades funcionais, se ela evidenciar incompatibilidade com o exercício das funções do cargo, por malferir princípios basilares da Administração Pública, é sim passível de punição na esfera administrativa, inclusive com a pena máxima de demissão, mormente como no caso em apreço em que o servidor, Auditor Fiscal da Receita Federal, apresenta enriquecimento ilícito, por acumular bens desproporcionais à evolução do patrimônio e da renda – fato esse, aliás, que também está em apuração na esfera penal –, remetendo significativo numerário para conta em banco na Suíça, sem a correspondente declaração de imposto de renda. Inteligência do art. 132, inciso IV, da Lei n.º 8.112/90, c.c. o art. 11 da Lei n.º 8.429/92. 7. Segurança denegada. Agravo regimental prejudicado." (grifei) (STJ, MS 12.536, Rel. Min. Laurita Vaz, DJe 26.09.08)

Vale destacar que a citada decisão (STJ, MS 12.536) foi mantida em grau de recurso pelo c. Supremo Tribunal Federal (STF, RMS 28.919 DF, julg. em 16.12.14).

Ora, de forma geral, a norma, seja em sua versão anterior, seja na sua versão atual, busca reprimir a obtenção da vantagem indevida que se manifesta apenas pelo seu efeito (aumento de riqueza), mesmo quando sejam desconhecidas ou não reveladas as causas para a sua consumação, ou ainda quando não há elementos objetivos que justifiquem essa situação. Assim, é estabelecida uma presunção relativa que esse aumento patrimonial, injustificável, decorreu de práticas reprováveis[15]. É preciso apenas demonstrar que não há uma justificativa plausível para o aumento patrimonial.

Cabe destacar que a norma busca fazer uma relação de desproporcionalidade entre a renda ou a evolução patrimonial do agente público e o valor do bem adquirido e não o valor declarado da aquisição. Então, pode haver uma desproporcionalidade se o preço de aquisição declarado for muito inferior ao valor efetivo do bem[16].

A desproporção deve ser apurada em vista da evolução patrimonial, considerando que a venda de bens podem propiciar a existência de recursos para a aquisição de outros bens, ou em relação à sua renda, que pode ser não só a remuneração auferida no serviço público, mas também outras fontes privadas de rendimentos. E, como

---

15. Cfr. MARÇAL JUSTEN FILHO, *Reforma da lei de improbidade administrativa comentada e comparada: Lei 14.230, de 25 de outubro de 2021*, 1ª ed., Rio de Janeiro: Forense, 2022.
16. Cfr. MARÇAL JUSTEN FILHO, *Reforma da lei de improbidade administrativa comentada e comparada: Lei 14.230, de 25 de outubro de 2021*, 1ª ed., Rio de Janeiro: Forense, 2022.

será visto, essa comparação deve levar em consideração as despesas incorridas pelo agente público em sua vida pessoal.

Com efeito, diferentemente das outras hipóteses legais presentes nos dispositivos do art. 9º da Lei 8.429/1992, em que a demonstração de enriquecimento ilícito exige também a comprovação do recebimento de vantagem patrimonial indevida e da ação ou omissão decorrente das atribuições do agente público que deu margem ao recebimento, a hipótese do art. 9º, VII é de um *enriquecimento ilícito presumido*.

Neste sentido a jurisprudência do Tribunal de Justiça de São Paulo:

> "Com efeito, nesta figura, o ato de improbidade não está condicionado à prova e individualização de um comportamento descrito no tipo genérico do ''caput''. Tal comportamento se presume pelo fato objetivo de ser apurada a aquisição de "bens de qualquer natureza cujo valor seja desproporcional à evolução do patrimônio ou renda do agente público." O tipo do inciso VII exige uma aferição objetiva de diferença de bens e valores durante determinado período de tempo." (grifei) (TJSP, Apelação nº 0018566-33.2013.8.26.0053, Rel. Des. Laerte Sampaio, Terceira Câmara de Direito Público, julg. 12.04.11).

Portanto, de acordo com o texto legal, existem duas possibilidades de enriquecimento ilícito presumido:

1ª) a aquisição de bens cujo *valor seja desproporcional à evolução do patrimônio* (variação patrimonial);

2ª) a aquisição de bens cujo *valor seja desproporcional à sua renda*.

Trata-se de um enriquecimento presumido porque (1) não é preciso provar que os bens foram adquiridos com recursos obtidos através de atividade ilícita quando não existir causa legítima aparente para tanto; (2) não é preciso provar o chamado "fato antecedente" (ou seja, não é preciso provar a prática, ou a abstenção, de qualquer ato de ofício que teria dado origem à desproporção); e (3) não é preciso existir nem provar eventual dano ao erário[17].

Por tais razões, se a Administração Pública *provar a desproporção* dos bens adquiridos pelo agente público em relação a seu patrimônio ou renda, demonstrando que não há uma justificativa plausível para a variação patrimonial, haverá uma *presunção relativa* (*juris tantum*) de que o enriquecimento é ilícito.

A previsão dessa presunção relativa acarreta na inversão do ônus da prova da regularidade dos benefícios obtidos pelo agente público. Assim, havendo essa demonstração da desproporção pelo órgão correcional da Administração Pública, caberá ao agente público a prova de que o enriquecimento foi lícito e,

---

17. Importante salientar que a descoberta de eventuais fatos que possam caracterizar ilicitudes funcionais e até criminais praticadas pelo agente público (ex.: corrupção, desvio de verbas públicas etc.), mesmo que justifiquem o incremento patrimonial indevido, devem ser objeto de apuração administrativa em separado. Em suma, não se deve perquirir, na sindicância patrimonial ou no processo administrativo decorrente, a ocorrência de ilícito administrativo anterior que enseje o acréscimo patrimonial. Por isso, não se faz necessário buscar provar o eventual delito anterior, mas apenas coletar dados econômico-financeiros do agente público investigado.

apontando a *origem regular dos recursos utilizados na operação* e provando que o crescimento de seu patrimônio é, sim, fruto da natural evolução ou compatível com as rendas obtidas ou que não tem qualquer relação direta, ou indireta, com a atividade pública desempenhada. É o que consta da jurisprudência do Superior Tribunal de Justiça:

> (...) 6. Em matéria de enriquecimento ilícito, *cabe à Administração comprovar o incremento patrimonial significativo e incompatível com as fontes de renda do servidor*. Por outro lado, é do servidor acusado o ônus da prova no sentido de demonstrar a licitude da evolução patrimonial constatada pela administração, sob pena de configuração de improbidade administrativa por enriquecimento ilícito. 7. No caso, restou comprovado no processo administrativo disciplinar a *existência de variação patrimonial a descoberto (e desproporcional à remuneração do cargo público)*; e que *o indiciado não demonstrou que os recursos questionados – recebidos de pessoas físicas e do exterior – adviéram de aluguéis e de prestação de serviços como ghost writer (STJ – MS 18.460 / DF, Relator Min. Mauro Campbell, 28.08.2013)*.

> (...) 4. Está configurado, no caso concreto, que *não houve a devida comprovação da origem de recursos aptos a demonstrar recursos para justificar a variação patrimonial do empregado público, a aquisição do imóvel em caso*; e, de outra sorte, não há como desconstituir as provas sem permitir o rito do contraditório, que é incompatível com a via mandamental; portanto, é impossível apreciar as alegações do impetrante para que, por si, amparem a reversão de dados coletados no processo disciplinar. (...) 6. Há infração comprovada ao art. 9º, VII, da Lei 8.492/1992, ao passo em que a *Primeira Seção já firmou precedente no sentido de que, em casos como o dos autos, o ônus da prova de comprovar a ausência de licitude na variação patrimonial é do agente público. (STJ – MS 13.142/DF, Min. Humberto Martins, em 29.08.2009)*[18].

Ora, diante de uma demonstração, mesmo que preliminar, de uma desproporção patrimonial, deve o agente público acusado provar a regularidade do seu patrimônio, pois nada mais razoável que haja o devido controle e acompanhamento de todos os aspectos de sua vida patrimonial por parte daquele que está vinculado ao exercício de uma função pública.

Nesse sentido justifica-se a inserção do trecho final do inciso VII: *"assegurada a demonstração pelo agente da licitude da origem dessa evolução"*. Trata-se de uma modificação de caráter meramente processual que apenas deixou evidenciado que a previsão do inciso VII se caracteriza como uma presunção relativa.

Em suma, qualquer interpretação da alteração promovida pela Lei 14.230/2021 em sentido diverso retira qualquer funcionalidade do inciso, vez que basicamente demandaria a subsunção em um dos demais tipos existentes na modalidade e torna o dispositivo incompatível com tipologia de enriquecimento ilícito, prevista nas Convenções Internacionais da OEA (artigo IX) e da ONU (artigo 20) contra a corrupção.

Mas como a Administração Pública deve começar a apurar o enriquecimento ilícito presumido de um agente público?

---

18. No mesmo sentido: STJ, MS 19.782/DF, Rel. Min. Mauro Campbell, 06.04.2016; MS 20.765/DF, Rel. Min. Benedito Gonçalves, 08.02.2017; AgRg no AREsp 548.901/RJ, Rel. Min. Assusete Magalhães, 16.02.2016.

3. A COLETA DE INFORMAÇÕES NA INVESTIGAÇÃO PRELIMINAR

O primeiro passo é, evidentemente, identificar o agente público que será objeto da apuração. Não cabe escolher sem critérios, não cabe escolher aquele profissional ineficiente, não cabe escolher o inimigo.

É preciso que o agente público seja alvo de denúncias, representações, notícias na mídia, requisições judiciais e do Ministério Público, ou ainda, que seja selecionado em razão de um trabalho preventivo da própria Administração Pública, mediante seleção periódica e sistemática, por critérios de risco preestabelecidos (cargo em comissão, relacionamento com particulares, participação societária etc.) ou por amostragem (desde que obedecido o princípio da impessoalidade).

Identificado o agente, é preciso, em segundo passo, iniciar a *investigação preliminar*, com justificativa do motivo, no bojo de autos físicos ou eletrônicos, para coleta de informações e verificação de sinais exteriores de riqueza ou de incompatibilidade patrimonial.

Na apuração preliminar, cabe à autoridade competente obter uma série de documentos e informações. Deve iniciar pela obtenção das *declarações de bens e valores* que devem ser obrigatoriamente apresentadas, em modo físico ou eletrônico[19].

A redação anterior do art. 13 da Lei de Improbidade Administrativa previa o seguinte:

> Art. 13. A posse e o exercício de agente público ficam condicionados à apresentação de declaração dos bens e valores que compõem o seu patrimônio privado, a fim de ser arquivada no serviço de pessoal competente.
>
> § 1º A declaração compreenderá imóveis, móveis, semoventes, dinheiro, títulos, ações, e qualquer outra espécie de bens e valores patrimoniais, localizado no país ou no exterior, e, quando for o caso, abrangerá os bens e valores patrimoniais do cônjuge ou companheiro, dos filhos e de outras pessoas que vivam sob a dependência econômica do declarante, excluídos apenas os objetos e utensílios de uso doméstico.

A Lei 14.230/2021 também promoveu uma alteração no caput do art. 13 e revogando o § 1º, passando a prever o seguinte:

> Art. 13. A posse e o exercício de agente público ficam condicionados à apresentação de *declaração de imposto de renda e proventos de qualquer natureza, que tenha sido apresentada à Secretaria Especial da Receita Federal do Brasil*, a fim de ser arquivada no serviço de pessoal competente.

Na previsão anterior, as declarações deveriam englobar os bens e valores (*imóveis, móveis, semoventes, dinheiro, títulos, ações, investimentos financeiros, participações*

---

19. No Estado do Rio de Janeiro, com o advento do Decreto 46.364, de 17 de julho de 2018, a entrega da declaração passou a ser feita de forma eletrônica. É o que dispõe o seu art. 3º: "Os agentes públicos do Poder Executivo estadual deverão entregar a declaração de bens e valores por meio do Sistema de Controle de Bens Patrimoniais dos Agentes Públicos – SISPATRI que conterá funcionalidade para recepção da declaração de bens e valores no Portal do Servidor, a partir da possibilidade de acesso ao Portal do Servidor por parte do agente público e da implantação do sistema no respectivo órgão de lotação".

societárias e qualquer outra espécie de bens e valores patrimoniais, localizados no País ou no exterior, assim como doações recebidas e dívidas contraídas) que integram o patrimônio do agente público, incluindo a indicação das fontes de renda[20], não só do próprio, mas do seu cônjuge, companheiro, filhos e das outras pessoas que vivam sob a sua dependência econômica[21].

Com a modificação legislativa, passou-se a prever que o agente público deverá apenas apresentar a declaração de imposto de renda e proventos de qualquer natureza que tenha sido apresentada à Receita Federal. Mantem-se a necessidade de a declaração englobar todos os bens e valores, inclusive com patrimônio e rendimentos dos dependentes. Porém, exige-se que seja a mesma apresentada à Receita Federal.

Essas declarações podem e devem ser analisadas, pela autoridade competente, sempre que julgar necessário, antes mesmo da instauração de sindicância patrimonial ou de qualquer outro processo disciplinar, para uma análise preliminar da compatibilidade da evolução patrimonial do agente público com os recursos e disponibilidades que compõem o seu patrimônio[22]. Não existe sigilo fiscal sobre tal documento contra a autoridade responsável por fazer as investigações disciplinares.

É um poder-dever da Administração Pública apurar eventual discordância entre os bens e valores declarados e a evolução patrimonial do agente público.

O objetivo de a legislação exigir a apresentação de declarações não é meramente criar um depósito de dados sobre os agentes públicos que não pudesse ser consultado pelo órgão no qual eles laboram, especialmente quando há indícios de evolução patrimonial indevida. Tal verificação somente poderá se dar caso possam

---

20. Nesse sentido encontra-se a Lei Federal 8.730, de 10 de novembro de 1993: *Art. 1º É obrigatória a apresentação de declaração de bens, com indicação das fontes de renda, no momento da posse ou, inexistindo esta, na entrada em exercício de cargo, emprego ou função, bem como no final de cada exercício financeiro, no término da gestão ou mandato e nas hipóteses de exoneração, renúncia ou afastamento definitivo, por parte das autoridades e servidores públicos adiante indicados: (...) VII – todos quantos exerçam cargos eletivos e cargos, empregos ou funções de confiança, na administração direta, indireta e fundacional, de qualquer dos Poderes da União. (...) Art. 7º As disposições constantes desta lei serão adotadas pelos Estados, pelo Distrito Federal e pelos Municípios, no que couber, como normas gerais de direito financeiro, velando pela sua observância os órgãos a que se refere o art. 75 da Constituição Federal.*
21. Importante chamar atenção, nesse sentido, para o Decreto 46.364/2018 do Estado do Rio de Janeiro: *Art. 2º (...) § 3º – A declaração de bens e valores que integram o patrimônio privado do agente público compreenderá todas as fontes de renda, imóveis, móveis, semoventes, dinheiro, títulos, ações, investimentos financeiros, participações societárias e qualquer outra espécie de bens e valores patrimoniais, localizados no País ou no exterior, assim como doações recebidas e dívidas contraídas. § 4º O agente público casado em regime de comunhão total ou parcial de bens, ou em união estável sem contrato que estabeleça regime diverso dos mencionados, deverá fazer constar em sua declaração os bens e valores que integram o patrimônio de seu cônjuge ou companheiro. § 5º Caso o agente público possua cônjuge, companheiro, filhos e/ou outras pessoas que vivam sob sua dependência econômica, deverá fazer constar em sua declaração também os bens e valores destes.*
22. Nesse sentido encontra-se o Decreto 46.364/2018, do Estado do Rio de Janeiro: "*Art. 10. (...) § 1º A Controladoria Geral do Estado e as autoridades competentes de cada órgão ou entidade do Poder Executivo Estadual poderão analisar, sempre que julgarem necessário, as declarações de bens e valores, independente da abertura de sindicância patrimonial, para fins de verificação e acompanhamento da evolução patrimonial dos agentes públicos e sua compatibilidade com os recursos e disponibilidades que compõem o seu patrimônio*". (destaque nosso)

as autoridades competentes efetivamente ter acesso e analisar tais documentos. Esta é a finalidade para a qual a norma referida foi criada. Imaginar que o agente público estivesse obrigado a entregar tais declarações, mas que o sistema de controle interno do órgão em que trabalha não pudesse analisá-las violaria as mais basilares regras de hermenêutica jurídica, pois esvaziaria de sentido a própria norma[23].

Alguém poderia perguntar: *e se o agente público não entregar a declaração na data própria?* Em tese, para ficar configurada a recusa, deverá ser o agente público intimado da omissão e, permanecendo o estado de recusa, deverá ser instaurado processo administrativo disciplinar, ficando sujeito à penalidade de demissão. Destaca-se que a mesma penalidade pode ser aplicada a quem entregar uma declaração com dados falsos[24].

Ainda no âmbito da apuração preliminar, deve a autoridade competente prosseguir com a coleta de informações mediante todos os instrumentos possíveis e admitidos em Direito. Por exemplo: (a) consulta na internet (redes sociais) e em outras fontes abertas (bancos de dados); (b) busca de informações sobre a existência de sociedades empresárias e simples, associações ou fundações nas quais o investigado e/ou seus dependentes figurem em atos constitutivos ou alterações (na JUCERJA e no Registro Civil de Pessoas Jurídicas); (c) busca de informações de propriedade de veículos automotores em nome do investigado e de seus dependentes (DETRAN); (d) busca de informações sobre atos e negócios jurídicos imobiliários praticados pelo investigado e seus dependentes (ex.: procurações, promessas de compra e venda não registradas etc. em Cartórios Distribuidores); (e) busca de informações sobre Títulos e Documentos em nome do investigado e seus dependentes (ex.: contratos, testamentos, títulos protestados em Cartórios de Títulos e Documentos); (f) busca de informações sobre a existência de veículos aquáticos (embarcações e outros) em nome do investigado e seus dependentes (na Capitania dos Portos); (g) busca de informações sobre a existência de veículos aéreos (aviões e outros) em nome do investigado e seus dependentes (ANAC); (h) busca de informações sobre processos judiciais em nome do investigado e seus dependentes; (i) busca de informações sobre viagens ao exterior realizadas pelo investigado e seus dependente (Polícia Federal); (j) busca de informações cadastrais do investigado e seus dependentes (junto às concessionárias de serviços públicos); (l) realização de diligências nos endereços obtidos para avaliar a situação real e atual dos bens, entre outras possíveis, principalmente decorrentes de prova emprestada de investigações cíveis e criminais em curso.

---

23. Neste sentido: TRF2 – AI 2012.02.01.017872-5/RJ, Desembargador Marcus Abraham, DJe de 12.04.2013.
24. Confira, nesse sentido, o Decreto 42.553/2010, do Estado do Rio de Janeiro: *Art. 5º Será instaurado processo administrativo disciplinar contra o agente público que se recusar a apresentar declaração dos bens e valores na data própria, ou que a prestar falsa, ficando sujeito à penalidade prevista no § 3º do art. 13 da Lei 8.429, de 1992.* E também o Decreto estadual 46.364/2018: *Art. 6º (...) § 2º A não apresentação por parte do agente público, no prazo de 10 (dez) dias, acarretará a abertura de procedimento administrativo disciplinar cabível, que poderá ensejar a aplicação da pena de demissão do serviço público, conforme previsto no artigo 5º do Decreto 42.553/10 e artigo 13, § 3º, da Lei 8.429/92. § 3º A aplicação de qualquer sanção será precedida da instauração e conclusão do procedimento administrativo disciplinar cabível, consoante à legislação específica.*

Deve se ter atenção, ainda, para os *sinais exteriores de riqueza!* É preciso buscar a identificação de bens (declarados ou não) que podem significar gastos elevados em sua manutenção (estes não declarados) que excedam aqueles suportados pelos rendimentos declarados, tais como aviões, barcos, lanchas, cavalos, haras, casas de praia ou de campo, bem como despesas que possuam grande expressão financeira, tais como escolas dos filhos, viagens, festas extravagantes, uso de objetos e acessórios caros, frequência em restaurantes caros, declarações em redes sociais e outros tipos de sinais. Tais ostentações permitem evidenciar possíveis rastros de uso de dinheiro em espécie ou pagamentos efetuados por terceiros.

Caso se detecte que o agente público ostenta sinais exteriores de riqueza (por exemplo, na imediata identificação de dispêndio com impostos sobre propriedade de imóveis ou de veículos, condomínios residenciais e de dados consolidados de operações com cartões de crédito, alicerçada também na identificação de elevado patamar de consumo e de estilo de vida ou de vultosos gastos necessários para manter e conservar o alto padrão do patrimônio), também surgem indícios de que possa haver ocultação de origens de recursos.

Ao final, após tantos ciclos de pesquisas e diligências unilaterais, o responsável pela investigação preliminar deve amadurecer uma convicção. Não se trata de uma pesquisa fácil. Mas é extremamente necessário que tal pesquisa preliminar seja bem-feita. Não se exige aqui uma análise detalhada e conclusiva. Nem seria possível. Algumas informações, provavelmente, somente poderão ser obtidas no curso da sindicância patrimonial, após acesso aos dados fiscais do sujeito investigado.

De toda forma, o importante é identificar elementos mínimos que indiquem possível enriquecimento ilícito do agente ou evolução patrimonial incompatível. Caso o responsável pela investigação entenda que a instrução processual não confirma aqueles indícios que de início pareciam razoáveis, o procedimento se encerra com relatório propondo arquivamento do feito; do contrário, caso entenda que confirma aqueles indícios, tendo-os agora como robustos, a proposta deve ser de instauração da sindicância patrimonial.

Deve ficar claro que somente com uma análise bem-feita dessas informações e com tal constatação é que será possível dar prosseguimento para o próximo passo: a *instauração de sindicância patrimonial.*

4. A SINDICÂNCIA PATRIMONIAL

Ao tomar conhecimento de fundada notícia ou de indícios de enriquecimento ilícito, inclusive evolução patrimonial incompatível com os recursos e disponibilidades do agente público, a autoridade competente deve determinar a instauração de sindicância patrimonial, destinada à apuração dos fatos[25].

---

25. Em razão da disposição constante do art. 9º, VII, da Lei de Improbidade criando a hipótese do enriquecimento ilícito presumido, foi editado o Decreto Federal 5.483/2005 e tal instrumento normativo fez previsão, em

Sindicância Patrimonial é o procedimento investigativo, sigiloso e sem caráter punitivo, destinado a coletar e analisar informações com o objetivo de reconstruir o perfil financeiro do agente público investigado para verificar a compatibilidade do patrimônio adquirido ou usufruído por ele com as disponibilidades e os ganhos licitamente auferidos e declarados[26].

Trata-se de um procedimento preparatório e não punitivo porque sempre precede a um possível processo administrativo disciplinar ou arquivamento. Não é possível punir um agente público diretamente na sindicância patrimonial. Ademais, é sigiloso, inquisitorial, investigativo em razão da inexigência de observância do direito ao contraditório e da ampla defesa. Trata-se, portanto, de procedimento que não interrompe prescrição nem tem o condão de gerar prejuízo ao agente público investigado[27].

5. COLETA DE INFORMAÇÕES FISCAIS E BANCÁRIAS NA SINDICÂNCIA PATRIMONIAL

Já no curso da sindicância patrimonial, faz-se necessário, em um primeiro momento, solicitar à Receita Federal as *informações fiscais do investigado* (Declaração do Imposto sobre a Renda da Pessoa Física – DIRPF; Declaração sobre Operações Imobiliárias – DOI; Declaração sobre Atividades Imobiliárias – DIMOB; Declaração de Operações com cartão de crédito – DECRED; Declaração de Informações de Movimentação Financeira – DIMOF [E-Financeira, se a partir de 2016]; Declaração de Informações Econômico-Fiscais da Pessoa Jurídica – DIPJ etc.).

Nota-se que o objetivo é comparar as informações fiscais declaradas pelo agente público com as informações fiscais existentes sobre o agente público e declaradas por terceiros.

---

seu art. 8º, da sindicância patrimonial. O referido Decreto foi substituído pelo Decreto Federal 10.571/2020. No âmbito do Estado do Rio de Janeiro, tal previsão encontra-se no art. 8º do Decreto Estadual 42.553/10: *Art. 8º Ao tomar conhecimento de fundada notícia ou de indícios de enriquecimento ilícito, inclusive evolução patrimonial incompatível com os recursos e disponibilidades do agente público, nos termos do art. 9º da Lei 8.429, de 1992, a autoridade competente determinará a instauração de sindicância patrimonial, destinada à apuração dos fatos.* E também no art. 10 do Decreto Estadual 43.483/12. *Art. 10. Ao tomar conhecimento de indícios de enriquecimento ilícito ou sinais de incompatibilidade patrimonial do servidor através de qualquer dos meios previstos nas disposições antecedentes, através de notícia divulgada pela imprensa escrita ou falada, ou através de denúncia de autoria identificada, o Corregedor-Geral da Corregedoria Geral Unificada [da Polícia Militar, Polícia Civil e Corpo de Bombeiros] deverá determinar a instauração de sindicância patrimonial, destinada à apuração dos fatos.* Por fim, encontra-se no art. 11 do Decreto 46.364, de 17 de julho de 2018: *Art. 11. Ao tomar conhecimento de fundada notícia, mesmo por denúncia anônima, ou ainda de indícios de enriquecimento ilícito, inclusive evolução patrimonial incompatível com os recursos e disponibilidades do agente público, ou da prestação de declaração falsa pelo agente à Administração, a autoridade competente para investigar e apurar os fatos determinará a instauração de sindicância patrimonial.*

26. Cfr., neste sentido, o art. 4º, V, da Portaria CGU 335/06: *Art. 4º (...) – V – sindicância patrimonial: procedimento investigativo, de caráter sigiloso e não punitivo, destinado a apurar indícios de enriquecimento ilícito por parte de agente público federal, à vista da verificação de incompatibilidade patrimonial com seus recursos e disponibilidades.*

27. Para um maior desenvolvimento sobre esse tema, cfr. Claudio Roberto Paz Lima, Marco A. S. Ricciardi Jr. e José Ricardo Bento Garcia de Freitas, Manual de Sindicância Patrimonial: Teoria e Prática, Rio de Janeiro: Freitas Bastos, 2021.

Uma questão muito sensível envolve a alegação de quebra do sigilo fiscal por parte da Comissão Sindicante. Contudo, é preciso ficar claro que o acesso a informações fiscais na sindicância patrimonial não viola o sigilo fiscal do investigado. É o que estabelece claramente o art. 198, § 1º, II, do Código Tributário Nacional:

> Art. 198: Sem prejuízo do disposto na legislação criminal, é vedada a divulgação, por parte da Fazenda Pública ou de seus servidores, de informação obtida em razão do ofício sobre a situação econômica ou financeira do sujeito passivo ou de terceiros e sobre a natureza e o estado de seus negócios ou atividades.
>
> § 1º *Excetuam-se* do disposto neste artigo, além dos casos previstos no art. 199, os seguintes:
>
> (...)
>
> II – *solicitações de autoridade administrativa* no interesse da Administração Pública, desde que seja comprovada a *instauração regular de processo administrativo,* no órgão ou na entidade respectiva, com o objetivo de *investigar o sujeito passivo a que se refere a informação,* por prática de infração administrativa.

Portanto, a própria legislação tributária excepciona da cláusula de sigilo fiscal quando há solicitação de uma autoridade administrativa, no interesse da Administração Pública, para investigar o sujeito passivo a que se refere a informação.

Neste sentido a jurisprudência do Supremo Tribunal Federal:

> (...) Os preceitos impugnados autorizam o compartilhamento de tais informações [fiscais] com autoridades administrativas, no interesse da Administração Pública, desde que comprovada a instauração de processo administrativo, no órgão ou entidade a que pertence a autoridade solicitante, destinado a investigar, pela prática de infração administrativa, o sujeito passivo a que se refere a informação. (...) Nota-se, diante de tais cautelas da lei, que *não há propriamente quebra de sigilo, mas sim transferência de informações sigilosas no âmbito da Administração Pública.* (...) Diante disso, reputo constitucional o art. 1º da Lei Complementar 104/2001 no ponto em que insere o § 1º, inciso II, e o § 2º no art. 198 do CTN" (STF, ADI 2.390/DF. Relator: Min. Dias Toffoli. 18.02.2016)

Importante salientar que a expressão "processo", empregada no § 1º, II, do art. 198 do CTN, abrange tanto o processo em sentido estrito quanto o procedimento formalmente instaurado, o que engloba a sindicância patrimonial. Então, para que seja possível a liberação do dever de sigilo fiscal, apenas que o processo ou procedimento administrativo esteja regularmente instaurado por autoridade administrativa competente, tenha objeto lícito e finalidade pública[28].

---

28. Nestes termos: Parecer PGFN/CDI 1433/2006. Inclusive, vale mencionar a Portaria CGU 335/2006 que, claramente, menciona a possibilidade de ter acesso a informações fiscais no curso da sindicância patrimonial: Art. 18. Para a instrução do procedimento, a comissão efetuará as diligências necessárias à elucidação do fato, ouvirá o sindicado e as eventuais testemunhas, carreará para os autos a prova documental existente e solicitará, se necessário, o afastamento de sigilos e a realização de perícias. § 1º As consultas, requisições de informações e documentos necessários à instrução da sindicância, quando dirigidas à Secretaria da Receita Federal do Ministério da Fazenda, deverão ser feitas por intermédio dos Corregedores-Gerais Adjuntos, observado o dever da comissão de, após a transferência, assegurar a preservação do sigilo fiscal.

Também é preciso ficar claro que o acesso a informações fiscais na sindicância patrimonial não viola o sigilo bancário, já que não se pode confundir a existência de informações cadastrais e dados genéricos dos montantes globais movimentados no bojo das declarações fiscais com informações bancárias sujeitas ao sigilo bancário.

Na forma do art. 5°, § 2°, da Lei Complementar 105/2001, *"as informações fiscais transferidas restringir-se-ão a informes relacionados com a identificação dos titulares das operações e os montantes globais mensalmente movimentados, vedada a inserção de qualquer elemento que permita identificar a sua origem ou a natureza dos gastos a partir deles efetuados"*[29].

Cabe destacar, ainda, a jurisprudência do Supremo Tribunal Federal:

> (...) Perceba-se, pois, que, com base nesse dispositivo, *a Administração tem acesso apenas a dados genéricos e cadastrais dos correntistas*. Essas informações obtidas na forma do art. 5° da LC são cruzadas com os dados fornecidos anualmente pelas próprias pessoas físicas e jurídicas via declaração anual de imposto de renda, de modo que *tais informações já não são, a rigor, sigilosas" (STF, ADI 2.390/DF, Rel. Min. Dias Toffoli).*

Assim sendo, não há quebra de sigilo bancário quando a Receita Federal transfere as informações fiscais para a autoridade administrativa competente para investigação disciplinar do sujeito passivo.

Para obter informações bancárias que permitam identificação da origem e destinação das movimentações bancárias, a autoridade administrativa deverá solicitar ao Ministério Público ou ao órgão de Advocacia Pública para pleitear judicialmente o acesso a tais informações bancárias[30].

Com efeito, é o que dispõe o art. 3° da Lei Complementar 105/2001:

> Art. 3° Serão prestadas pelo *Banco Central do Brasil,* pela *Comissão de Valores Mobiliários* e pelas *instituições financeiras* as informações ordenadas pelo Poder Judiciário, preservado o seu caráter sigiloso mediante acesso restrito às partes, que delas não poderão servir-se para fins estranhos à lide.

---

29. Nesse sentido a Instrução Normativa RFB 811/2008 (que trata da DIMOF): *Art. 2° As instituições de que trata o art. 1° prestarão, por intermédio da Dimof, informações sobre as seguintes operações financeiras efetuadas pelos usuários de seus serviços: (...) § 1° As informações de que trata o caput compreendem a identificação dos titulares das operações financeiras, pelo número de inscrição no Cadastro de Pessoas Físicas (CPF) ou no Cadastro Nacional da Pessoa Jurídica (CNPJ), e os montantes globais mensalmente movimentados.*
    § 2° É vedada a inserção de qualquer elemento que permita identificar a origem ou o destino dos recursos utilizados nas operações financeiras de que trata o caput. Também nesse sentido a IN RFB 1571/2015 (que trata da e-Financeira): *Art. 5° (...) § 6° As informações de que tratam os incisos I a III e VII a XII do caput compreendem a identificação dos titulares das operações financeiras e comitentes finais e devem incluir nome, nacionalidade, residência fiscal, endereço, número da conta ou equivalente, individualizados por conta ou contrato na instituição declarante, número de inscrição no Cadastro de Pessoas Físicas (CPF) ou no Cadastro Nacional da Pessoa Jurídica (CNPJ), Número de Identificação Fiscal (NIF) no exterior, quando houver, nome empresarial, os saldos e os montantes globais mensalmente movimentados e demais informações cadastrais.*
30. Neste sentido a Portaria CGU 335/2006: *Art. 18. Para a instrução do procedimento, a comissão efetuará as diligências necessárias à elucidação do fato, ouvirá o sindicado e as eventuais testemunhas, carreará para os autos a prova documental existente e solicitará, se necessário, o afastamento de sigilos e a realização de perícias. § 2° A solicitação de afastamento de sigilo bancário deve ser encaminhada à Advocacia-Geral da União, com as informações e documentos necessários para o exame de seu cabimento.*

§ 1º *Dependem de prévia autorização do Poder Judiciário a prestação de informações e o fornecimento de documentos sigilosos solicitados por comissão de inquérito administrativo destinada a apurar responsabilidade de servidor público por infração praticada no exercício de suas atribuições, ou que tenha relação com as atribuições do cargo em que se encontre investido.*

Em razão da demora que pode existir na obtenção das informações bancárias e na própria complexidade no processamento dessas informações, a autoridade sindicante precisa analisar se realmente tais informações são imprescindíveis para a apuração administrativa. Por vezes, as informações fiscais são suficientes para um juízo preliminar de enriquecimento patrimonial, não se fazendo necessário aguardar o acesso a informações bancárias.

Obtidas as informações fiscais e, se for o caso, as informações bancárias, a comissão processante poderá realizar a oitiva de testemunhas e, caso entenda necessário, poderá, também, solicitar esclarecimentos de fatos ao investigado. Neste caso, contudo, a sindicância patrimonial deixará de ter um caráter sigiloso e deverá obedecer aos princípios do contraditório e da ampla defesa.

Não basta coletar todas as informações e todos os documentos possíveis. Para demonstrar o eventual enriquecimento ilícito do agente público, é preciso estudar os métodos de análise patrimonial.

6. MÉTODOS DE ANÁLISE PATRIMONIAL

O enriquecimento decorre do descompasso da evolução patrimonial prolongada no tempo. Existem dois métodos de análise patrimonial. O método clássico, mais utilizado, é o do *fluxo de caixa* (indireto ou por indicadores). O outro método é o do *rastreio patrimonial* (direto)[31].

6.1 Método do fluxo de caixa

O *método do fluxo de caixa* busca demonstrar o enriquecimento com base na evolução global patrimonial no tempo. A Comissão deve pegar as informações fiscais e patrimoniais obtidas de determinado período (dentro do prazo prescricional) e fazer um fluxo de caixa e buscar, então, identificar a situação de 4 (quatro) indicadores: Valor Disponível (VD); Valor Patrimonial a Descoberto (VPD); Quociente de Movimentação Financeira (QMF) e Saldos Não Justificados (SNJ).

Por esse método, é preciso, primeiro, somar todos os rendimentos líquidos de qualquer natureza auferidos, tributáveis ou isentos, mesmo que não declarados, decorrentes do trabalho ou da alienação de bens ou direitos, desde que justificada a relação jurídica geradora de tal renda (exercício de atividade privada lícita fora dos horários de expediente, participação nos lucros de empresas, o recebimento de

---

31. Em que pese a existência desses dois tipos de métodos, pode ocorrer migração de um método para o outro (seja na mesma fase, seja na passagem da fase de admissibilidade para o processo disciplinar), ou ainda a utilização dos dois métodos em conjunto.

empréstimos, heranças ou doações, pagamentos de dívidas de terceiros, o resgate de investimentos financeiros, a aplicação em mercados como o de ações etc.), referentes à agente público, cônjuge ou companheiro e aos dependentes.

O segundo passo é somar todos os gastos declarados ou identificados (incluindo compras de bens ou direitos, gastos realizados a título de despesas com tributos, guarda, manutenção, conservação e demais gastos indispensáveis à utilização desses bens, dispêndios necessários com educação, saúde, moradia e lazer, pagamentos efetuados a terceiros, quitação de dívidas, gastos com cartões de créditos, doações e empréstimos concedidos).

Passo seguinte é somar a variação patrimonial anual (bens e direitos – dívidas). Neste momento, cabe à Comissão ter o cuidado de colocar anualmente toda a modificação dos valores dos bens. Por exemplo, um imóvel adquirido por R$ 100.000,00 em 2012, porém mediante financiamento ao longo de 5 anos (R$ 20.000,00 por ano), deve ser contabilizado apenas com o valor efetivamente pago no ano ou deve ser contabilizado o valor total contratado e o valor do financiamento contratado.

É preciso realizar, em seguida, um planilhamento contábil, pormenorizado e detalhado em um fluxo de caixa, a fim de verificar se, em determinado ano de aferição (ou em qualquer outro período de aferição), as aplicações (despesas) superam os valores de todas as origens conhecidas e justificadas (receitas).

Em muitos períodos de aferição, o resultado pode demonstrar valores positivos (maiores que zero), justamente por não ser possível resgatar a totalidade de aplicações de recursos (gastos) de cada período. Por exemplo, nem sempre é possível identificar todos os gastos não informados nas Declarações de Ajuste do Imposto de Renda: contas de telefone, luz, água, gás e outros; gastos com alimentação; gastos com lazer e vestuário; gastos com combustíveis e manutenção de automóveis; pagamento de condomínio, aluguel etc.; pagamento de empregados e serviços prestados; pagamento de impostos e contribuições etc.

De toda forma, esse método do fluxo de caixa serve para verificar se o *Valor Disponível* é suficiente para atender a tais despesas consideradas ordinárias de todo homem médio.

Se, após a elaboração do fluxo de caixa, o valor disponível que sobra é irrisório, tem-se aí um indicador de rendimentos não declarados pelo agente, o que poderá merecer um aprofundamento na análise. Quando o *Valor Disponível* é negativo e, portanto, há *Valor Patrimonial a Descoberto (VPD)*, isso aponta de forma ainda mais grave para a existência de rendimentos não declarados pelo agente.

Importante destacar que, mesmo havendo um Valor Disponível positivo, ao final de cada período, esse valor fica apenas ficticiamente "solto" e "desvinculado". Em uma visão superficial, este resultado positivo do total de origens (receitas) subtraído do total de aplicações (despesas) poderia, equivocadamente, ser entendido como uma suposta "sobra de recursos" ou "sobra líquida", a ser computada a favor do agente público para o próximo ano. Contudo, tais sobras indicam apenas eventual parcela das aquisições de bens ou realizações de despesas que não foram computadas no cálculo patrimonial, em virtude da simples impossibilidade de, por este método, identificar a integralidade das aplicações, pois nem mesmo uma varredura completa de sistemas e circularizações externas seria suficiente para identificar a integralidade dos gastos do agente público.

Pressupõe-se, portanto, que os recursos financeiros de alguém em determinado ano ou é transformado em patrimônio (inclusive como saldo financeiro em conta bancária ou mesmo em espécie a ser "guardado no colchão") ou é transformado em gasto (declarado ou não declarado). Se o agente público não comprovar que foi transformado em patrimônio, pressupõe-se que o valor foi completamente gasto com despesas correntes.

Por fim, quando a movimentação financeira é maior do que o valor da soma de todas as origens conhecidas e justificadas é sinal de que, provavelmente, houve ingresso bancário de rendimento não declarado pelo agente (e que possa estar ocorrendo ocultação deliberada da origem de recursos). O *Quoeficiente de Movimentação Financeira* é a relação entre tais valores. O *Saldo Não Justificado* é exatamente o valor a maior não comprovado.

Contudo, a movimentação financeira incompatível traduz-se apenas em indício daquela suposta ocultação ilícita e requer, para fim de comprovação, que se acessem os dados protegidos por sigilo bancário a fim de se verificar se aquela tramitação de valores pela conta bancária decorre efetivamente de depósitos bancários de origem não comprovada que façam presumir a ocultação de origens.

Havendo, então, um saldo injustificado, torna-se recomendável, se for necessário para fins da investigação, solicitar autorização judicial para ter acesso às informações bancárias do agente público[32].

Importante destacar que a movimentação financeira deve levar em consideração apenas a renda do agente público, pois não pode comparar os créditos bancários do agente público com as rendas somadas também do cônjuge e dependentes. Caso contrário, deveria pressupor que toda a renda do cônjuge deveria ingressar na conta bancária do agente público, o que não deve ser o caso.

Neste ponto, é válido destacar um julgado do Superior Tribunal de Justiça em que ficou evidenciado que tal método foi utilizado para demissão administrativa de um agente público e, posteriormente, chancelado judicialmente:

> 1. Trata-se de Mandado de Segurança contra ato do Ministro de Estado da Justiça que *cassou a aposentadoria* do impetrante, Agente da Polícia Federal, pelas infrações disciplinares previstas nos arts. 132, IV ("improbidade administrativa"), da Lei 8.112/1990 e *9°, VII* ("adquirir, para si ou para

---

32. De forma geral, a metodologia do fluxo de caixa não necessariamente requer a entrega de extratos bancários por parte do servidor ou decretação judicial da quebra do seu sigilo bancário (obviamente, sem prejuízo de, por vezes, ter a espontânea oferta pelo servidor ou se obter o provimento judicial).

outrem, no exercício de mandato, cargo, emprego ou função pública, bens de qualquer natureza cujo valor seja desproporcional à evolução do patrimônio ou à renda do agente público"), da Lei 8.429/1992. 2. A autoridade impetrada apurou que *o impetrante movimentou, entre 2002 e 2006, um total de R$ 271.067,76 (atualizado pelo IGPM até 30.11.2018: R$ 647.139,00), valor acima de seus vencimentos líquidos como servidor público.*

(...)

4. Segundo a improbidade prevista no art. 9º, VII, da LIA *não se exige que o acréscimo patrimonial injustificado tenha como causa desvio funcional do agente público.*

5. O mencionado dispositivo considera improbidade administrativa a conduta genericamente dolosa do agente público de *aumentar o patrimônio pessoal sem justificativa legal para tanto, independentemente de sua origem ser por desvio funcional ou qualquer outro tipo de atividade.*

6. "A improbidade administrativa consistente em o servidor público amealhar patrimônio a descoberto independe da prova de relação direta entre aquilo que é ilicitamente feito pelo servidor no desempenho do cargo e seu patrimônio a descoberto. *Espécie de improbidade em que basta que o patrimônio a descoberto tenha sido amealhado em época em que o servidor exerce cargo público*" (MS 20.765/DF, Rel. Ministro Benedito Gonçalves, Primeira Seção, DJe 14.2.2017). No mesmo sentido: MS 18.460/DF, Rel. Ministro Napoleão Nunes Maia Filho, Rel. p/ Acórdão Ministro Mauro Campbell Marques, Primeira Seção, DJe 02.04.2014; MS 21.084/DF, Rel. Ministro Mauro Campbell Marques, Primeira Seção, DJe 1º.12.2016; MS 19.782/DF, Rel. Ministro Mauro Campbell Marques, Primeira Seção, DJe 6.4.2016; AgRg no AREsp 768.394/MG, Rel. Ministro Mauro Campbell Marques, Segunda Turma, DJe 13.11.2015; AgRg no REsp 1.400.571/PR, Rel. Ministro Olindo Menezes (Desembargador convocado do TRF 1ª Região), Primeira Turma, DJe 13.10.2015; MS 12.660/DF, Rel. Ministra Marilza Maynard (Desembargadora convocada do TJ/SE), Terceira Seção, DJe 22.08.2014; e MS 12.536/DF, Rel. Ministra Laurita Vaz, Terceira Seção, DJe 26.09.2008.

7. Não há, portanto, no fato típico ímprobo a imposição de que a origem do incremento patrimonial esteja relacionada com desvios no exercício do cargo, o que denota que a hipótese legal considera o simples ato genericamente doloso de *ostentar patrimônio incompatível com a renda auferida e não justificado legalmente* como ato grave violador do princípio da moralidade administrativa.

Ônus da prova da licitude do patrimônio a descoberto.

8. A compreensão sedimentada no STJ, relativa ao ônus da prova da licitude do incremento patrimonial, é de que, *demonstrada pelo Estado-acusador riqueza incompatível com a renda do servidor, a incumbência de provar a fonte legítima do aumento do patrimônio é do acusado, e não da Administração.*

9. "A jurisprudência deste Superior Tribunal é no sentido de que em matéria de enriquecimento ilícito, *cabe à Administração comprovar o incremento patrimonial significativo e incompatível com as fontes de renda do servidor. Por outro lado, é do servidor acusado o ônus de demonstrar a licitude da evolução patrimonial constatada pela administração, sob pena de configuração de improbidade administrativa por enriquecimento ilícito*" (MS 20.765/DF, Rel. Ministro Benedito Gonçalves, Primeira Seção, DJe 14.02.2017). Com a mesma compreensão: MS 18.460/DF, Rel. Ministro Rel. Ministro Napoleão Nunes Maia Filho, Rel. p/ Acórdão Ministro Mauro Campbell Marques, Primeira Seção, DJe 02.04.2014; MS 21.084/DF, Rel. Ministro Mauro Campbell Marques, Primeira Seção, DJe 1º.12.2016; MS 19.782/DF, Rel. Ministro Mauro Campbell Marques, Primeira Seção, DJe 06.04.2016; AgRg no AREsp 548.901/RJ, Rel. Ministra Assusete Magalhães, Segunda Turma, DJe 23.2.2016; MS 13.142/DF, Rel. Ministro Humberto Martins, Primeira Seção, DJe 04.08.2015; MS 12.660/DF, Rel. Ministra Marilza Maynard (Desembargadora convocada do TJ/SE), Terceira Seção, DJe 22.08.2014; e AgRg no AREsp 187.235/RJ, Rel. Ministro Arnaldo Esteves Lima, Primeira Turma, DJe 16.10.2012.

Subsunção da conduta ao tipo infracional.

10. Uma vez pavimentada a base jurídica para apreciação do caso, constata-se que *o impetrante não apresenta fundamentos contrários à constatação de que o patrimônio é incompatível com a sua renda.*

11. Segundo consta no relatório da Comissão Processante (fl. 573): "Embora a Portaria, fl. 02, tenha delimitado movimentação financeira no ano de 2003, nos moldes do demonstrativo de CPMF fornecido pela Receita Federal, o Colegiado possivelmente na tentativa de construir um juízo abrangente dos fatos que envolveram o servidor indiciado, procedeu a análise financeira dos anos de 2002, fls. 395/396; 2003, fls. 396/397; 2004, fls. 397/398; 2005, fls. 399/400; e 2006, fls. 400/401, e ao final constatou que no período analisado neste apuratório (anos de 2002 a 2006). O APF Celso Renato Inhan *apresentou uma movimentação financeira em conta corrente a maior do que os seus rendimentos*

líquidos percebidos no montante de R$ 271.067,76 (duzentos e setenta e um mil e sessenta e sete reais e setenta e seis centavos)".

12. De acordo com o relato pormenorizado das fls. 523-531/e-STJ, *o patrimônio a descoberto pode ser assim sintetizado*: a) Vencimento líquido recebido em 2002 pelo servidor: R$ 44.987,39; Movimentação total do servidor em 2002: R$ 98.942,03; Diferença sem origem de renda: R$ 53.954,64 (atualizado pelo IGPM até 30/11/2018: R$ 147.823,00). b) Vencimento líquido recebido em 2003 pelo servidor: R$ 40.851,98; Movimentação total do servidor em 2003: R$ 165.644,58; Diferença sem origem de renda: R$ 124.792,60 (atualizado pelo IGPM até 30/11/2018: R$ 305.043,00). c) Vencimento líquido recebido em 2004 pelo servidor: R$ 42.312,82; Movimentação total do servidor em 2004: R$ 68.476,18; Diferença sem origem de renda: R$ 26.163,36 (atualizado pelo IGPM até 30/11/2018: R$ 56.961,00). d) Vencimento líquido recebido em 2005 pelo servidor: R$ 41.925,99; Movimentação total do servidor em 2005: R$ 53.439,42; Diferença sem origem de renda: R$ 11.513,43 (atualizado pelo IGPM até 30/11/2018: R$ 24.584,00). e) Vencimento líquido recebido em 2006 pelo servidor: R$ 46.124,64; Movimentação total do servidor em 2006: R$ 100.768,37; Diferença sem origem de renda: R$ 54.643,73 (atualizado pelo IGPM até 30/11/2018: R$ 112.728,00).

13. Assim, o impetrante recebeu como rendimentos líquidos de seu cargo público entre 2002 e 2006 R$ 216.112,82. Constatou-se, porém, movimentação acima desse valor em R$ 271.067,76 (atualizado pelo IGPM até 30.11.2018: R$ 647.139,00).

14. *O impetrante alegou que a movimentação bancária atípica decorreu da cessão do uso de sua conta-corrente para sua esposa, já que ela estaria com problemas de crédito. No entanto, sua tese não se comprovou no procedimento disciplinar*, nem é objeto da inicial do presente Mandado de Segurança.

15. Com efeito, *demonstrado pela autoridade impetrada o incremento patrimonial genericamente doloso do impetrante acima de sua renda como servidor público e não havendo comprovação pelo acusado da origem lícita de tais recursos, está correto o enquadramento no ato infracional como improbidade administrativa* (art. 132, IV, da Lei 8.112/1990), conforme tipificado no 9º, VII ("adquirir, para si ou para outrem, no exercício de mandato, cargo, emprego ou função pública, bens de qualquer natureza cujo valor seja desproporcional à evolução do patrimônio ou à renda do agente público"), da Lei 8.429/1992.

(Mandado de Segurança 21.708 – DF (2015/0078709-0) – Relator: Ministro Napoleão Nunes Maia Filho rel. p/acórdão Ministro Herman Benjamin).

Nesse processo, o Min. Herman Benjamin julgou um ato do Ministro da Justiça que cassou a aposentadoria de um agente público, agente da Polícia Federal, porque ele, em cinco anos, teve um enriquecimento de R$ 271 mil acima dos vencimentos

líquidos como agente público. E, nesse caso concreto, o Ministro deixou claro que não se exige que o acréscimo patrimonial justificado tenha como causa um desvio funcional. Entendeu o Ministro, em sua decisão, que, demonstrada pela Administração Pública a desproporcionalidade, a incumbência de provar a fonte legítima do aumento do patrimônio passa a ser do acusado e não da Administração. O Ministro até explica que o impetrante (agente público demitido) não apresentou fundamentos contrários à constatação estatal de que o patrimônio era incompatível com sua renda. Consta na decisão que o impetrante alegou que a movimentação bancária atípica decorreu da cessão do uso de sua conta corrente para a sua esposa, já que ela estaria com problemas de crédito. Só que ele não conseguiu provar isso. Então o Ministro do STJ manteve a decisão do Ministro da Justiça que demitiu esse agente público, pois entendeu que havia ali realmente a demonstração de desproporcionalidade e que o agente público não conseguiu apresentar provas contrárias a isso.

6.2 Método de rastreio patrimonial

Pelo *método de rastreio patrimonial*, a Comissão deve buscar encontrar três tipos de situações:

1ª) pela ótica das aplicações, deve identificar a aquisição de um bem ou de alguns poucos bens não respaldados em uma origem conhecida. Então pode ocorrer, por exemplo, de um agente público adquirir um imóvel com o valor de R$ 5 milhões e não demonstrar a origem (inclusive bancária) desse valor.

2ª) ainda pela ótica das aplicações, deve buscar a realização de uma ou de poucas despesas não lastreadas em origens bancárias identificadas. Por exemplo, o agente público pode pagar os seus boletos de despesas pessoais por uma outra via que não a via bancária e, então, ele tem que demonstrar a origem desses recursos.

3ª) pela ótica das origens, buscar depósito(s) de origem não identificada (desde que dispondo de dados protegidos por sigilo bancário).

Como regra, este procedimento requer a entrega espontânea de extratos bancários por parte do agente público ou a decretação judicial da quebra do seu sigilo bancário ou, ainda, o compartilhamento das informações bancárias obtidas pelo Ministério Público.

De posse dos dados reveladores das movimentações bancárias, caso se identifique depósito na conta bancária do agente público que não tenha origem comprovada que o justifique, deve-se intimar o agente público para que apresente a comprovação da respectiva origem. Na ausência de tal comprovação, configura-se de imediato o Valor Patrimonial a Descoberto (VPD), no exato valor do depósito bancário de origem não comprovada. Importante que o depósito bancário seja bastante e suficiente para afastar a situação de regularidade patrimonial, dispensando exaustivo planilhamento de origens e de aplicações. Assim, um depósito pequeno não deve ser levado em consideração, mas se alguém deposita um grande valor na conta do agente público (comparado ao valor de sua remuneração), é lógico que será preciso saber qual é a origem desse valor.

Importante destacar que o método de rastreio patrimonial pressupõe que todas as entradas de recursos do agente público se transformam em saldos, dos quais, na mesma data ou em data posterior, saem efetivamente os recursos para as aplicações. Tal método busca a identificação da origem ou das origens dos diferentes saldos bancários ou financeiros, de onde, na mesma data ou em data posterior das entradas, saem saques em moeda, cheques, transferências bancárias, compras por cartões de crédito e diversas outras espécies de operações financeiras a ampararem, efetivamente, as aquisições de bens e as realizações de despesas. Busca-se verificar, assim, o caminho percorrido por este recurso, desde sua entrada da fonte pagadora até sua saída para aquisição de bens ou para realização de despesas.

Evidentemente, tal método também pressupõe que exista uma operação de intermediação por meio da tramitação dos recursos financeiros em uma instituição financeira, desconsiderando hipóteses menos comuns de trânsito de dinheiro em espécie à margem do sistema bancário – o que, por si só, também já permitiria questionar o motivo de o agente público não utilizar o sistema bancário para movimentação de recursos próprios e, supostamente, legítimos. Em casos tais, passa a ser dever o agente público adotar maiores níveis de cuidados a fim de se resguardar e, em caso de necessidade, de comprovar a legitimidade de sua situação patrimonial e da movimentação de altos valores em espécie, se vier a ser questionado.

6.3 Análise comparativa

O método do fluxo de caixa permite uma varredura em todos os dados declarados e encontráveis em sistemas informatizados internos e em demais informações possíveis de serem obtidas por meio de circularizações de fontes externas, contrapondo as receitas e as aquisições ou despesas em geral, de modo a chegar no Valor Patrimonial a Descoberto (VPD) global e/ou no Saldo Não Justificado (SNJ). Contudo, o método do fluxo não permite uma conexão direta entre a conclusão da existência de um Valor Patrimonial a Descoberto e a causa exata do descompasso patrimonial já que não se identifica qual aplicação específica acarretou a desproporção patrimonial por não possuir origem que a suporte.

Já no método do rastreio patrimonial, não é preciso realizar essa varredura em todos os dados. Esse método permite individualizar que o Valor Patrimonial a Descoberto (VPD) encontrado decorreu de determinada aplicação sem origem correspondente (ou seja, decorreu de determinada aquisição ou de determinada despesa não lastreada em origens que a justifiquem) ou decorreu de determinada origem não identificada (um depósito bancário, para citar um exemplo mais comum). Além disso, tal método dispensa o planilhamento de uma série de informações que não possuem efetiva relevância por refletirem, em muitos casos, apenas as movimentações de recursos que possuem lastro e/ou se justificam entre si.

No método do fluxo de caixa, os indicadores são, por definição, apenas indicativos, não devendo ser tomados de forma conclusiva e devendo ser ponderados de acordo com o caso concreto e com as provas obtidas. Esse método também é de execução demorada e por vezes de difícil conclusão (podendo, em determinados casos, sobretudo quando a defesa não contribui, apresentar certa ineficiência na ponderação entre precisão e prazo de execução).

Ademais, é impossível, por tudo isso, analisar todas as entradas e saídas de recursos financeiros e reconstruir todo o fluxo financeiro de um agente público nos últimos cinco anos, às vezes até mais. Por vários motivos:

(a) há dificuldade na obtenção de elementos que indiquem com precisão todos os ativos e passivos;

(b) não é fácil ter acesso direto a informações fiscais de cônjuges, dependentes e sociedades empresárias (mesmo em relação à participação societária do agente público);

(c) é impossível a identificação e mapeamento de operações em espécie;

(d) não é fácil identificar e realizar o mapeamento de contas bancárias no exterior, principalmente se ele estiver lavando dinheiro e recebendo por doleiro (dificilmente vai aparecer algum indício na conta bancária dele de informação sobre a conta no exterior);

(e) uso de simulação, triangularização, utilização de esquema de lavagem de dinheiro, de pessoas interpostas ("testas-de-ferro" e "laranjas") e de membros da família para ocultar a aquisição de vantagens econômicas indevidas etc.;

(f) declaração de bens com valores abaixo do valor real.

Não são poucas as dificuldades enfrentadas em uma análise patrimonial pelo método do fluxo de caixa.

Por outro lado, o método do rastreio patrimonial pode não ser útil quando o enriquecimento não decorre de uma aquisição de bens móveis ou imóveis de fácil constatação, ou, ainda, quando não é possível obter as informações bancárias sobre a movimentação bancária do agente público. Por vezes, é possível que o método do rastreio não enxergue um valor desproporcional, tendo em vista que uma análise patrimonial por tal método dependerá, em muito, de uma visão do todo, o que somente o método do fluxo de caixa permite.

Por tal razão, é muito comum que uma análise patrimonial se inicie pelo método do fluxo de caixa e termine pelo método do rastreio patrimonial ou quem ambos sejam utilizados conjuntamente.

7. CONCLUSÃO

Havendo elementos probatórios suficientes para demonstrar uma evolução patrimonial incompatível por parte do agente público, a comissão da sindicância patrimonial deverá opinar pela *instauração de processo administrativo disciplinar* ou, em caso negativo, pelo *arquivamento da sindicância patrimonial*, o que deverá ser comunicado ao agente público.

No curso do processo disciplinar, sob manto contraditório, em novo exercício de livre valoração probatória, a nova comissão processante pode simplesmente referendar todo trabalho investigativo ou pode aprofundá-lo dentro do mesmo método ou, ainda, empregando outro método de detecção de enriquecimento, para, ao final, decidir sobre a imputação de ato de improbidade administrativa por enriquecimento ilícito em decorrência de acréscimo patrimonial (incluindo o recebimento de recursos) sem causa conhecida ou explicação plausível e razoável, podendo culminar na demissão do agente público processado[33].

É preciso ficar claro que não é ilegal o agente público acumular riqueza, desde que proveniente de negócios e fontes lícitos. O que todo agente público tem de saber é que sempre terá o ônus de, ao longo de sua vida funcional, *demonstrar a licitude da eventual evolução de seu patrimônio*. Se os acréscimos forem efetivamente lícitos, nenhuma dificuldade enfrentará o funcionário em fazê-lo.

Pode ocorrer de a origem dos recursos não ser permitida (por exemplo, advindo de uma atividade privada não permitida pelo estatuto da instituição) ou ser ilícita (por exemplo, advindo de corrupção, contrabando, tráfico de drogas). Em tais casos, o fundamento para eventual sanção seria outro. Ainda poderia resultar em demissão, mas não em razão de um enriquecimento ilícito presumido.

Também não se deve também confundir a conduta do agente público como cidadão/contribuinte com sua atuação no cargo público. Poderá haver infrações tributárias, ou até mesmo erros nas informações prestadas aos órgãos fiscais, que não implicarão patrimônio a descoberto, estando, portanto, fora do escopo da análise patrimonial. Dessa forma, a Comissão deve estar muito atenta para situações em que há mera infração tributária ou simples erro de preenchimento, evitando indevida imputação de irregularidades administrativo-disciplinares.

É verdade que uma análise patrimonial pode causar uma exposição da privacidade dos agentes públicos submetidos à investigação pelo menos entre o agente público e os membros da Comissão Processante[34], expondo relações privadas que podem não ser proibidas no serviço público nem ter objeto relacionado a corrupção,

---

33. O enriquecimento ilícito deverá ser subsumido às transgressões previstas no regulamento disciplinar a que o servidor esteja subordinado. Por exemplo, o regime jurídico dos servidores públicos civis da União, das autarquias e das funções públicas federais prevê a improbidade administrativa como sendo causa de demissão, como dispõe o artigo 132, inciso IV, da Lei 8.112/1990. No entanto, mesmo que não houvesse essa previsão, a conduta considerada ímproba, por certo, encontraria arrimo em outras hipóteses de transgressões passível da pena de demissão, pois o agente público que se enriquece ilicitamente afronta os deveres funcionais de boa conduta, honestidade e lealdade para com a instituição estatal a que pertence.
34. Logicamente, o órgão de controle deve manter o sigilo das investigações perante terceiros, mas é evidente que há uma exposição entre o agente público e os membros da Comissão.

mas que pode causar constrangimento (ex.: gastos com amantes, prostituição, jogos de azar etc.).

Porém, deve ficar claro que não há nenhuma ilegalidade ou quebra da segurança jurídica ou imposição de indevido ônus ou mesmo abuso de poder quando os membros da Comissão Processante intimam o agente público investigado a comprovar a licitude de sua situação patrimonial. A Lei de Improbidade impõe esta responsabilidade a todo agente público.

É preciso reconhecer, todavia, que os órgãos da Administração Pública nem sempre estão tecnicamente preparados para desenvolver uma investigação patrimonial. Há também dificuldade de obtenção de acesso a dados e sistemas que poderiam permitir uma leitura mais fácil dos bens e receitas. Não é um trabalho fácil.

Mesmo com todas essas dificuldades, os órgãos de controle da Administração Pública devem implementar e/ou aprimorar os procedimentos de investigação patrimonial diante de indícios de enriquecimento ilícito de seus agentes públicos[35]. E desde que embasados em indícios adequados, deve a Administração Pública perseverar em obter as informações que possam, na medida do possível, identificar a legitimidade, ou não, da evolução patrimonial do seu agente público. Trata-se de uma ferramenta imprescindível para o combate à corrupção no setor público, provocada pelo próprio órgão correicional da Administração Pública, que nem sempre pode aguardar pela atuação eficiente da Advocacia Pública ou do Ministério Público.

8. REFERÊNCIAS

BRASIL. *Decreto Federal 5.483, de 30 de junho de 2005*. Regulamenta, no âmbito do Poder Executivo Federal, o art. 13 da Lei 8.429, de 2 de junho de 1992, institui a sindicância patrimonial e dá outras providências. Brasília: Casa Civil, [2005].

BRASIL. *Decreto Federal 10.571, de 9 de dezembro de 2020.* Dispõe sobre a apresentação e a análise das declarações de bens e de situações que possam gerar conflito de interesses por agentes públicos civis da administração pública federal. Brasília: Secretaria-Geral Subchefia para Assuntos Jurídicos, [2020].

BRASIL. *Instrução Normativa RFB 811, de 28 de janeiro de 2008.* Institui a Declaração de Informações sobre Movimentação Financeira (Dimof) e dá outras providências. Diário Oficial da União, 29 jan. 2008, p. 23.

BRASIL. *Instrução Normativa RBF 1571, de 2 de julho de 2015*. Dispõe sobre a obrigatoriedade de prestação de informações relativas às operações financeiras de interesse da Secretaria da Receita Federal do Brasil (RFB). Diário Oficial da União, 3 jul. 2015, seção 1, p. 32.

BRASIL. *Lei 8.112, de 11 de dezembro de 1990*. Dispõe sobre o regime jurídico dos servidores públicos civis da União, das autarquias e das fundações públicas federais. Brasília: Casa Civil, [1990].

---

35. Deve-se ressaltar que a sindicância patrimonial e o processo administrativo disciplinar voltados a perquirir o lastro patrimonial do servidor não se confundem com a apuração do ato de improbidade administrativa levada a efeito em sede de ação de improbidade. Por certo, uma apuração poderá subsidiar a outra, resguardando-se a independência entre as instâncias.

BRASIL. *Lei 8.429, de 2 de junho de 1992*. Dispõe sobre as sanções aplicáveis aos agentes públicos nos casos de enriquecimento ilícito no exercício de mandato, cargo, emprego ou função na administração pública direta, indireta ou fundacional e dá outras providências. Rio de Janeiro: Casa Civil, [1992].

BRASIL. *Lei federal 8.730, de 10 de novembro de 1993*. Estabelece a obrigatoriedade da declaração de bens e rendas para o exercício de cargos, empregos e funções nos Poderes Executivo, Legislativo e Judiciário, e dá outras providências. Brasília: Casa Civil, [1993].

BRASIL. Portaria Controladoria-Geral da União 335, de 30 de maio de 2006 [revogada]. Regulamenta o Sistema de Correição do Poder Executivo Federal, de que trata o Decreto 5.480, de 30 de junho de 2005. Data do documento: 30 maio 2006. Disponível em: https://repositorio.cgu.gov.br/handle/1/33648.

BRASIL. Superior Tribunal de Justiça. *Mandado de Segurança 12.828/DF*. Rel. Min. Mauro Campbell Marques, Primeira Seção, julgado em 09.03.2016.

BRASIL. Supremo Tribunal Federal. *Recurso em Mandado de Segurança 33.666*. Recurso Ordinário em Mandado de Segurança. Constitucional e Administrativo. Processo Administrativo Disciplinar pena de demissão. Ato de improbidade administrativa. Excesso de prazo para a instrução do PAD. Não ocorrência. Nova instrução processual após o relatório da comissão processante. Possibilidade. Ausência de coisa julgada administrativa. Descrição adequada dos fatos. Ausência de cerceamento de defesa. Ampla defesa garantida. Proporcionalidade da pena de demissão. Recurso Ordinário a que se nega provimento. Relator: Ministro Marco Aurelio, Primeira Turma, julgado em 31/05/2016.

RIO DE JANEIRO. *Agravo de Instrumento 2012.02.01.017872-5/RJ*. Tribunal Regional Federal da 2ª Região. Trata-se de agravo de instrumento, com pedido de efeito suspensivo ativo, interposto por Walter Winkler, Auditor Fiscal da Receita Federal do Brasil, contra decisão interlocutória proferida pelo juízo da 32ª Vara Federal da Seção Judiciária do Rio de Janeiro em ação ordinária ajuizada contra a UNIÃO FEDERAL. Esta decisão indeferiu liminarmente o pedido de suspensão do Processo Administrativo Disciplinar (PAD) 10768.006796/2009-32 (que apurava eventual incompatibilidade patrimonial do agente público com a remuneração pública auferida) enquanto dele constassem informações do Autor sujeitas a sigilo fiscal. Relator: Desembargador Federal Marcus Abraham, DJe de 12.04.2013.

RIO DE JANEIRO. Decreto 42.553, de 15 de julho de 2010. Regulamenta, no âmbito do Poder Executivo Estadual, o art. 13 da Lei 8.429, de 02 de junho de 1992, institui a sindicância patrimonial e dá outras providências. *Diário Oficial [do] Estado do Rio de Janeiro*: parte 1: Poder Executivo, Rio de Janeiro, n. 128, 19 jul. 2010.

RIO DE JANEIRO. Decreto Estadual 43.483, de 27 de fevereiro de 2012. Dispõe sobre a sindicância patrimonial de servidores da polícia civil, da polícia militar, no âmbito do Poder Executivo Estadual, nos casos de evolução patrimonial incompatível com os recursos que auferem em razão do cargo e disponibilidades que compõem seu patrimônio, e dá outras providências. *Diário Oficial [do] Estado do Rio de Janeiro*: parte 1: Poder Executivo, Rio de Janeiro, n. 38, 28 fev. 2012.

RIO DE JANEIRO. Decreto 46.364, de 17 de julho de 2018. Institui o sistema de controle de bens patrimoniais dos agentes públicos – SISPATRI, como sistema oficial para a entrega de declaração eletrônica de bens e valores pelos agentes públicos do Poder Executivo Estadual. *Diário Oficial [do] Estado do Rio de Janeiro*: parte 1: Poder Executivo, Rio de Janeiro, n. 129, 18 jul. 2018.

REFLEXÕES SOBRE O PAPEL DA ADMINISTRAÇÃO PÚBLICA COMO INDUTORA DA ÉTICA NO ESTADO DO RIO DE JANEIRO

Antonio Carlos Vasconcellos Nóbrega

Conselheiro da Comissão de Ética Pública da Presidência da República. Advogado e Professor no IBMEC. Foi Corregedor-Geral da União, Conselheiro do COAF e Assessor Especial na CGE-RJ. Mestre em Direito.

Sumário: 1. Introdução – 2. A ideia e o paradigma da ética em organizações públicas e seu fomento em ambiente privado – 3. A legislação do Estado do Rio de Janeiro como ferramenta de promoção da ética – 4. Conclusão – 5. Referências.

1. INTRODUÇÃO

Em cenários e conjunturas sociais e históricas em que seja reconhecida e lamentavelmente evidenciada a existência de uma cultura de impunidade, e uma consequente propensão para que agentes públicos e privados venham a se envolver na prática de atos ilícitos, é certo que o exercício e a promoção de princípios e valores éticos tornam-se, mais que oportunos, uma ferramenta indispensável para a concretização de mudanças positivas que são esperadas pela sociedade.

É indiscutível que o Brasil, e notadamente o Estado do Rio de Janeiro, vem passando por um período intenso e complexo, marcado pela presença de sofisticados casos de corrupção que têm vindo a público nos últimos anos, e que expuseram os nocivos efeitos advindos dessa prática para o ambiente de negócios e para as políticas sociais, especialmente para as camadas menos favorecidas da população.

Muito embora o registro de notícias sobre comportamentos patrimonialistas, clientelismo e desvios de recursos esteja presente em nossa história desde a época do império, é inegável que os eventos vistos e notados na última década têm motivado, ou exigido, um debate mais aprofundado do assunto.

O amplo acesso a mídias sociais, a maior transparência na atividade pública em todas as esferas de poder e níveis de governo, somados aos próprios avanços em políticas de educação e na capacidade crítica de determinados estratos da população, permitiram um amadurecimento para a melhor compreensão do tema, bem como para que o debate avançasse no campo legislativo e em ambiente acadêmico.

Por tudo isso, os custos da corrupção passaram a estar mais visíveis e facilmente percebidos pela sociedade civil e pelos mais variados segmentos corporativos. Dentre as consequências indesejadas, que repetida e notoriamente podem vir a sacrificar o País, citam-se: a baixa qualidade de obras e serviços públicos, aumento dos custos de transação, falta de competitividade e de incentivos à inovação para as empresas, procedimentos licitatórios injustos, ineficiência dos agentes econômicos, danos ao meio ambiente e investimentos insuficientes em educação e cultura.

Mas, felizmente, em resposta aos desafios de todo esse quadro, de inequívoca necessidade da promoção de mudanças estruturais, o País tem registrado alguns avanços relevantes no campo normativo, tanto em nível legal como infralegal, com o advento de um robusto conjunto de normas destinadas a promover boas práticas em órgãos públicos e no setor privado e reprimir casos de corrupção. Como exemplo, podemos citar a Lei de Acesso à Informação (Lei 12.527, de 18 de novembro de 2011), a Lei de Conflito de Interesses (Lei 12,813, de 16 de maio de 2013), Lei Anticorrupção (Lei 12.846, de 1º de agosto de 2013), Lei das Estatais (Lei 13.303, de 30 de junho de 2016), Lei das Organizações Criminosas (Lei 12.850, de 2 agosto de 2013) e o Pacote Anticrime (Lei 13.964, de 24 de dezembro de 2019).

Contudo, alterações substanciais no arcabouço jurídico vigente, ainda que acompanhadas por avanços em políticas de prevenção em órgãos e entidades de natureza pública e de um debate mais intenso no campo social, não são suficientes para alterar determinadas práticas e costumes enraizados há décadas (séculos?) na diversidade cultural do Brasil. A letra fria e distante da lei coloca-se unicamente no plano abstrato e, para que a norma alcance seus objetivos – os quais, muitas vezes, não são claros – torna-se essencial que se avance para além do adequado *enforcement* que decorra de regulação e de princípios, no sentido de uma efetiva mudança comportamental na sociedade.

E é nesse contexto que passa a ser desejada e esperada a criação de um cenário permeado por boas práticas no campo da moral e da probidade, que deve se apresentar em vários níveis das instituições sociais, empresariais e públicas, de modo a alcançar desde a educação básica e fundamental de todos, na singularidade da vida de cada cidadão, até as estruturas mais sofisticadas de empresas e de entes públicos.

O fomento e a valorização dos princípios inerentes ao conceito de ética são medidas necessárias nesse caminho e colocam-se, ao lado de diversas outras providências, como um mecanismo natural para que as engrenagens de mudança possam se mover na correta direção.

2. A IDEIA E O PARADIGMA DA ÉTICA EM ORGANIZAÇÕES PÚBLICAS E SEU FOMENTO EM AMBIENTE PRIVADO

A ética, vista e acolhida como valor universal e em sua acepção mais ampla, deve ser compreendida como um conjunto de princípios lastreados na ideia de bem comum, com fundamento nos valores de justiça, respeito e igualdade. Em uma dimensão reflexiva, a ética envolve o uso da razão instrumental para que seja determinado o que é ou não correto e adequado em determinado contexto fático e social.

Sob o ponto de vista conceitual e teórico, a ética busca a coerência e a reflexão sobre valores estudados no campo da filosofia e que se apresentam como desejados em uma sociedade. Valores que muitas vezes são dotados de elevada carga de abstração, mas que se identificam, universalmente, com princípios e regras de observância desejada pelos indivíduos.

Já no campo da realidade prática e concreta, a ética tem incidência sobre a própria conduta humana, de modo a aferir se o comportamento do indivíduo – ou de uma organização, estrutura – está em harmonia com valores e princípios universais. Nesta operação de análise e juízo de valor, podem ser considerados elementos circunstanciais, culturais, crenças etc., mas a noção de bem maior, fundamentado na justiça e no respeito ao próximo, não pode ser jamais apequenada ou afastada.

Ressalte-se que o correto, o adequado e o justo devem ser objetivamente evidenciados pela ação do agente. Mas é possível ir além e buscar a ética no próprio fundamento daquela conduta, de modo a verificar se este também se coaduna com os valores aqui ventilados. Neste passo, é oportuno fazer alusão à ideia de integridade, decorrência natural do conceito de ética ora discutido.

Com efeito, a virtude da integridade tem aspecto mais que concreto, e se configura como elemento a ser observado nas ações diárias de determinado indivíduo. Essa atuação do agente probo e íntegro deve resultar em condutas alinhadas com os valores éticos, em que se busque a certeza de se fazer a coisa certa e adequada, mas também pelos motivos corretos.

O vocábulo integridade pode ser compreendido como "algo inteiro", "sem divisões", "retidão". No plano perfeito e ideal, espera-se que o indivíduo íntegro paute suas condutas de acordo com valores éticos, e que a exteriorização desse comportamento esteja alinhada com as razões que o motivaram, mesmo que diante de pressões ou situações adversas.

Ademais, o resultado concreto de determinada ação humana constitui indispensável referência para, em conjunto com outros elementos circunstanciais, a aferição se determinada conduta é, sob o prisma objetivo, ética ou não, e se está presente a virtude da integridade.

Nunca é demais lembrar que a vida em uma sociedade equalitária, justa e pacífica depende, em grande medida, do exercício e prática diuturna da integridade nas ações cotidianas e da compreensão da ética em sua idealizada dimensão, com vistas a assegurar o bem da coletividade e o inescusável respeito ao próximo.

Repise-se que a ética – e, por consequência lógica, a virtude da integridade no plano concreto – tem fundamento em preceitos universais, intimamente vinculados à própria natureza e vocação humana para o convívio em sociedade. Diferentemente dos conceitos e ideias referentes à moral que decorra de regulamentação e particularização de costumes de grupos, que se ajustam a determinados contextos sociais e históricos, os princípios da ética universalmente aceita e praticada devem ser aplicáveis em todas as realidades e conjunturas.

Assim entendido, cabe perguntar como essas ideias e conceitos, universalizados pela aceitação da sociedade humana, projetam-se no debate sobre um ambiente mais probo e ético nas organizações e instituições públicas.

Neste passo, imperativo ressaltar que a própria natureza e vocação das funções públicas exercidas em todas as esferas de poder e níveis de governo evidenciam, de modo incontrastável, a necessidade da observância de valores virtuosos e justos, advindos do conceito puro de ética.

Os próprios estados modernos fundamentam, de forma expressa ou implícita, sua existência em pressupostos éticos irredutíveis – os diversos princípios e regras elencados no rol do art. 5º da Carta Magna evidenciam tal asserção –, de modo a justificar sua supremacia frente a determinadas liberdades individuais, com base em políticas e leis supostamente amparadas por critérios vinculados a esses valores.

Daí decorre, do texto constitucional, que a função administrativa, como desmembramento da organização política, deve ser regida e pautada pelos princípios alinhados com essa concepção de bem comum e proteção do coletivo, de modo que o interesse público se sobreponha a interesses privados. E são os princípios insculpidos na Constituição que asseguram, no plano normativo e abstrato, a observância dessa regra e a presença da ética estatuída como elemento norteador. Por exemplo, enquanto o princípio da impessoalidade garante que todos sejam tratados de forma igualitária pelo administrador público, a moralidade administrativa assegura uma conduta reta e honesta por parte desse agente, colocando os interesses da sociedade sempre em primeiro plano.

Não obstante apresentar-se a ética idealizada como um dos alicerces estruturantes da atuação da máquina estatal, na prática diária o Estado atua objetivamente por meio de agentes, indivíduos investidos, de modo precário ou não, em funções e cargos públicos, o que enseja as dificuldades que podem ser encontradas quando se traz à aplicação, no plano concreto, o elenco de conceitos e ideias puramente abstratas.

O ser humano é falível. E os valores universais que devem pautar uma desejada conduta integra e proba são carregados de subjetividade, com a representação de ideias propositadamente amplas, por um imperativo de abrangência, e que muitas vezes carecem de uma discussão que se afaste de uma acepção puramente conceitual. Neste cenário, a ética, praticada e exercida por cada indivíduo, precisa estar amparada em um sistema de integridade, com ferramentas que possam reforçar suas ideias e princípios.

Em um ambiente de natureza pública, regido por normas e regulamentos, onde a primazia do interesse do coletivo deve nortear as ações de seus agentes, e que se encontra constantemente sob os mais diversos tipos de pressão, interna e externa, é manifesta a necessidade da manutenção de mecanismos que assegurem o fomento e a promoção da virtude da integridade. Em sua essência, a simples ideia de "fazer o certo" deve estar presente no dia a dia da organização, com a utilização de mecanismos que orientem condutas moralmente adequadas por parte daqueles investidos em cargos públicos.

Mas não se circunscreve aí, ao espaço público, a necessidade da reflexão e da prática desses princípios que são moralmente aceitos e desejados. Também no espaço empresarial, a presença da ética, externalizada por ações adequadas e em harmonia com o conceito de bem comum, deve igualmente ser entendida como um fenômeno almejado. Mais que isto, como um dever, cujo descumprimento pode levar a consequências que têm sua gravidade normativamente prevista.

Conforme já exposto nos parágrafos anteriores, os custos sociais advindos da corrupção ganharam amplo destaque nas mais diversas mídias e instrumentos de comunicação nos últimos anos, permitindo um amplo debate sobre o tema. Assim, restou evidenciada a necessidade de que também no ambiente de negócios a virtude da integridade possa se constituir como paradigma indispensável no relacionamento da empresa com seus parceiros, concorrentes, empregados, setor público e população em geral. A ética empresarial, da mesma forma, deve manifestar-se no exercício da função social da empresa e na observância dos princípios atinentes à defesa do meio ambiente.

Todavia, ainda que sejam reconhecidos os notáveis benefícios oriundos da criação de uma cultura de ética no segmento empresarial, é razoável admitir que são muitas as razões que podem impedir a adoção de políticas mais consistentes de integridade, ou até mesmo, o que é ainda mais reprovável, estimular a prática de irregularidades. Concorrência desleal, bem como elevados custos para a manutenção dos negócios e relacionamentos habitualmente viciados entre agentes públicos e privados em certos segmentos, têm sido exemplos de alguns desses fatores.

Com vistas ao ideal de retidão, cristalizado no conceito de ética, é que se assume como salutar e oportuna a presença do Estado, por meio de sua função executiva, ou ainda que no plano abstrato com a produção de leis e normas, como indutor dessas boas práticas de integridade no setor privado. Essa atuação idealizada se concretiza na concessão pura e simples de um incentivo, direto ou indireto, para que empresas procurem aderir a práticas moralmente adequadas, até a repressão de irregularidades cometidas no ambiente de negócios ou na interação com o poder público.

E, para concluir a leitura e as considerações aqui propostas, é válido fazer comentários a um recente conjunto de normas que passou a vigorar no Estado do Rio de Janeiro, de modo a compreender e refletir sobre sua aptidão para gerar estímulos ao exercício dos conceitos universais de ética tais como são aqui apresentados.

3. A LEGISLAÇÃO DO ESTADO DO RIO DE JANEIRO COMO FERRAMENTA DE PROMOÇÃO DA ÉTICA

Conforme visto e apresentado nos parágrafos anteriores, presenciamos no Brasil, nos últimos anos, um significativo avanço legislativo, com o advento de normas destinadas a reprimir e prevenir atos de corrupção. E, considerada a estrutura da organização federativa do País, e a competência constitucional de todos os entes para legislar sobre determinados temas, é razoável admitir-se que estados e municípios, dentro dos limites de suas atribuições, também avançassem nessa temática.

No Estado do Rio de Janeiro, alguns diplomas legais e infralegais merecem registro nesta oportunidade, justamente em razão de seu efetivo potencial para promover uma cultura de integridade, transparência e ética no mercado empresarial e em ambiente público.

De início, é válida a referência à regulamentação da Lei Anticorrupção no Estado do Rio de Janeiro, realizada por meio do Decreto 46.366, de 19 de julho de 2018.

Pois bem, ao instituir um novo modelo de responsabilização para pessoas jurídicas envolvidas em ilícitos, a Lei 12.846/13 conferiu à administração pública, em todos os níveis da federação, um relevante papel até então inédito, com a possibilidade de que órgãos e entidades públicos responsabilizem, na esfera administrativa, empresas que se envolvam em atos de corrupção. Neste sentido, a Lei anticorrupção nos apresenta as principais balizas para que essa importante atribuição seja exercida pelos entes federados, com a previsão das condutas vedadas pela lei, das penalidades administrativas e civis a serem aplicadas aos infratores – o que inclui a previsão de uma multa que pode chegar a 20% do faturamento bruto da empresa – e algumas regras sobre o rito a ser observado na condução dos respectivos processos administrativos sancionadores.

E quando se considera esse arcabouço de regras, pouco extenso, mas concretamente objetivo, é certo que a regulamentação da Lei Anticorrupção garante uma adequada e desejável segurança jurídica para sua aplicação, o que resulta na certeza de maior eficácia para seus instrumentos.

Na esfera federal, a Lei Anticorrupção foi regulamentada pelo Decreto 8.420, de 18 de março de 2015, o qual avançou na previsão dos mecanismos de integridade que são esperados das empresas. Além disso, trouxe critérios mais claros para a celebração dos acordos de leniência e regras adicionais para a condução de processos.

Foi justamente nesta direção que, por meio do Decreto 46.366/18 e com nítida inspiração na regulamentação federal, o Estado do Rio de Janeiro regulamentou a Lei 12.846/13. A regulamentação fluminense, contudo, foi além das regras e princípios do Decreto 8.420/15, com a incorporação de disposições previstas em outras normas federais – tais como normativos da Controladoria-Geral da União (CGU) – e boas práticas para a aplicação da lei.

Nessa regulamentação do Rio de Janeiro, o avanço relacionado ao tratamento dos mecanismos de integridade – que, no plano legal, limitam-se a ser considerados um elemento de dosimetria da pena – é notável quando enuncia as ferramentas que devem compor esses sistemas e a necessidade expressa de que sejam considerados para a celebração de acordos de leniência. O Decreto 46.366/18 nos apresenta diversas disposições sobre a marcha do processo sancionador administrativo, bem como sobre a forma de cálculo da penalidade de multa. Registre-se, inclusive, que, na mesma linha que fora adotada pela regulamentação federal, a norma do Rio de Janeiro prevê que a existência dos mecanismos de integridade tem aptidão para reduzir em até 4% o valor da multa. Vale notar, ainda, que o mencionado decreto também dispõe sobre competências a serem exercidas pela Procuradoria-Geral do Estado (PGERJ) e pela Controladoria-Geral do Estado (CGERJ) em relação à aplicação da lei, o que permite uma atuação mais segura e firme por parte desses dois órgãos.

Ressalte-se que, apesar de não permitir a isenção total da responsabilidade da pessoa jurídica infratora em razão da implementação de sistemas de integridade, a Lei Anticorrupção cria muitos estímulos para que empresas implementem e aperfeiçoem tais mecanismos. Diretamente, a possibilidade de redução das multas e sua exigência para a celebração de acordos de leniência são importantes fatores a serem lembrados. De modo indireto, o próprio regime repressivo da lei, com a previsão da responsabilidade objetiva da pessoa jurídica e de duras sanções, administrativas e civis, para os infratores, incentiva a adoção de uma postura ética empresarial.

Todavia, para que esses elementos possam, de fato, influenciar o ambiente de negócios, é mister que sejam criadas regras para a devida e segura aplicação da lei e condições legais para a atuação dos órgãos, entidades e agentes que devem conduzir tal tarefa. E o advento do Decreto 46.366/18 constituiu uma etapa essencial nesse processo.

Em harmonia e diálogo com a Lei Anticorrupção, o Estado do Rio de Janeiro, também em 2018, publicou a Lei Estadual 7.989, que criou a Controladoria-Geral do Estado. Medida oportuna e promissora, uma vez que a instituição desse indispensável órgão na administração do Rio de Janeiro fortalece e assegura uniformidade nas ações de controle interno no Estado, de modo a garantir a promoção e observância de desejados princípios na estrutura de órgãos e entidades.

Além de desempenhar um papel de destaque na aplicação da Lei anticorrupção ao lado da Procuradoria-Geral do Estado, órgão de excelência e referência nacional em temas jurídicos, a CGERJ tem atuação em vertentes que resultam em impacto substancial nas políticas de integridade dos órgãos e entidades do Estado. Assim, deve-se enfatizar que a mencionada Lei Estadual 7.989/18 traz importantes diretrizes sobre auditoria de recursos públicos, ouvidoria, transparência e correição, com o objetivo de garantir que tais funções sejam adequadamente desempenhadas na estrutura do executivo estadual.

É certo que a criação e constante aprimoramento de um eficiente sistema de ouvidorias e corregedorias, juntamente com a instituição de ferramentas que promovem a transparência, ativa e passiva, no âmbito da máquina pública, resultam em uma positiva sinalização para a sociedade e para o segmento empresarial, além de evidenciar, positivamente, o compromisso o Estado no enfrentamento à corrupção e delitos associados. Ademais, o controle maior dos gastos públicos, resultante de processos de auditoria mais eficientes, permite uma célere identificação de fraudes e ilícitos, apresentando-se como mais elemento para desestimular a prática de irregularidades.

Ou seja, ao reforçar as medidas de controle e ao mesmo tempo criar mais um importante ator – a Controladoria-Geral do Estado – para combater desvios, a Lei Estadual 7.989/18 concedeu ao Poder Executivo do Rio de Janeiro as condições jurídicas para promover a cultura da integridade e probidade administrativa no Estado.

Foi nesta esteira, inclusive, que, em 2019, foi publicado o Decreto Estadual 46.475, que institui o programa de integridade pública do Estado do Rio de Janeiro. Essa norma dispõe sobre a criação de sistemas de integridade nos órgãos e entidades da administração pública direta, autárquica e fundacional do Estado, e coloca a Controladoria-Geral do Estado em um papel de destaque para orquestrar e reger a implementação dessa necessária e desejada política pública. Dentre as providências a serem adotadas, destacam-se a identificação e classificação de riscos à integridade, a elaboração de um código de ética e conduta e a estruturação de um canal de denúncias.

Muito embora o Decreto Estadual 46.475/19 tenha como principal destinatário a administração pública do Estado, é patente que seus benéficos efeitos vão além da máquina estatal e alcançam a própria sociedade civil. Ao dispor sobre mecanismos delineados para fortalecer, na esfera pública, ideias e conceitos cuja gênese está intimamente relacionada com preceitos éticos universais, cria-se um virtuoso movimento pela integridade em toda a comunidade, a qual passa a ver, como um paradigma para todo tipo de comportamento, a conduta do agente público tornada exemplar. Ou seja, uma atuação proba, justa e honesta do indivíduo investido em um cargo público gera efeitos que vão além das funções a ele atribuídas, já que indicam e promovem um desejado padrão comportamental a ser seguido pela sociedade.

Especialmente em relação à corrupção, é forçoso reconhecer que, para a consumação dessa espécie de delito, faz-se necessária a presença de pelo menos dois agentes, um público e um privado, corrompido e corruptor, respectivamente. A observância de uma cultura de integridade em órgãos e entidades da administração mitiga justamente a probabilidade do envolvimento de agentes públicos em casos de corrupção, com o aumento dos custos para o agente corruptor e a consequente redução de estímulos para a prática do crime. Além disso, o apropriado exercício das funções estatais destinadas a detectar e reprimir ilícitos – tais como as já mencionadas atribuições inerentes às funções de controle –, reforçado por um sistema de integridade que impeça desvios e favorecimentos pessoais, também têm potencial aptidão para reduzir a ocorrência de casos de corrupção e delitos associados, em razão justamente da maior probabilidade de punição aos envolvidos.

Por fim, é adequada a menção à Lei Estadual 7.753, de 17 de outubro de 2017, que exige das empresas que celebram determinados contratos administrativos com o Estado do Rio de Janeiro a implementação de programas de integridade. Esse diploma legal foi precursor de um movimento que se estendeu a diversos outros entes da federação, que também passaram a prever a adoção de determinados mecanismos de integridade corporativa como um elemento indispensável para a manutenção do relacionamento contratual entre a pessoa jurídica e a administração pública[1].

Anote-se, por oportuno que, nos termos da Lei 7.753/17, as ações e os elementos requeridos das empresas são praticamente os mesmos previstos no Decreto Estadual 46.366/18, que, por sua vez, reproduzem aqueles estatuídos no Decreto Federal 8.420/15, o que evidencia certa uniformidade no tratamento da matéria no plano federal e estadual.

Os reais impactos da Lei Estadual 7.753/17 ainda carecem de um exame mais concreto, tendo em vista a ausência de uma regulamentação específica da norma e o período de excepcionalidade contemporâneo, vivenciado em razão da pandemia da Covid-19. Todavia, apesar dos possíveis e válidos argumentos referentes ao aumento de custos para as empresas e certa limitação ao caráter competitivo dos certames licitatórios, é indiscutível que, no campo ético corporativo, a referida lei tem potencial para fomentar um ambiente negocial permeado por boas práticas.

É evidente que a geração dos efeitos almejados pelo legislador requer um adequado tratamento da norma no plano concreto, com a devida e segura aplicação de suas regras por parte dos agentes públicos incumbidos de tal tarefa, para que sejam criados estímulos reais para a efetiva adoção de uma cultura de integridade empresarial. E, nesta direção, novamente, merece destaque o papel da Controladoria-Geral do Estado, órgão que, nos termos da já citada Lei Estadual 7.989/17, tem competência legal para auditar e acompanhar a implementação da Lei Estadual 7.753/17 no Rio de Janeiro.

4. CONCLUSÃO

As considerações tecidas nesta oportunidade têm como escopo, tal como se espera, provocar a reflexão sobre a necessidade de promoção da ética em ambiente público e privado, além de suscitar o debater sobre quando e como o arcabouço normativo vigente no Estado do Rio de Janeiro pode contribuir para que esse objetivo seja alcançado. Diante do exposto, espera-se que tenham sido devidamente demonstrados os ganhos que um cenário permeado por práticas alinhadas com princípios e valores de caráter universal podem gerar para os mais diversos setores da sociedade. Enquanto, no segmento empresarial, os estímulos à inovação e à competitividade e a redução dos custos de transação asseguram uma eficiência buscada pelo setor produtivo, para a população é ampliado o alcance e a qualidade das políticas sociais, com a garantia de que os gastos públicos serão direcionados aos seus reais destinatários.

A história recente do Brasil expôs, de modo ainda mais contundente do que em quaisquer oportunidades anteriores, sob uma perspectiva social e política, a essencialidade e urgência ao fomento do exercício concreto de preceitos originários do conceito de ética, tal como aqui tratado e discutido. A virtude da integridade,

---

1. Como exemplo, vale a menção à Lei 6.112, de 2 de fevereiro de 2018, do Distrito Federal e à Lei Estadual 4.730, de 27 de dezembro de 2018, do Estado do amazonas.

com o reforço das ideias de moral, probidade e transparência, passou a ser elemento buscado no convívio social e em organizações públicas e privadas.

O percurso para a criação desse almejado cenário, em que a busca do bem comum, igualdade e justiça, constitui elemento indispensável para reger as relações sociais e empresariais, passa, necessariamente, pela adoção de uma vigorosa política educacional nos mais diferentes níveis da população e por mudanças culturais em determinados aspectos da sociedade brasileira.

O conjunto de normas e regras vigentes em determinado espaço geográfico e social pode contribuir notavelmente para que esse propósito seja alcançado – ou, em sentido contrário, gerar dificuldades e entraves para que esse caminho seja percorrido –, com a criação de estímulos reais e jurídicos para a adoção de comportamentos que estejam em harmonia com valores e princípios éticos.

Nessa direção, as normas, legais e infralegais, recentemente incorporadas ao arcabouço jurídico do Estado do Rio de Janeiro, apresentam disposições que permitem o avanço da cultura da integridade em âmbito empresarial, na sociedade civil e em órgãos e entidades públicos, de forma a permitir uma desejada ruptura e rejeição de práticas destoantes dos preceitos fundamentais que compõem uma sociedade igualitária e democrática.

5. REFERÊNCIAS

BRASIL. *Lei 12.527 de 18 de novembro de 2011.* Regula o acesso a informações previsto no inciso XXXIII do art. 5º, no inciso II do § 3º do art. 37 e no § 2º do art. 216 da Constituição Federal; altera a Lei 8.112, de 11 de dezembro de 1990; revoga a Lei 11.111, de 5 de maio de 2005, e dispositivos da Lei 8.159, de 8 de janeiro de 1991; e dá outras providências. Disponível em: http://www.planalto.gov.br/ccivil_03/_ato2011-2014/2011/lei/l12527.htm.

BRASIL. *Lei 12.813 de 16 de maio de 2013.* Dispõe sobre o conflito de interesses no exercício de cargo ou emprego do Poder Executivo federal e impedimentos posteriores ao exercício do cargo ou emprego; e revoga dispositivos da Lei 9.986, de 18 de julho de 2000, e das Medidas Provisórias 2.216-37, de 31 de agosto de 2001, e 2.225-45, de 4 de setembro de 2001. Disponível em: http://www.planalto.gov.br/ccivil_03/_ato2011-2014/2013/lei/l12813.htm.

BRASIL. *Lei 12.846 de 1º de agosto de 2013.* Lei de Improbidade Administrativa. Dispõe sobre a responsabilização administrativa e civil de pessoas jurídicas pela prática de atos contra a administração pública, nacional ou estrangeira, e dá outras providências. Disponível em: http://www.planalto.gov.br/ccivil_03/_ato2011-2014/2013/lei/l12846.htm.

BRASIL. *Lei 12.850 de 2 de agosto de 2013.* Define organização criminosa e dispõe sobre a investigação criminal, os meios de obtenção da prova, infrações penais correlatas e o procedimento criminal; altera o Decreto-Lei 2.848, de 7 de dezembro de 1940 (Código Penal); revoga a Lei 9.034, de 3 de maio de 1995; e dá outras providências. Disponível em: http://www.planalto.gov.br/ccivil_03/_ato2011-2014/2013/lei/l12850.htm.

BRASIL. *Lei 13.303 de 30 de junho de 2016.* Dispõe sobre o estatuto jurídico da empresa pública, da sociedade de economia mista e de suas subsidiárias, no âmbito da União, dos Estados, do Distrito Federal e dos Municípios. Disponível em: http://www.planalto.gov.br/ccivil_03/_ato2015-2018/2016/lei/l13303.htm.

BRASIL. *Lei 13.964 de 24 de dezembro de 2019*. Pacote Anticrime. Aperfeiçoa a legislação penal e processual penal. Disponível em: http://www.planalto.gov.br/ccivil_03/_ato2019-2022/2019/lei/L13964.htm.

BRASIL. *Decreto 8.420 de 18 de março de 2015*. Regulamenta a Lei 12.846, de 1º de agosto de 2013, que dispõe sobre a responsabilização administrativa de pessoas jurídicas pela prática de atos contra a administração pública, nacional ou estrangeira e dá outras providências. Disponível em: http://www.planalto.gov.br/ccivil_03/_ato2015-2018/2015/decreto/d8420.htm.

RIO DE JANEIRO. *Lei 7.753 de 17 de outubro de 2017*. Dispõe sobre a Instituição do Programa de Integridade nas empresas que contratarem com a Administração Pública do Estado do Rio de Janeiro e dá outras providencias. Disponível em: http://alerjln1.alerj.rj.gov.br/contlei.nsf/c8aa0900025feef6032564ec0060dfff/0b110d0140b3d479832581c3005b82ad?OpenDocument&Highlight=0,7753.

RIO DE JANEIRO. *Lei 7.989 de 14 de junho de 2018*. Dispõe sobre o sistema de controle interno do Poder Executivo do Estado do Rio de Janeiro, cria a Controladoria Geral do Estado do Rio de Janeiro e o fundo de aprimoramento de controle interno, organiza as carreiras de controle interno, e dá outras providências. Disponível em: http://www3.alerj.rj.gov.br/lotus_notes/default.asp?id=53&url=L2NvbnRsZWkubnNmL2M4YWEwOTAwMDI1ZmVlZjYwMzI1NjRlYzAwNjBkZmZmL2I2NmUxNTYyYmY5NjIyNWY4MzI1ODJiMTAwNWJkZmY1P09wZW5Eb2N1bWVudA==.

RIO DE JANEIRO. *Decreto 46.366 de 20 de julho de 2018*. Regulamenta, no âmbito do Poder Executivo Estadual, a Lei Federal 12.846, de 1º de agosto de 2013, que dispõe sobre a responsabilização administrativa e civil de pessoas jurídicas pela prática de atos contra a Administração Pública e dá outras providências. Lei Anticorrupção no Estado do Rio de Janeiro.

RIO DE JANEIRO. *Decreto 46.475 de 25 de outubro de 2018*. Dispõe sobre o Acesso a Informações previsto no inciso XXXIII, do caput do artigo 5º, no inciso II, do § 3º do artigo 37, e no § 2º, do artigo 216, todos da Constituição da República, e dá outras providências. Disponível em: http://www.governoaberto.rj.gov.br/legislacao/2018/03/decreto-estadual-46-475-de-25-de-outubro-de-2018.

BREVES NOTAS SOBRE A NATUREZA DA ATUAÇÃO DA ADVOCACIA PÚBLICA NO COMBATE À IMPROBIDADE E À CORRUPÇÃO

Bruno Boquimpani Silva

Mestre em Direito Público pela Universidade do Estado do Rio de Janeiro – UERJ. Master of Laws (LL.M.) pela Universidade de Columbia – NY. Procurador do Estado do Rio de Janeiro. Advogado.*

Sumário: 1. Introdução – 2. Bases jurídico-normativas do controle da probidade administrativa pela advocacia pública – 3. Desafios do controle da improbidade e da corrupção pela advocacia pública; 3.1. Problemas de autonomia e conflitos de interesses; 3.2. Problemas de funcionamento e estrutura – 4. O núcleo de defesa da probidade da procuradoria geral do estado do Rio de Janeiro – 5. Conclusão – 6. Referências.

1. INTRODUÇÃO

Por ensejo de nossa participação no curso ""*Controle da Administração Pública: Diálogos Institucionais*"", realizado entre os dias 06 e 18 de dezembro de 2020, honrou-nos o Centro de Estudos Jurídicos da Procuradoria Geral do Estado do Rio de Janeiro com o convite para, em complemento à palestra então proferida, dedicar algumas linhas ao tema que me fora atribuído para compor a presente obra coletiva, empreitada que aceitamos com especial gosto e satisfação..

Naquela ocasião, coube-nos tratar da formação, estrutura, atribuições e funcionamento do Núcleo de Defesa da Probidade da PGE-RJ, organização que integramos e que tivemos a honra de presidir no biênio de janeiro de 2019 a janeiro de 2021. Em apertada síntese, o Núcleo é resultado da iniciativa de concentração de diversas e relevantes atribuições inerentes ao controle de legalidade dos atos da Administração Pública em uma estrutura única do órgão de advocacia pública fluminense. Buscou-se, com a sua criação, atender aos desígnios de eficiência administrativa na identificação, processamento e sistematização das informações referentes a atos de improbidade administrativa e de corrupção, com vistas ao incremento da eficácia dos instrumentos processuais ressarcitórios e punitivos disponibilizados ao Estado pelas leis nº 8.429/1992 (lei de improbidade administrativa – LIA) e nº 12.846/2013 (lei anticorrupção – LAC).

Ao percorrermos as notas e referências necessárias ao desenvolvimento deste trabalho, pareceu-nos pertinente, previamente à descrição das atividades deste órgão, discorrer sobre a *função jurídica* nele investida. Trata-se, pois, de investigar, ainda que com brevidade, o papel da Advocacia Pública no que se refere a relevante parcela da atividade de controle de legalidade dos atos da Administração Pública, que são os atos passíveis de enquadramento nas categorias jurídicas da improbidade administrativa e da corrupção.

Iniciaremos a empreitada com discussão basilar referente à própria existência, a partir da Constituição e das leis, de um campo de atuação próprio das *Procuraturas de Estado* na prevenção e repressão à improbidade e à corrupção.

Afirmado este ponto, adentrar-se-á a investigação dos limites e possibilidades da atuação dos advogados públicos nesta seara. Em primeiro lugar, enfrentam-se alguns dos problemas que o exercício deste encargo pode suscitar, em especial os decorrentes da configuração institucional, do perfil funcional e, eventualmente, das limitações materiais dos órgãos de advocacia pública. Ver-se-á, por outro lado, que se devidamente atacadas tais dificuldades, é possível vislumbrar um espaço de grande potencialidade positiva à atuação da advocacia pública nesta área, habilitando-a a galgar posição de destaque na rede de instituições de controle dos atos ofensivos à probidade pública.

O ensaio prossegue com a descrição sucinta das estruturas organizacionais de que progressivamente vem se valendo os órgãos de Advocacia Pública para o exercício deste tipo de controle, com exposição dos caracteres básicos do Núcleo de Defesa da Probidade da Procuradoria Geral do Estado do Rio de Janeiro.

Ao fim, sumarizamos os pontos abordados, à guisa de conclusão.

2. BASES JURÍDICO-NORMATIVAS DO CONTROLE DA PROBIDADE ADMINISTRATIVA PELA ADVOCACIA PÚBLICA

A compreensão do combate à improbidade como atividade ínsita à função administrativa desempenhada pelos órgãos de advocacia pública, muito embora possa ser intuitivamente atingida, requer um exercício interpretativo que supere reducionismos e simplificações na análise textual da Constituição e das leis. Com efeito, a leitura isolada e superficial dos artigos 131 e 132 da Carta Política – que instituem os órgãos de Advocacia Pública federal e estaduais, pode equivocadamente sugerir a redução de suas competências a duas atividades: a *consultoria* e a *representação* jurídica dos entes públicos que respectivamente integram. Consultoria, nesta visão, entendida como a orientação dos agentes estatais sobre a aplicação do direito nos limites e oportunidades em que for para tanto provocada. E representação, como mero intermédio de capacitação processual postulatória dos órgãos e entidades administrativos. Poder-se-ia cogitar, neste viés, que a identificação e repressão aos atos de improbidade e corrupção estariam excluídas do âmbito de legítima atuação dos advogados públicos, restando reservadas às competências dos órgãos de controle externo – em especial, o Ministério Público – e da Polícia Judiciária, neste caso limitada à sua dimensão jurídico-criminal.

Tal interpretação restritiva de competências revela, todavia, artificiosa redução da natureza e atributos das atividades da Advocacia Pública, além de ignorar sua posição institucional como órgão integrante do sistema de controle interno da juridicidade, consoante o artigo 70 da Constituição.

De fato, não existe atividade de consultoria ou representação jurídica por advogados públicos que não implique o contínuo exame de conformidade de fatos, atos ou situações a normas imperativas de direito, de forma que a emissão de um parecer ou a propositura de uma ação judicial por seus agentes pressupõe, sempre e em alguma medida, um subjacente controle de legalidade. Desta constatação decorre, inclusive, o magistério de autorizada doutrina na linha de que o controle interno da juridicidade do agir administrativo configura, ao lado da consultoria e da representação, uma terceira atividade típica de advocacia pública.

Os dispositivos dos arts. 131 e 132, por sua vez, não podem ser interpretados sem referência ao artigo 70 da Constituição, no que prevê a existência, em paralelo aos órgãos e mecanismos de controle externo da Administração, de um sistema de controle interno que abarca, dentre outros aspectos, a *legalidade* dos atos da Administração. Tal atribuição, consoante pacífica jurisprudência do Supremo Tribunal Federal e, em última instância, do próprio estatuto da Ordem dos Advogados, é de competência privativa dos advogados públicos, de forma que, a despeito da ausência de atribuição normativa expressa, os órgãos da Advocacia Pública compõem, em caráter necessário e permanente, o sistema de controle interno dos órgãos e entidades públicos.

A conclusão acima dispensa maiores esforços interpretativos nos casos em que as próprias entidades federativas, no exercício da abertura prevista na parte final do precitado art. 70 da Constituição da República, editam normas específicas reconhecendo o múnus do controle interno de juridicidade aos órgãos da Advocacia Pública. É o que se verifica, por exemplo, no art. 4º da Lei Complementar nº 73/1993, ao disciplinar as atribuições do Advogado-Geral da União, bem como no art. 176, § 3º, da Constituição do Estado do Rio de Janeiro, ao dispor que ""a Procuradoria Geral oficiará obrigatoriamente no controle interno da legalidade dos atos do Poder Executivo e exercerá a defesa dos interesses legítimos do Estado, incluídos os de natureza financeiro-orçamentária, sem prejuízo das atribuições do Ministério Público."".

Registre-se em reforço, ainda, que a Lei nº 14.133/2021 (nova lei de licitações e contratos administrativos), ao cuidar, em capítulo específico, do controle das licitações e contratações – institutos historicamente afeitos a fraudes e demais práticas ímprobas – expressamente situou as unidades de assessoramento jurídico (ou seja, as incumbidas das tarefas de advocacia de estado) entre as ""linhas de defesa"" de gestão e controle preventivo de riscos de integridade..

Assentado este entendimento - – o de que pela Constituição compete à Advocacia Pública o controle interno da juridicidade da atuação administrativa *a despeito* das atribuições dos órgãos de controle externo – segue-se, por dedução lógica, o poder-dever de os advogados públicos atuarem sempre que, por qualquer razão ou circunstância, depararem-se com indícios ou efetiva prática de atos de improbidade administrativa e corrupção. Tais atos, como cediço, são ofensivos a bens jurídicos sensíveis ligados à própria ideia de estado de direito, sendo, por conta disso, objeto de reprimendas expressas no próprio texto constitucional (art. 37, § 4º, CRFB/88) e tratados detidamente em diplomas legislativos específicos (Leis nº 8.429/1993 e 12.846/2013). Constituem eles práticas adequadamente denominadas, em sede doutrinária e jurisprudencial, de *ilegalidades qualificadas*, aptas mesmo a justificar a criação de um microssistema jurídico-processual repressivo.

É certo, assim, que frente a tais ilícitos, os advogados públicos estejam não apenas autorizados a agir, como se lhes demanda o exercício do controle de juridicidade com especial atenção, afinco e intensidade, valendo-se para tanto de todos os mecanismos preventivos e repressivos dispostos pelo ordenamento, seja por meio do aconselhamento aos agentes estatais (atuação consultiva), seja pelo manejo das cabíveis ações e demais instrumentos judiciais (atuação representativa).

Afirmada positivamente a competência, nestes termos, a discussão posta move-se das cogitações sobre *se* os órgãos da Advocacia Pública podem legitimamente atuar no controle dos atos ímprobos na Administração para *como* tal atuação deve se dar.

Neste ponto, exsurgem os verdadeiros e prementes desafios aos procuradores públicos, na medida em que controle eficiente da improbidade e corrupção na esfera pública exige, na atual quadra histórica, formas de atuar e de organização tradicionalmente pouco usuais à maioria das instituições da Advocacia Pública nacional. Sobre alguns destes problemas nos debruçamos em seguida.

3. DESAFIOS DO CONTROLE DA IMPROBIDADE E DA CORRUPÇÃO PELA ADVOCACIA PÚBLICA

Não são pequenos os desafios que o reconhecimento do poder de controle atrai para as instituições de advocacia pública na contemporaneidade. A peculiar posição da Advocacia Pública dentro da organização constitucional dos poderes do estado, assim como as características da função desempenhada por seus membros, atrai o potencial de gerar tensões e conflitos de interesse que acabem por frustrar o bom desempenho das atividades de controle, senão mesmo, em hipóteses extremas, subvertê-las por completo. Esta ordem de questões denominamos *problemas de autonomia e conflitos de interesse*.

Além disso, o imperativo de eficiência prescrito pelo artigo 37, *caput*, da Constituição da República sinaliza para destinação de recursos materiais e humanos necessários ao atingimento ótimo da finalidade legalmente estabelecida, ideário usualmente frustrado por constrições e contingências do serviço público em geral que, infelizmente, não são estranhas ao dia a dia dos órgãos jurídicos da Administração. Ao mesmo tempo, as práticas de improbidade e corrupção com maior potencial lesivo aos entes públicos são dotadas de grau cada vez mais acentuado de sofisticação, tornando-as muitas vezes inidentificáveis aos mecanismos de controle usualmente manejados pelos advogados públicos. Estes desafios são doravante denominados de *problemas de funcionamento e estrutura*.

Nos subitens a seguir analisamos brevemente estas questões.

3.1. Problemas de autonomia e conflitos de interesses

Sob o aspecto da independência de atuação, emergem basicamente dois pontos de preocupação no controle de juridicidade do agir administrativo pela Advocacia Pública, em especial no campo das improbidades administrativas: em primeiro lugar, a posição de proximidade – ou mesmo pertencimento – das referidas instituições ao Poder Executivo, que é aquele primordialmente incumbido das atividades administrativas do estado. Com efeito, o nível de subordinação administrativa e dependência financeira pode suscitar questionamentos quanto à real disposição do órgão jurídico em se contrapor a práticas indevidas protagonizadas, em especial, pelos agentes políticos que conformam a cúpula do Poder Executivo. Agrava este cenário o entendimento consagrado pelo Supremo Tribunal Federal de que os cargos de chefia tanto da Advocacia Geral da União quanto das demais Procuradorias Públicas são de livre provimento e exoneração pelo Chefe do Poder Executivo, em decorrência do seu poder de direção superior da Administração Pública.

O segundo ponto a suscitar problemas diz respeito à própria natureza da função exercida ordinariamente pelos advogados públicos e na eventual, porém recorrente, relação de proximidade que se estabelece entre estes e os agentes políticos e administrativos. Não se está a tratar aqui de qualquer deturpação ou desvio na condução dos assuntos de estado, senão no natural reconhecimento de que do advogado público espera-se, no desempenho de seus misteres, muitas vezes a atuação proativa, o comprometimento e a criatividade para encontrar, dentro do campo da juridicidade, caminhos para a implementação de políticas públicas planejadas por agentes públicos legitimamente eleitos. Daí que, por vezes, ele venha a integrar times, comissões e grupos de trabalhos voltados ao planejamento e implantação de projetos de governo, estabelecendo, em decorrência, uma rede de relacionamentos cooperativos com gestores e demais agentes estatais. Dada esta peculiar proximidade, não é possível eliminar, em termos absolutos, a possibilidade do desenvolvimento de algum viés ("*"bias"*") que afete sua capacidade de identificação de eventual propósito ilícito subjacente às ações públicas planejadas.

Pois bem. Para ambos os problemas citados acima – de natureza organizacional e funcional – a resposta tradicionalmente prescrita pela doutrina que se dedica à Advocacia Pública aponta primordialmente para um remédio: a autonomia técnica dos membros da advocacia pública.

Compreendida como prerrogativa inerente à advocacia em geral, mas particularmente importante para os advogados inseridos nas estruturas hierárquicas da Administração Pública, a autonomia técnica expressa-se basicamente em dois sentidos:

primeiramente, como liberdade negativa, consistente na ausência de subordinação técnico-hierárquica dos advogados públicos e, por conseguinte, na imunização de sua atuação frente a eventuais ingerências de outros órgãos ou agentes do Estado. Em segundo lugar, como uma vinculação positiva ao direito e aos interesses públicos primários, os quais determinam uma atuação voltada à juridicidade plena, à manutenção e ao aperfeiçoamento da ordem jurídica, jamais à satisfação de interesses secundários da Administração ou de agentes políticos (arrecadatórios, dilatórios , etc.)..

O Supremo Tribunal Federal, por sua vez, em algumas ocasiões chegou a afirmar a autonomia técnica dos advogados de estado, ainda que em *obiter dictum* e para estremá-la da denominada *independência funcional* de que são investidos os membros do Ministério Público, da Magistratura e dos Tribunais de Contas..

Verifica-se, portanto, que em reposta aos questionamentos sobre possíveis desincentivos a uma atuação escorreita dos advogados públicos no trato da improbidade administrativa é erigida e afirmada uma garantia institucional da Advocacia Pública, autonomia esta que a blindaria das indevidas intervenções políticas ou de conveniência do estado e seus agentes. Trata-se de uma resposta que se dá, portanto, no plano do *dever-ser*, no sentido de que a Constituição e as leis asseguram as condições para que os membros dos órgãos de representação processual e consultoria possam licitamente resistir a investidas indevidas sobre seu campo de atuação finalística, que deve ser pautada unicamente pela sua fundamentada convicção de deferência ao Direito.

Pode-se concluir, então, que a autonomia técnica constitucionalmente assegurada aos advogados de estado configura condição indispensável para o exercício independente de suas atribuições de controle da juridicidade do agir administrativo. Ocorre, contudo, que como de rigor se verifica no mundo dos fatos, a presença das pré-condições para a existência de um fenômeno nem sempre são suficientes a garantir que ele, efetivamente, se manifeste. Daí que, em nossa visão, o debate sobre a atuação eficiente da advocacia pública no combate aos ilícitos de improbidade e corrupção deve avançar para além das formulações jurídico-normativas apriorísticas para, em complemento, adentrar as investigações dos modelos organizacionais que de forma mais adequada promovam o alinhamento dos interesses dos agentes jurídicos estatais às finalidades de interesse público de prevenção e repressão às ilegalidades. Trata-se, pois, de cuidar da arquitetura do ambiente de atuação dos advogados públicos e, em especial, dos processos por meio dos quais se externa o seu agir, de maneira a minorar os riscos de erros e desvios.

A partir dessa abordagem pragmática de gerenciamento de riscos é possível pensar em variadas formas de incremento de conformidade jurídica da atuação dos procuradores públicos no combate à corrupção e, assim, minorar os precitados problemas de autonomia e de conflitos. Sem qualquer pretensão de exaustividade, ousamos enunciar algumas sugestões: *i)* incremento da publicidade dos processos administrativos apuratórios mediante a implantação de soluções de tecnologia da informação (notadamente os *processos digitais*) que não apenas propiciem o controle social mas faça o adequado registro das ""*pegadas digitais*"" dos que neles intervieram; *ii*) imposição e rígida observância da segregação de funções, de forma a impedir que o advogado público possa, em qualquer hipótese, figurar simultaneamente como controlador e controlado; *iii*) estabelecimento de linhas de defesa independentes, ou seja, níveis de revisão e supervisão dos trabalhos apresentados a fim de submetê-los ao devido e distanciado escrutínio técnico; *iv*) clara regulamentação deontológica a fim de prevenir e remediar os conflitos de interesse peculiares à categoria dos advogados públicos; e *v*) fortalecimento das corregedorias.

Cremos que o caminhar nesta direção pode em muito contribuir para a crescente legitimação da Advocacia Pública no controle da probidade administrativa, com a normalização e institucionalização de suas competências não apenas em virtude de uma autonomia normativa e abstrata, mas da sua vivência e desenvolvimento na prática.

3.2. Problemas de funcionamento e estrutura

Como já se adiantou, o exercício das competências de controle de legalidade dos atos de improbidade e corrupção pelos advogados públicos se revela quando do manejo da representação processual ou da consultoria jurídica. Nesta última, em especial, são mais comuns as ocasiões em que o procurador público se depara com evidências ou indícios de ilegalidades justificadoras de providências apuratórias ou, eventualmente, a adoção de medidas preventivas ou repressivas de cunho judicial (*v.g.* ajuizamento de ação de improbidade) ou administrativo (instauração de sindicâncias, processos administrativos disciplinares e/ou de responsabilização - – PAR, sustação cautelar de atos, contratos etc.).

O que a experiência demonstra, todavia, é que esta forma de atuação consultiva tradicional, em que o advogado público é chamado eventual e pontualmente a opinar sobre a regularidade, sobretudo formal dos atos e processos da Administração, costuma não desenvolver a atividade de controle em todo o seu potencial, deixando, muitas vezes, encobertas graves irregularidades que circundam determinados projetos ou ações administrativas. De fato, a lógica da intervenção pontual que se verifica, por exemplo, na prolação de pareceres de análise de processos de contratação ao fim da fase interna e preliminar das licitações ou contratações diretas, com foco tão somente nos elementos formalmente deduzidos nos autos até aquele momento, propicia uma visão excessivamente limitada do fenômeno das fraudes no setor público, um mero recorte fotográfico incapaz de apreender como os esquemas de corrupção – sobretudo os de grande escala e potencial lesivo – manifestam-se na realidade e na quadra histórica atuais.

São raras, com efeito, as ocasiões em que a improbidade se deixa revelar pelo mero exame de documentos acostados a um processo administrativo. É em geral necessário, para desvendá-la, conhecimento do contexto em que se insere a ação administrativa praticada ou pretendida; das necessidades que elas buscam suprir e das ferramentas que a Administração e o mercado em geral historicamente se utilizam para atendê-las; do perfil dos agentes de mercado que atendem aos chamados da Administração; dos vínculos intersubjetivos entre agentes privados entre si e entre estes e agentes públicos; dos grupos econômicos que atuam no segmento das aquisições públicas e seus eventuais laços com grupos políticos. Somente dessa forma podem ser descobertas as grandes fraudes estruturadas, o tráfico de influência, os conluios e os cartéis que tão gravemente lesam os cofres públicos.

Estas constatações suscitam uma reavaliação, pelos órgãos da Advocacia Pública, sobre a forma de atuação e de organização dos seus membros a fim de se desincumbirem de modo mais eficiente do relevante encargo de combate à improbidade. Importa também, simultaneamente, vencer resistências (internas e externas) quanto à forma de atuação dos advogados públicos e enfrentar limitações de ordem material e estrutural à implementação de novas práticas e estratégias de controle.

Para vencer estes desafios, cremos que o passo inicial seria o reconhecimento de que a Advocacia Pública, no que se refere ao combate à improbidade e à corrupção, insere-se numa rede de instituições de controle com diferentes perfis, características e potencialidades. E que o princípio constitucional da eficiência administrativa impõe, a todas elas, na maior medida possível, uma atuação sistemática e produtiva, sem desnecessárias sobreposições, retrabalhos e conflitos, privilegiando, ao invés, o que de melhor cada uma tem a oferecer para um ambiente de maior integridade nas relações entre as esferas pública e privada no país. Nas palavras de Pedro Vasques Soares,

> Para o futuro, a instituição está ciente da necessidade de atuação coordenada, harmônica e sequencial dos entes de accountability horizontal, até para que o funcionamento ""em rede"" dos órgãos de controle gere os resultados esperados, com menor custo e incremento efetivo na capacidade de atuação punitiva do Estado. E exatamente para tal atuação sistêmica, tem contínua busca de estrutura, capacitação e especialização para o pleno exercício de suas atribuições constitucionais e legais, sem perder, em absoluto, a capacidade de compreensão de que o combate à corrupção é dever de todos nós, cidadãos e instituições privadas e públicas.

Trata-se primeiramente, assim, de identificar o espaço de atuação preferencial da Advocacia Pública à luz de sua delineação jurídica, das competências dos demais órgãos controladores e de sua posição ante os fenômenos que se visa evitar, com o abandono, por conseguinte, de pretensão de atuação conglobante que ou bem restaria inviabilizada por limitações de recursos materiais e humanos ou levaria, ainda, ao agravamento dos problemas de sistematização já vivenciados nesta área. A integração bem ordenada de suas atividades com os demais órgãos de controle interno e externo constitui, pois, agenda necessária e atual.

Diante das relevantes tarefas atribuídas aos advogados de estado pelas leis de repressão aos atos de improbidade e corrupção, impende, igualmente, a promoção da especialização funcional e a criação de estruturas dedicadas ao acesso, processamento e trocas de informações pertinentes a esta categoria de ilícitos, com vistas à formação de um acervo de conhecimento institucional em permanente crescimento e aperfeiçoamento.

A posição privilegiada dos órgãos de Advocacia Pública em relação aos processos de formação da vontade estatal indica, por sua vez, o grande potencial da sua atuação preventiva, por meio da identificação precoce de ilicitudes e atuação administrativa preventiva da lesão. Conforme expõe Aldemario Araujo Castro,

> No âmbito da Administração Pública, os órgãos e agentes da Advocacia Pública desempenham um papel muito singular. Trata-se de um mecanismo de controle com enorme potencial de eficiência preventiva em relação às ocorrências de corrupção e similares. Afinal, entre outras relevantes funções (representação judicial, recuperação de créditos públicos não pagos, etc.), analisa, antes de editados, firmados ou encaminhados, praticamente todos os atos administrativos, contratos, normativos internos e proposições legislativas.

A contribuição provavelmente mais importante a ser promovida pelas Procuraturas de Estado no combate à corrupção e figuras afins se dará, portanto, na criação de programas de verificação de conformidade prévios ou concomitantes ao desenvolvimento de processos administrativos estratégicos do estado, com vistas não apenas à análise da regularidade formal dos atos lançados no procedimento – função que permanece afeta à sua atuação consultiva ordinária – mas que avance efetivamente na identificação dos indícios e provas dos esquemas de desvios de recursos públicos. Para tanto, necessário que os órgãos da Advocacia Pública fortaleçam suas estruturas de controle, tanto em termos de especialização e dedicação humana quanto no acesso a ferramentas modernas de tecnologia da informação (""*big data*"", Inteligência Artificial etc.) para o processamento de dados relevantes às apurações dos ilícitos e recuperação de ativos.

4. O NÚCLEO DE DEFESA DA PROBIDADE DA PROCURADORIA GERAL DO ESTADO DO RIO DE JANEIRO

A crescente conscientização quanto ao relevante papel a ser desempenhado pela Advocacia Pública na repressão aos ilícitos de improbidade e de corrupção tem fomentado reformulações nos referidos órgãos para o tratamento mais adequado desta matéria. O caminho aponta para a criação de novas estruturas organizacionais dedicadas, com atenção aos atributos da especialização, da segmentação de funções e da autonomia técnica, além de fortalecimento das respectivas estruturas material e financeira.

No último decênio verificou-se, com efeito, o surgimento, tanto em âmbito federal quanto estadual, de unidades de trabalho ou órgãos internos dedicados ao desempenho de funções preventivas e repressivas de combate à corrupção e afins. Na Advocacia Geral da União, ganhou merecido destaque a Equipe de Trabalho Remoto/ Probidade (ETR/Probidade), com formatação apropriada à dispersão territorial da AGU em todo o país e que obteve avanços significativos, inclusive, mas não apenas, no número de ações de improbidade administrativa ajuizadas. Coexiste de forma permanente na mesma instituição o Departamento de Patrimônio e Probidades da AGU, com destacada atuação no combate a irregularidades, rastreamento de bens e recuperação de ativos públicos.

Este movimento se faz sentir hoje igualmente no âmbito dos Estados da federação, mediante o paulatino surgimento, nos respectivos órgãos jurídicos, das *procuradorias especializadas* ou *núcleos* que, com algumas variações, são dedicados ao tema. Podemos citar, como exemplos, o *Núcleo Anticorrupção e de Combate a Improbidade Administrativa,* da Procuradoria Geral do Estado do Espírito Santo, a *Procuradoria de Defesa do Patrimônio Público e Probidade Administrativa,* da Procuradoria Geral do Estado de São Paulo e a *Procuradoria Disciplinar e de Probidade Administrativa,* da Procuradoria Geral do Estado do Rio Grande do Sul.

Conforme adiantado na introdução, este modelo foi adotado no Estado do Rio de Janeiro com a criação do *Núcleo de Defesa da Probidade* da Procuradoria Geral do Estado, com feições que buscam, a um só tempo, superar alguns dos problemas evidenciados ao longo do presente estudo e propiciar melhor ordenação e eficácia na resposta aos casos de improbidade e corrupção verificados no Estado. Os subitens seguintes compilam seus principais caracteres e atributos.

(*i*) Quanto às competências, destacam-se dentre as atribuições do Núcleo as atividades de consultoria jurídica sobre o campo das improbidades e atos de corrupção, inclusive no que toca aos processos de responsabilização administrativa -– PAR e acordos de leniência, previstos na Lei nº 12.846/2013, bem como receber e processar representações sobre atos nelas enquadrados. No âmbito judicial, é dever do Núcleo tanto a propositura das ações judiciais e providências acessórias previstas na Lei nº 8.429/1992 e na Lei nº 12.846/2013 como, também, a análise e sugestão quanto ao posicionamento a ser adotado pelo Estado nestas demandas e nas ações populares em que o Estado não figure como o autor originário. Compete-lhe, também, acompanhar o trâmite e atuar em ações penais de forma a garantir o ressarcimento de dano ao Erário. Importante prerrogativa é a possibilidade de, por deliberação própria de seus membros, instaurar procedimentos administrativos para colheita de elementos de convencimento, inclusive com a solicitação de documentação dos órgãos competentes e oitiva de pessoas. Compete ainda ao Núcleo propor a adoção de ferramentas e ajustes consensuais que visem ao aperfeiçoamento da governança pública estadual, no que se insere a prerrogativa de conduzir a negociação de acordos de não persecução cível previstos no art. 17, § 1º, da Lei nº 8.429/1992; por fim, são lhe atribuídas funções de representação da Procuradoria e de integração, via parcerias, com outros órgãos de controle.

(*ii*) Na sua composição, o Núcleo conta com um Procurador Presidente nomeado pelo Procurador-Geral do Estado e, no mínimo, outros dois membros por ele indicados, sendo facultada a participação de outros Procuradores do Estado nas suas reuniões, como convidados..

(*iii*) As decisões do Núcleo sobre as matérias de sua competência são adotadas sempre pelo voto da maioria dos membros presentes às reuniões, o que assegura o efetivo escrutínio coletivo dos casos submetidos à sua apreciação, bem como a natureza democrática do procedimento decisório.

Inobstante a incipiência e a estrutura material e humana reduzidas, o Núcleo de Defesa da Probidade da PGE-RJ, nos seus pouco mais de dois anos de existência, logrou colher resultados significativos, sinalizando o acerto do caminho escolhido.

Na atuação consultiva e preventiva, por exemplo, o Núcleo por vezes se posicionou em momentos críticos para a integridade pública estadual, tendo sua atuação impedido a consolidação de severos danos materiais e reputacionais ao Estado..

O número de ações civis públicas de improbidade ajuizadas pelo Estado por intermédio do Núcleo em intervalo de apenas dois anos supera o total compilado em todo do decênio anterior, valendo destacar que, em todas elas, a iniciativa foi capitaneada exclusivamente pela Procuradoria Geral do Estado, ou seja, com independência em relação a qualquer ação ou provocação de órgãos de controle colegitimados.

O núcleo vem desempenhando relevante papel como órgão consultivo no desenvolvimento dos acordos de leniência negociados pelo Estado do Rio de Janeiro.

Por fim, a atuação judicial incisiva do Núcleo somada ao bom relacionamento institucional por ele firmado com demais órgãos de controle (em especial o Ministério Público Federal), possibilitou o retorno efetivo aos cofres públicos estaduais, até o momento, de valores de mais de R$ 300.000.000,00 (trezentos milhões de reais) desviados nos diversos ilícitos apurados na ""operação lavajato"" e seus desdobramentos no Estado do Rio de Janeiro.

Para o futuro, pode-se sinalizar como objetivos para o Núcleo, dentre outros, o incremento das ferramentas de inteligência na identificação de ilegalidades; o avanço nas parcerias estratégicas com outros órgãos de controle; a implementação de um sistema de controle especial sobre licitações e contratações estratégicas da Administração estadual; o fomento e auxílio à Administração estadual na utilização dos Processos Administrativos de Responsabilização previstos na Lei nº 12.846/2013; e, por fim, a consolidação do Núcleo de Defesa da Probidade da PGE-RJ como órgão permanente do sistema de integridade pública do Estado do Rio de Janeiro.

5. CONCLUSÃO

O presente estudo pretendeu expor os contornos, questionamentos e potencialidades da atuação das instituições da Advocacia Pública nacional no campo do controle preventivo e repressivo dos atos de improbidade administrativa e de corrupção. Ao invés de optar pela enunciação descritiva das atribuições imputadas aos advogados públicos pela Lei nº 8.429/1992 e pela Lei nº 12.846/2013, dentre outras, o estudo pretendeu focar-se na natureza da função de controle exercida pelos advogados públicos nestas e em similares hipóteses, visitando desde as suas bases constitucionais habilitadoras até os desafios e questionamentos ao seu adequado desempenho pelas Procuraturas de Estado. Sustentou-se que os potenciais problemas apontados (referentes, basicamente, a alinhamento de interesses, funcionamento e estrutura) não se resolvem através da mera repetição de fórmulas apodíticas e retóricas de blindagem institucional, mas sim pela constante revisão e aprimoramento dos mecanismos de formulação, execução e ""*accountability*"" das suas ações, bem como pela promoção de uma cultura de controle, tanto internamente à instituição jurídica quanto nos demais órgãos da administração. Neste sentido, destacou-se, por fim, a criação de órgãos de advocacia de Estado dedicados e devidamente estruturados – ao estilo do Núcleo de Defesa da Probidade da PGE-RJ – como promissoras ferramentas para a consolidação, evolução e inserção do singular papel a ser desempenhado pela Advocacia Pública no cenário de controle e promoção da integridade pública no país.

6. REFERÊNCIAS

AÇÕES de improbidade ajuizadas pela AGU em 2020 têm aumento de 17% em comparação com ano anterior. *Gov.br*, 30 dez. 2020. Disponível em: https://www.gov.br/agu/pt-br/comunicacao/noticias/acoes-de-improbidade-ajuizadas-pela-agu-em-2020-tem-aumento-de-17-em-comparacao-com-ano-anterior. Acesso em: 09 maio 2021.

AGUIAR, Alexandre Magno Fernandes Moreira. Para que serve o advogado público?. *DireitoNet*, 25 jul. 2007. Disponível em: https://www.direitonet.com.br/artigos/exibir/3638/Para-que-serve-o-advogado-publico. Acesso em: 04 maio 2021.

ALMEIDA, Bruno Félix de; NOGUEIRA, Rafael Moreira. Defesa da Probidade na Advocacia Pública Federal: as ações de improbidade administrativa e o 'case' da Procuradoria-Geral Federal. *In: Revista da Advocacia Pública Federal / Associação Nacional dos Advogados Públicos Federais (ANAFE)*, Brasília, v. 3, n. 3, p. 198, Brasília, 2019.

BRASIL. [Constituição (1988)]. *Constituição da República Federativa do Brasil de 1988*. Brasília, DF: Presidência da República, [1988].

BRASIL. *Lei nº 14.133, de 1º de abril de 2021*. Lei de Licitações e Contratos Administrativos. Brasília: Secretaria-Geral, [2021].

BRASIL. Supremo Tribunal Federal. *ADI 2.581/SP*. Ato Normativo - – Inconstitucionalidade. A declaração de inconstitucionalidade de ato normativo pressupõe conflito evidente com dispositivo constitucional. Projeto de Lei - – Iniciativa - – Constituição do Estado - – Insubsistência. A regra do Diploma Maior quanto à iniciativa do chefe do Poder Executivo para projeto a respeito de certas matérias não suplanta o tratamento destas últimas pela vez primeira na Carta do próprio Estado. Procurador-geral do Estado - – Escolha entre os integrantes da carreira. Mostra-se harmônico com a Constituição Federal preceito da Carta estadual prevendo a escolha do Procurador-Geral do Estado entre os integrantes da carreira. Relator: Ministro Maurício Corrêa. Redator para acórdão: Ministro Marco Aurélio. j. 16/.08/.2007, maioria. DJe 152, 14.08. ago. 2008.

BRASIL. Supremo Tribunal Federal. Plenário. *ADI 2.682/AP*. Ação Direta de Inconstitucionalidade. 2. Expressão ""preferencialmente"" contida no art. 153, § 1º, da Constituição do Estado do Amapá-Amapá; art. 6º da Lei Complementar 11/1996, do Estado do Amapá, na parte em que conferiu nova redação ao art. 33 da Lei Complementar 6/1994 do mesmo Estado; e redação originária do art. 33, § 1º, da Lei Complementar 6/1994, do Estado do Amapá. 3. Rejeitada a preliminar de inépcia da petição inicial. A mera indicação de forma errônea de um dos artigos impugnados não obsta o prosseguimento da ação, se o requerente tecer coerentemente sua fundamentação e transcrever o dispositivo constitucional impugnado. 4. Provimento em comissão, de livre nomeação e exoneração pelo Governador, dentre advogados, dos cargos de Procurador-Geral do Estado, Procurador de Estado Corregedor, Subprocurador-Geral do Estado e Procurador de Estado Chefe. Alegada violação ao art. 132 da Constituição Federal. A forma de provimento do cargo de Procurador-Geral do Estado, não prevista pela Constituição Federal (art. 132), pode ser definida pela Constituição Estadual, competência esta que se insere no âmbito de autonomia de cada Estado-membro. Precedentes: ADI 2.581 e ADI 217. Constitucionalidade dos dispositivos impugnados em relação aos cargos de Procurador-Geral do Estado e de seu substituto, Procurador de Estado Corregedor. Vencida a tese de que o Procurador-Geral do Estado, e seu substituto, devem, necessariamente, ser escolhidos dentre membros da carreira. 5. Viola o art. 37, incisos II e V, norma que cria cargo em comissão, de livre nomeação e exoneração, o qual não possua o caráter de assessoramento, chefia ou direção. Precedentes. Inconstitucionalidade dos dispositivos impugnados em relação aos cargos de Subprocurador-Geral do Estado e de Procurador de Estado Chefe. 6. Ação julgada parcialmente procedente. Relator: Ministro Gilmar Mendes, j. 12/02/2009, Tribunal Pleno, Data de Publicação: DJe-113 DIVULG 18-.06-.2009 PUBLIC 19-.06-.2009 EMENT VOL-02365-01 PP-00024 LEXSTF v. 31, n. 367, 2009, p. 63-85.

BRASIL. Supremo Tribunal Federal. *ADI 5.215/GO*. Direito Constitucional e Administrativo. Ação Direta. Emenda à Constituição Estadual que cria o cargo de Procurador Autárquico em Estrutura Paralela à Procuradoria do Estado. Inconstitucionalidade Formal e Material. Relator: Ministro Luís Roberto Barroso, j. 28/.03/.2019, DJe 01º/.08/.2019.

BUCCI, Maria Paula Dallari. Um decálogo para a Advocacia Pública. *Migalhas*, 1 out. 2010. Disponível em: https://www.migalhas.com.br/depeso/70022/um-decalogo-para-a-advocacia-publica. Acesso em: 06 maio 2021.

CASTRO, Aldemario Araujo. *Corrupção, advocacia pública e prevenção*. Uol, 25 mar. 2021. Disponível em: https://congressoemfoco.uol.com.br/opiniao/anafe/corrupcao-advocacia-publica-e-prevencao/. Acesso em: 07 maio 2021.

DI PIETRO, Maria Sylvia Zanella. Advocacia Pública. *Revista Jurídica da Procuradoria Geral do Município de São Paulo*, São Paulo, n. 3, p. 17.

ESTRATÉGIA NACIONAL DE COMBATE À CORRUPÇÃO E LAVAGEM DE DINHEIRO. Big data e inteligência artificial: usos voltados para o combate à corrupção e à lavagem de dinheiro. *ENCCLA*. Disponível em: http://enccla.camara.leg.br/acoes/acoes-de-2021. Acesso em: 04 maio 2021.

MADUREIRA, Claudio. *Advocacia Pública*. 2. ed. Belo Horizonte: Fórum, 2016, p. 109-113.

MOREIRA NETO, Diogo de Figueiredo Moreira. A Advocacia de Estado revisitada: essencialidade ao Estado Democrático de Direito. In: GUEDES, Jefferson Carús; SOUZA, Luciane Moessa (Coord.). *Advocacia de Estado: questões institucionais para a construção de um Estado de Justiça*. Belo Horizonte: Fórum, 2009.

MOREIRA NETO, Diogo de Figueiredo Moreira. As Funções Essenciais à Justiça e as Procuraturas Constitucionais. *Revista de Informação Legislativa*, Brasília, v. 116, p. 90, Brasília, out./dez. 1992.

PIERONI, Fabrizio de Lima; SILVA, Marcello Terto. Advocacia de Estado contra a corrupção. *Migalhas*, 6 mar. 2020. Disponível em: https://www.migalhas.com.br/depeso/321308/advocacia-de-estado--contra-a-corrupcao. Acesso em: 04 maio 2021.

SOARES, Pedro Vasques. Advocacia Pública se consolida no combate à corrupção. *Jota*, 16 fev. 2019. Disponível em https://www.jota.info/opiniao-e-analise/colunas/tribuna-da-advocacia-publica/advocacia-publica-se-consolida-no-combate-a-corrupcao-16022019. Acesso em: 04 maio 2021.

WERNER, Patricia Ulson Pizarro. A atuação da Advocacia Pública no combate à corrupção e aos atos de improbidade administrativa: uma análise propositiva a partir da compreensão da teoria do ciclo das políticas públicas. In: MOURÃO, Carlos Figueiredo; HIROSE, Regina Tamami (Coord.). *Advocacia pública contemporânea*: desafios da defesa do Estado. Belo Horizonte: Fórum, 2019, p. 227-256.

PARTE IV
OS CRIMES CONTRA A ADMINISTRAÇÃO PÚBLICA E SUA REPERCUSSÃO SOBRE A ATIVIDADE ADMINISTRATIVA

BREVES REFLEXÕES SOBRE AS CONTRIBUIÇÕES DO DIREITO PENAL PARA A EFETIVAÇÃO DO DIREITO ADMINISTRATIVO SANCIONATÓRIO FOCADO NO COMBATE À CORRUPÇÃO

Marcelle Figueiredo

Procuradora do Estado do Rio de Janeiro. Mestre em Direito Público pela Universidade do Estado do Rio de Janeiro. Membro do Núcleo de Defesa da Probidade da PGE-RJ

É simples dizer que a existência de um controle interno eficiente da Administração Pública afasta a ocorrência de atos de improbidade e de crimes, como corrupção ativa ou passiva e lavagem de dinheiro. No entanto, é importante ter uma perspectiva reversa: de que modo os mecanismos do Direito Penal podem contribuir para o recrudescimento do controle interno da atividade administrativa? Em outras palavras, quais institutos do Direito Penal podem ser aplicados às ferramentas utilizadas pelo Direito Administrativo sancionador para o combate à corrupção?

Em primeiro lugar, cumpre cotejar alguns elementos básicos do Direito Penal e do Microssistema de Combate à Corrupção, formado pela Lei de Improbidade Administrativa (Lei 8.429/92) e pela Lei Anticorrupção Empresarial (Lei 12.846/13), as quais estão no âmbito do Direito Administrativo sancionador.

O primeiro elemento de comparação é o bem jurídico tutelado por ambos os ramos do Direito. O controle interno da Administração Pública tem como principal objetivo a defesa da higidez da ordem jurídica e do patrimônio público. De forma geral, o Direito Administrativo sancionador visa à tutela do patrimônio público e dos princípios da Administração Pública. É isso que se verifica dos artigos 9º, 10 e 11 da Lei 8.429/1992 – que definem quais são os atos de improbidade – e do artigo 5º da Lei 12.846/2013 – que indica os atos lesivos à Administração Pública. Nesse ponto, é importante dizer que esse microssistema visa tanto a aplicar sanções administrativas a agentes públicos e entes privados como a recompor o patrimônio público lesado.

Já o bem jurídico tutelado pelo Direito Penal pode ser diverso dependendo do tipo analisado. Enquanto os tipos previstos na Lei nº 8.666/1993, por exemplo, visam a tutelar, principalmente, a ordem jurídica e os princípios da Administração Pública, outros delitos tutelam outros bens jurídicos. O crime de lavagem de dinheiro, por exemplo, pode ser identificado como pluriofensivo, já que atinge a ordem econômica, pois a circulação de bens e valores ilícitos não contribui para uma ordem econômica justa, mas também fere a livre concorrência e dificulta ou impede a atuação da justiça.

Além disso, ele também reforça a finalidade da tipificação do delito antecedente, que é imprescindível à ocorrência do crime de lavagem de dinheiro. Aqui é importante lembrar que não há uma preocupação com a recomposição do patrimônio, mas sim com a fixação de uma pena ao agente.

Outros aspectos relevantes a serem destacados no cotejo desses dois ramos do Direito são o elemento volitivo exigido para a caracterização do ato a ser sancionado ou do tipo penal e a natureza jurídica da pessoa a ser responsabilizada.

A Lei de Improbidade exige uma conduta dolosa para a caracterização do ato de improbidade ou, ao menos, uma culpa grave, na hipótese de ato gerar prejuízo ao erário. Além disso, tanto o agente público como o agente privado podem ser responsabilizados, muito embora seja importante destacar que a ação de improbidade deve necessariamente contar com um agente público no polo passivo, o que indica que é impossível a ocorrência de um ato de improbidade sem a participação de um servidor público, no sentido lato do termo.

Por outro lado, os crimes contra a Administração Pública, de um modo geral, exigem dolo do agente. Além disso, grande parte deles são classificados como crimes de mão própria, ou seja, cometidos por pessoa expressamente definida, qual seja, o funcionário público. O artigo 327 do Código Penal traz uma definição de funcionário público que é aquele que *"embora transitoriamente ou sem remuneração, exerce cargo, emprego ou função pública"*. Também não é demais dizer que, com exceção dos chamados "crimes ambientais", as pessoas jurídicas, no Brasil, não são sujeitas à responsabilização criminal pelos atos e omissões de seus empregados e terceiros. Neste ponto, é relevante destacar que o *Foreign Corrupt Practices Act* (FCPA), que é a Lei Americana Anticorrupção e o *Bribery Act*, a Lei anticorrupção do Reino Unido, preveem a possibilidade da responsabilidade penal da pessoa jurídica em atos de corrupção cometidos por funcionários ou terceiros relacionados à empresa, desde que o agente esteja atuando (i) dentro do escopo de sua autoridade; e (ii) em nome da empresa.

Por fim, a Lei Anticorrupção Empresarial prevê a responsabilização administrativa da sociedade empresária, independentemente da responsabilização individual do empregado. Portanto, a empresa responde de forma objetiva pelos atos de seus empregados. Nesse aspecto, a Lei Anticorrupção é inovadora porque se vale do Direito Administrativo sancionador para punir a pessoa jurídica independentemente da persecução penal do agente pessoa física.

Depois desta introdução sobre os elementos de contato e as diferenças entre o Direito Penal e o Direito Administrativo sancionador envolvendo improbidade e anticorrupção, é relevante trazer algumas breves considerações sobre criminologia, em outras palavras, sobre as razões que levam alguém, muitas vezes com elevado poder aquisitivo e educação formal, a cometer crimes definidos como os do colarinho branco.

Na década de 1940, o sociólogo Edwin Sutherland[1], ao estudar a criminologia dos chamados crimes do colarinho branco, cunhou a ideia do triângulo da corrupção ou da fraude, que é baseada na premissa de que a corrupção e a fraude não são ocorrências aleatórias, mas ocorrem quando há elementos propícios para tanto. E são três esses elementos:

1) Pressão/Motivo – Necessidade financeira; o estilo de vida acima da capacidade financeira do corruptor; a diferença entre a necessidade financeira e a remuneração auferida; complexo de superioridade e ganância. É a força motriz que faz com que uma pessoa cometa ato de corrupção.

2) Oportunidade – Fraqueza nos controles internos, porque o corruptor acredita ser possível lograr êxito em cometer a fraude e, mesmo assim, permanecer encoberto. O risco da fraude depende de uma multiplicidade de razões, mas a principal delas é a ausência de mecanismos de controle de natureza preventiva.

3) Racionalização – As justificativas que o agente apresenta para si mesmo para se convencer ao cometimento de suas ações. Nesse ponto estão englobadas, por exemplo, as facilidades que o agente corruptor tem, ao ocupar um alto cargo executivo, para sobrepujar os controles internos ou para ter acesso a informações confidenciais que permitiriam o cometimento de atos de improbidade ou fraudulentos. Neste ponto, também estão englobados os defeitos na formação do caráter do corruptor, muito embora, por essa teoria, isso não seja determinante para a ocorrência de um ato fraudulento.

O objetivo desse conceito de triângulo da corrupção é ter em mente que deter um desses elementos faz com que seja possível impedir ou reduzir a ocorrência de atos fraudulentos ou ímprobos. Fato é que, dentre esses três elementos, o mais importante para o sistema de controles internos da Administração Pública é a oportunidade. Se for possível criar internamente elementos que impeçam os dificultem as brechas para a ocorrência de corrupção, tal conduta será minimizada.

No entanto, há ainda outro elemento que também compõe a conduta ímproba ou corrupta. Eugene Soltes, professor da Harvard Business School, fez uma extensa pesquisa sobre as razões que levam altos executivos de grandes empresas a incorrerem em crimes[2]. Além de expor a teoria do triângulo da corrupção, ele apresenta ainda um outro fator que seria também decisivo no cometimento desses crimes.

Segundo ele, ao contrário da violência física, o dano causado pelos atos de improbidade ou corrupção não causam a mesma aversão emocional, porque na maior parte das vezes não ocorre qualquer contato entre o agente e aquele que realmente sentirá as consequências do dano. Essa ausência de repulsa quanto à conduta corrupta pode ser observada em eventos recentes observados no Estado do Rio de Janeiro: nas contratações de respiradores durante a pandemia da Covid-19, aquele agente público

---

1. SUTHERLAND, Edwin. *White Collar Crime*. New York: The Dryden Press, 1949, p. 234 e ss.
2. SOLTES, Eugene. *Why they do it*. New York: Public Affairs, 2016, p. 115 e ss.

que assina um Termo de Referência com elementos que indicam um direcionamento, aquela empresa que apresenta uma proposta de preços de cobertura, ou mesmo aquela outra que apresenta uma proposta superfaturada estão tão distantes dos indivíduos que realmente vão precisar do aparelho que, na perspectiva do agente corruptor, não há qualquer consideração acerca da situação das vítimas.

Nesse sentido, a conclusão do professor de Harvard é a de que as vítimas e o dano a elas causado não são sequer considerados no cometimento dos crimes chamados de colarinho branco, mesma lógica aplicável aos crimes contra a Administração Pública.

Então, muito embora o objetivo do presente *paper* não seja analisar profundamente os elementos de criminologia envolvidos nesses casos, é possível concluir que as razões que levam o indivíduo a cometer atos de improbidade ou corrupção estão longe de se limitar a uma análise dos prós e contras da sua conduta. Aqueles que praticam esse tipo de crime não fazem uma análise consequencialista das suas decisões no sentido de concluir que os benefícios superariam os custos. Na verdade, ignorando os custos, ou seja, os danos a serem infligidos, os agentes corruptores tendem a ter uma autoconfiança nas suas ações e na maior parte das vezes não submetem suas decisões ao escrutínio de outras pessoas. Daí porque uma das boas práticas de controle interno importante para evitar atos de improbidade seja a segregação de funções.

Analisando-se mais detidamente quais mecanismos do Direito Penal podem contribuir para o Direito Administrativo sancionador no combate à corrupção, é possível destacar, em primeiro lugar, as exigências legais impostas às chamadas pessoas jurídicas obrigadas e que contribuiriam para o *compliance* interno desses entes.

A Lei nº 9.613/1998, que dispõe sobre o crime de lavagem de dinheiro, por meio da alteração que sofreu pela Lei nº 12.683/2012, impôs às chamadas pessoas físicas e jurídicas obrigadas determinadas condutas para que estas entidades efetivem o controle interno de suas próprias atividades. São diversos esses setores obrigados, como por exemplo: instituições financeiras e consórcios; empresas seguradoras e de previdência complementar; instituições que atuam no mercado de valores mobiliários; empresas de fomento comercial (*factoring*); joalherias; comércio de bens de luxo ou de alto valor; comércio de imóveis; juntas comerciais e registros públicos.

Muito embora já existissem tratados internacionais demandando *compliance*, principalmente do setor financeiro, a Lei 12.683/2012, que trata de aspectos penais, foi uma das primeiras a impor a exigência de controles internos de alguns setores da economia.

O inciso III, do art. 10 da Lei 9.613/1998 (alterada pela Lei 12.683/2012) assim determina:

> Art. 10. As pessoas referidas no art. 9º:
> (...)
> III – deverão adotar políticas, procedimentos e controles internos, compatíveis com seu porte e volume de operações, que lhes permitam atender ao disposto neste artigo e no art. 11, na forma disciplinada pelos órgãos competentes.

Este dispositivo é considerado o grande marco no Brasil do sistema de *compliance*, uma vez que foi a referida Lei que passou a obrigar – e não apenas facultar – a existência de controles internos às empresas que utilizam grande quantidade de capital em suas atividades diárias.

Além de contribuir para a institucionalização do *compliance*, a Lei nº 9.613/1998 criou o Conselho de Controle de Atividades Financeiras (Coaf), que permite a identificação e o rastreamento de dinheiro oriundo do crime organizado. O Coaf recebe informações dos já citados setores obrigados, sobre movimentações financeiras suspeitas de lavagem de dinheiro ou de cometimento de outros ilícitos realizados por seus clientes.

Os resultados do trabalho de recebimento e análise das comunicações de operações suspeitas são documentados nos Relatórios de Inteligência Financeira. Quando o resultado das análises indicar a existência de fundados indícios de lavagem de dinheiro, ou qualquer outro ilícito, os RIFs são encaminhados às autoridades competentes para instauração dos procedimentos cabíveis.

As informações que integram um RIF são eminentemente de inteligência financeira e protegidas por sigilo legal. Além disso, o dever de preservação desse sigilo é transferido às autoridades destinatárias. É importante ressaltar que tais informações não são provas de ilícitos, mas constituem indícios que devem ser adequadamente investigados pelas autoridades competentes, podendo, por exemplo, subsidiar a sindicância patrimonial de servidores públicos.

Outra importante contribuição apresentada pela Lei 12.683/2012 foi a consolidação do instituto da colaboração premiada, que, posteriormente, constituiria o gérmen dos acordos de leniência. Assim dispõe o § 5º, do artigo 1º da Lei 9.613/1998, com as alterações trazidas pela Lei 12.683/12:

> Art. 1º. (...)
>
> § 5º A pena poderá ser reduzida de um a dois terços e ser cumprida em regime aberto ou semiaberto, facultando-se ao juiz deixar de aplicá-la ou substituí-la, a qualquer tempo, por pena restritiva de direitos, se o autor, coautor ou partícipe colaborar espontaneamente com as autoridades, prestando esclarecimentos que conduzam à apuração das infrações penais, à identificação dos autores, coautores e partícipes, ou à localização dos bens, direitos ou valores objeto do crime.

O Direito Penal também fornece outros elementos importantes no combate à corrupção por meio do Direito Administrativo sancionador: no âmbito da ação penal pode ocorrer a quebra do sigilo fiscal e telemático dos agentes e, por meio do compartilhamento de provas, esses dados podem ser utilizados para fazer prova em ação de improbidade ou indicar a responsabilização da sociedade empresária no âmbito do processo administrativo de responsabilização, previsto na Lei 12.846/2013.

Além disso, o Direito Penal possui mecanismos mais eficientes para seguir o dinheiro e, por isso, pode contribuir de maneira mais eficaz para a recomposição do patrimônio público. A Administração Pública ainda enfrenta enormes dificuldades na condução de ações de improbidade e no sequestro de ativos para indenizar materialmente o Estado, quando lesado.

No mais, uma das maiores contribuições do Direito Penal para o controle interno da atividade administrativa é trazer luz para novos tipos de esquemas e procedimentos criminosos utilizados pelos corruptores. Fato é que os criminosos sempre estão à frente dos controles da Administração Pública. As organizações criminosas aprendem com o erro, rearticulam-se rapidamente e estão sempre um passo à frente do Estado. Assim, compartilhar o *iter criminis* com a Administração Pública permite que esta se rearranje e estabeleça novas formas de controle, para que o triângulo da corrupção citado anteriormente não se materialize.

Por fim, um último ponto importante a ser mencionado é acerca dos acordos de leniência. Como já afirmado, eles tiveram como inspiração os acordos de colaboração premiada do âmbito penal e também possuem como finalidade a redução da sanção que seria imposta, tendo como contrapartida o fornecimento de elementos informativos para a persecução de demais indivíduos ou infrações. Confira-se o artigo 16, da Lei 12.846/2013:

> Art. 16. A autoridade máxima de cada órgão ou entidade pública poderá celebrar acordo de leniência com as pessoas jurídicas responsáveis pela prática dos atos previstos nesta Lei que colaborem efetivamente com as investigações e o processo administrativo, sendo que dessa colaboração resulte:
> I – a identificação dos demais envolvidos na infração, quando couber; e
> II – a obtenção célere de informações e documentos que comprovem o ilícito sob apuração.

Na prática, diante da dificuldade da obtenção de ressarcimento ao Erário público por meio da via judicial, especialmente a ação de improbidade administrativa[3], a opção pela formalização de acordo de leniência parece ser a mais eficiente para o Estado, considerando que afasta os custos e as incertezas das demandas judiciais.

Com efeito, a exigência de que a sociedade empresária assuma os atos de corrupção perpetrados, no âmbito do acordo de leniência, é um caminho mais interessante para dissuasão do cometimento de novas infrações. É relevante destacar, ainda, que os acordos de leniência podem conter cláusulas de monitoramento da implementação de instrumentos de *compliance*, o que reforça ainda mais o objetivo de prevenção almejado com a solução consertada para o conflito.

No entanto, exatamente por conta da ineficiência da ação de improbidade administrativa e do processo administrativo de responsabilização na implementação de sanções aos atos ímprobos ou corruptos, os incentivos para a formalização dos acordos de leniência são diminutos[4]. Se a sociedade empresária infratora tem a (quase) certeza da impunidade, o que pode servir de estímulo ao acordo?

---

3. GOMES JUNIOR, Luiz Manoel (Coord.). *Lei de improbidade administrativa*: obstáculos à plena efetividade do combate aos atos de improbidade. Brasília: Conselho Nacional de Justiça, 2015, https://www.cnj.jus.br/wp-content/uploads/2011/02/1ef013e1f4a64696eeb89f0fbf3c1597.pdf.

4. PIMENTA, Raquel de Mattos. *A construção dos acordos de leniência da lei anticorrupção*. São Paulo: Blucher, 2020, p. 160: "Ora, se o colaborador já assumiu os crimes e negociou o tempo de reclusão, já reconheceu a responsabilidade objetiva e negociou a multa sobre o faturamento (etc.), por que reconheceria o dano, se tiver que restitui-lo integralmente, quando sabe da ineficiência do Estado em recuperá-lo pelas vias tra-

Nesse ponto, é importante destacar o papel do Direito Penal no fortalecimento de meios extrajudiciais para a solução de controvérsias no âmbito do Direito Administrativo sancionador. Não raro, verifica-se que, somente após deflagradas investigações criminais ou mesmo prisões preventivas, as sociedades empresárias se colocam à disposição para a negociação no âmbito da Lei 12.846/2013, prevendo a extrapolação dos efeitos dessa apuração no âmbito administrativo.[5] Muito embora, este *paper* careça de dados empíricos, parece que o maior incentivo atual para a formalização dos acordos de leniência é a persecução criminal.

Portanto, o Direito Penal está umbilicalmente associado ao Microssistema Administrativo de combate à corrupção, seja porque muitas das infrações administrativas são primeiramente objeto de investigação criminal, seja porque o Direito Penal possui mecanismos relevantes para a investigação e busca de ativos para o ressarcimento da Administração Pública. É claro que o objetivo deste estudo foi tão-somente lançar luz sobre a interligação entre esses dois ramos do Direito, mas é relevante refletir ainda sobre uma questão que merece melhor investigação: o Direito Administrativo sancionador de combate à corrupção, em especial, o instituto do acordo de leniência, sobrevive sem o arcabouço penal?

REFERÊNCIAS

BRASIL. *Lei 8.429 de 2 de junho de 1992*. Dispõe sobre as sanções aplicáveis aos agentes públicos nos casos de enriquecimento ilícito no exercício de mandato, cargo, emprego ou função na administração pública direta, indireta ou fundacional e dá outras providências. Disponível em: http://www.planalto.gov.br/ccivil_03/leis/l8429.htm.

BRASIL. *Lei 8.666 de 21 de junho de 1993*. Regulamenta o art. 37, inciso XXI, da Constituição Federal, institui normas para licitações e contratos da Administração Pública e dá outras providências. Disponível em: http://www.planalto.gov.br/ccivil_03/leis/l8666cons.htm.

BRASIL. *Decreto-lei 2.848 de 7 de dezembro de 1940*. Código Penal. Disponível em: http://www.planalto.gov.br/ccivil_03/decreto-lei/del2848compilado.htm.

BRASIL. *Lei 9.613 de 3 de março de 1998*. Dispõe sobre os crimes de "lavagem" ou ocultação de bens, direitos e valores; a prevenção da utilização do sistema financeiro para os ilícitos previstos nesta Lei;

---

dicionais? Acho que enquanto a eficiência de recuperação estiver com perspectivas tão baixas, enquanto o dano só for negociado depois das sanções penais e das responsabilizações objetivas (com seus inúmeros agentes habilitados a negociar), enquanto não houver uma legislação whistleblowing, a única forma de haver colaboração para a restituição do dano é transigir também nesse ponto. Isso é uma afirmação bem controversa e pode ter uma reprovação enorme, mas não vejo outra saída e não entendo ser ilegal transigir no dano. (...) O Estado receberia de forma consensual mais do que teria a perspectiva de conseguir restituir pelas vias tradicionais, com isso incrementando sua capacidade de restituição, que serviria de critério para negociações futuras. Os infratores e a sociedade enxergariam o efeito dissuasivo com a percepção de que infringir a lei ainda é vantajoso, mas não tanto quanto antes, e está ficando cada vez menos vantajoso; melhor não infringir. Atingido um determinado patamar de eficiência recuperadora-sancionadora, passam a valer os modelos da economia do crime tradicionais. Essa tese depende de estudos e fundamentações adicionais, mas acho que fui suficientemente claro, ao menos até que eu consiga publicá-la" [trecho de entrevista com o auditor fiscal do Tribunal de Contas da União Nivaldo Dias Filho].

5. HENNING, Peter J. *The Organizational Guidelines: R.I.P.?*, 116 Yale L.J. Pocket Part 312 (2007), http://yalelawjournal.org/forum/the-organizational-guidelines-rip.

cria o Conselho de Controle de Atividades Financeiras – COAF, e dá outras providências. Disponível em: http://www.planalto.gov.br/ccivil_03/leis/l9613.htm.

BRASIL. *Lei 12.683 de 9 de julho de 2012*. Altera a Lei 9.613, de 3 de março de 1998, para tornar mais eficiente a persecução penal dos crimes de lavagem de dinheiro. Disponível em: http://www.planalto.gov.br/ccivil_03/_ato2011-2014/2012/lei/l12683.htm.

BRASIL. *Lei 12.846 de 1º de agosto de 2013*. Lei de Improbidade Administrativa. Dispõe sobre a responsabilização administrativa e civil de pessoas jurídicas pela prática de atos contra a administração pública, nacional ou estrangeira, e dá outras providências. Disponível em: http://www.planalto.gov.br/ccivil_03/_ato2011-2014/2013/lei/l12846.htm.

GOMES JUNIOR, Luiz Manoel (Coord.). *Lei de improbidade administrativa: obstáculos à plena efetividade do combate aos atos de improbidade*. Brasília: Conselho Nacional de Justiça, 2015, https://www.cnj.jus.br/wp-content/uploads/2011/02/1ef013e1f4a64696eeb89f0fbf3c1597.pdf.

HENNING, Peter J. *The Organizational Guidelines: R.I.P.?*, 116 Yale L.J. Pocket Part 312 (2007), http://yalelawjournal.org/forum/the-organizational-guidelines-rip.

PIMENTA, Raquel de Mattos. *A construção dos acordos de leniência da lei anticorrupção*. São Paulo: Blucher, 2020.

SOLTES, Eugene. *Why they do it*. New York: Public Affairs, 2016.

SUTHERLAND, Edwin. *White Collar Crime*. New York: The Dryden Press, 1949.

Parte V
As interações dos controles na apuração de improbidade administrativa

REFLEXÕES SOBRE IMPROBIDADE ADMINISTRATIVA E CONTROLE INTERNO DE LEGALIDADE[1]

Joaquim Pedro Rohr

Procurador do Estado. Especialista em Direito do Estado. Chefe do Núcleo de Defesa da Probidade da PGE-RJ.

Recentemente, houve a criação do Núcleo de Defesa da Probidade na PGE para exercer algumas funções para as quais se constatou não serem amplamente exercidas pela Procuradoria. Achou-se conveniente formar um núcleo de procuradores, um colegiado de procuradores, que ficaria responsável por algumas atribuições específicas de respeito à defesa de probidade, tendo em vista todo o histórico pelo qual o Estado do Rio de Janeiro atravessou nos últimos anos e nas últimas décadas.

Esse núcleo foi criado em 2019 e desde então como integrante, e depois chefe desse Núcleo de Defesa da Probidade, o aprendizado prático sobre questões teóricas acerca da improbidade administrativo vem sendo um desafio diário. Então, o tema aqui que está sendo tratado nessa pequena exposição se pretende mesmo a uma reflexão, e não a uma aula. É uma reflexão a qual me propus para gerar indagações, para que os agentes de controle comecem a pensar um pouco mais na função do controle interno e especialmente sobre a atuação do núcleo no exercício desse controle interno no âmbito da defesa da probidade.

Iniciemos pelas funções do Núcleo. O art. 2º, incisos II e III, da Resolução PGE 4319 de 2019, atribuem ao núcleo a seguinte competência: patrocinar o ingresso do Estado, das suas autarquias e fundações no polo ativo das ações civis públicas por ato de improbidade ou por ato de corrupção; e a competência para propor, nos termos de art. 17 da Lei 8.429/92 e na Lei Anticorrupção (Lei 12.846 de 2013), ação civil pública por ato de corrupção ou ato de improbidade.

Sendo o tema voltado à improbidade, a matéria dentro do âmbito da PGE é primeiramente submetida ao Núcleo para avaliar se o Estado, a autarquia ou a fundação devem ingressar no polo ativo dessa ação ou defender aquele ato que está sendo questionado pelo Ministério Público, pela Defensoria Pública ou por qualquer outro legitimado. Ou, a terceira opção que se coloca à frente do Estado nessas ações

---

1. Texto extraído de palestra realizada em 11 de dezembro de 2020, anterior, portanto, à Lei 14.230/21 que alterou a Lei 8.429/92. Dessa forma, a fim de adequá-la à nova sistemática legal, foram realizadas alterações pontuais no texto para refletir o entendimento ali exposto à atual legislação.

civis públicas é simplesmente manifestar interesse, mas não aderir a nenhum polo. Ficar em posição de espera, aguardando uma maior dilação probatória, uma maior instrução no decurso do processo, para depois, então, decidir se adere ao polo ativo ou faz a defesa do ato. Todas essas questões são submetidas ao Núcleo.

Além disso, compete ao Núcleo absorver e internalizar demandas que digam respeito a atos de improbidade. Demandas feitas externamente, pelo controle externo, e demandas internas, pelos órgãos de controle interno e pelas assessorias jurídicas das Secretarias. Quando vislumbram alguma possibilidade da prática de um ato de improbidade num expediente, eles o encaminham para a PGE a fim de analisar se é caso ou não de propositura de uma ação de improbidade administrativa ou de ação fundada na Lei Anticorrupção.

Essa atuação do núcleo deflui da própria Lei 8.429/92, cujo art. 17 diz que os legitimados para a propositura da ação civil pública por ato de improbidade são o Ministério Público, a pessoa jurídica interessada e o lesado. Então, nesse contexto, em sendo o Estado, ou suas autarquias e fundações, a parte lesada pelo ato de improbidade, a PGE detém plena competência para ajuizar uma ação de improbidade administrativa, caso entenda cabível.

Recentemente, veio a ser finalmente votado o PL 10.887/2018, que refletia um movimento forte de alteração da Lei de Improbidade Administrativa e que culminou com a aprovação e sanção da Lei 14.230/21, que alterou diversos dispositivos da Lei 8.429/92. Uma das principais alterações empreendidas foi retirada a competência das Fazendas Públicas para o ajuizamento da ação civil pública por ato de improbidade administrativa. Nesse contexto, sob a égide da Lei 14.230/21, a atuação da PGE ficaria restrita a somente se manifestar no âmbito da ACP, sem poder se posicionar se adere ou não ao polo ativo. No máximo, poder-se-ia cogitar numa atuação na condição de assistente litisconsorcial. Contudo, em recente decisão do Min. Alexandre de Moraes nos autos das ADIs 7041 e 7042, foi concedida interpretação conforme a Constituição ao *caput* e §§6º-A, 10-C e 14, do artigo 17 da Lei n.º 8.429/92, com redação dada pela Lei 14.230/21, no sentido de reconhecer a legitimidade ativa concorrente entre o Ministério Público e as pessoas jurídicas interessadas para a propositura da ação civil pública por ato de improbidade administrativa. Assim, por conta desta decisão provisória, persiste a legitimidade da PGE para ajuizar ação civil pública por ato de improbidade administrativa independente da atuação do Ministério Público.

Passando ao tema em si da improbidade. Improbidade administrativa, todos já sabem, é uma ilegalidade qualificada. Não basta a ilegalidade para caracterizar um ato improbidade, é necessária a presença de ilegalidade qualificada, na qual é imprescindível a demonstração do elemento subjetivo. Essa concepção já está mais do que sedimentada no STJ, que exigia, para fins de caracterização de improbidade, se a hipótese estiver versada no art. 9º ou no art. 11, o dolo do agente. O art. 9º prevê os atos de improbidade que geram o enriquecimento ilícito do agente público; e o art. 11 o ato de improbidade por violação a princípios administrativos. Se fundado nesses dois artigos, faz-se necessária a demonstração do dolo do agente público. Já no caso no art. 10, que estabelece os atos de improbidade que geram dano ao erário, o STJ entende ser necessária apenas a demonstração de culpa, na modalidade grave, do gestor público. Então, de qualquer maneira, para qualquer ato de improbidade administrativa, faz-se necessária a demonstração do elemento subjetivo para a sua configuração.

Com a alteração legislativa, o entendimento do STJ terá que ser alterado, visto que todo e qualquer ato de improbidade agora somente comporta a modalidade dolosa, consoante dispõe expressamente o artigo 1º, § 1º, da Lei 8.429/92 com redação dada pela Lei 14.230/21. Nada obstante, o ressarcimento ao erário poderá ser demandado em virtude de ilícito culposo, mas, neste caso, não seria caracterizável como improbidade administrativa a autorizar a aplicação das sanções previstas na lei. Sobre o tema, há de se lembrar, ainda, que o STF recentemente pacificou o entendimento de que apenas o ressarcimento ao erário fundado em ato de improbidade doloso é imprescritível (Tema 897/STF). Assim, se a ação tiver como causa de pedir um ato de improbidade doloso incidirá a imprescritibilidade declarada pela Corte Suprema; já caso a ação tenha por causa jurídica um ilícito comum, a pretensão de ressarcimento estará sujeita ao lapso prescricional aplicável à Administração Pública.

Outra alteração importante que o aludido projeto de lei (PL 10.887/2018) pretendia implementar, mas não o fez, era extirpar o art. 11 da Lei 8429/92 e acabar com o ato de improbidade por violação a princípios. Isso faria até algum sentido porque, em sendo a improbidade uma extensão do poder sancionatório do Estado, no qual se observa *pari passu* os princípios insertos no direito penal, o poder de punir o gestor público e o particular deve se basear numa tipificação que seja bem amarrada e bem objetiva. Quando se coloca uma tipificação aberta como a violação a princípios, abre-se uma inúmera gama de possibilidades de ajuizamento de ação de improbidade sem qualquer fundamento concreto palatável. Isso é o que tem ocorrido, infelizmente, na prática, com algum, não vou dizer abuso, mas uso maleável do instituto, justamente fundado no art. 11 com base em violação a princípios amplos e genéricos e sem uma densidade normativa bem consolidada, tais como os princípios da moralidade, isonomia, eficiência. A saída da nova lei para essa problemática foi estabelecer hipóteses específicas e pré-determinadas em que haveria violação a princípios administrativos, e, consequentemente, ato de improbidade. Assim, sob a égide da nova lei, não bastará a ação civil pública fundar-se genericamente no *caput* do art. 11 da Lei 8.429/92, como comumente era feito. Deve ser apontado especificamente em quais dos incisos do art. 11 estaria tipificada a conduta do agente público que se tem por ímproba.

A questão da necessidade de demonstração de dolo ou culpa (e, partir da Lei 14.230/21, somente de dolo) advém porque, como dito pelo STJ em diversas oportunidades – e isso é um traço marcante para fins de caracterização da improbidade – a lei da improbidade não visa punir o administrador inábil, o incompetente, mas somente o desonesto, corrupto e aquele desprovido de lealdade e de boa-fé. A improbidade veio para punir a desonestidade. O agente corrupto ou aquele que não age com lealdade e boa-fé na persecução dos interesses públicos e nem visa o seu atingimento. Mera irregularidade ou ilegalidade não configura ato de improbidade administrativa. Em recente julgamento do STJ, a Corte entendeu que ainda que o fato seja gravíssimo e ainda que a consequência que tenha defluído da ação seja grave, não se dispensa a demonstração do elemento subjetivo do agente público (AResp 1.123.605, 1ª Turma, Rel. Min. Benedito Gonçalves).

Porque o que se deve ter em mente quando vai se caracterizar a improbidade é que o gestor público tem um legítimo espaço decisório. E tem que ser conferido a ele, sob pena de deturpar o sistema todo, o direito de erro. O gestor público, como qualquer pessoa, como qualquer integrante da administração pública, tem o direito de errar. O que não é admissível, sob a ótica da improbidade, é o erro doloso, é o erro viciado, é o erro com uma intenção que não seja a intenção de atingimento do interesse público e a finalidade pública, e voltada para o interesse particular, seja do gestor, seja de um terceiro a quem ele quer enriquecer.

Então, uma coisa importante fixar aqui é que a má gestão não significa necessariamente gestão ímproba. O gestor pode ser ruim, mas não necessariamente será ímprobo. Como dito, nem toda irregularidade se caracteriza como ato de improbidade. Então, às vezes a prática de uma irregularidade ou de uma ilegalidade, ainda que evidentes, não terá como consequência a caracterização do ato de improbidade. A lei prevê diversas outras consequências possíveis e plausíveis para uma ilegalidade, não necessariamente a improbidade.

E aí a gente entra na função no controle interno. O controle interno é função precípua da PGE, prevista no art. 2º, inciso II, da Lei Complementar 15/80. E quais são as principais finalidades do controle interno, no meu sentir? Em primeiro lugar, o objetivo controle interno de legalidade que a PGE faz é verificar a conformidade da conduta administrativa com as normas legais que regem o administrador. Essa é a função principal do controle interno. Tentar conformar o administrador à lei. E como, num ambiente ideal, funcionaria o controle interno? O controle interno funciona via assessoramento e orientação. Nesse mister, compete à PGE, no exercício do controle interno da legalidade, exercer o assessoramento e a orientação desse gestor público, sob as balizas legais que devem ser observadas no caso concreto, algo que a PGE faz (ou tenta fazer) por meio das assessorias jurídicas. Ela orienta e assessora o administrador público para dizer se aquele ato que ele quer praticar tem substrato legal ou não, ou se ele está cometendo uma ilegalidade. Essa é a função precípua do controle interno de legalidade.

O controle interno, a meu ver, possui um caráter pedagógico, e não tem caráter punitivo apriorístico. A PGE, quando atua no controle interno, visa auxiliar o gestor com o olhar imbuído de caráter pedagógico. O gestor público, às vezes, é alguém que não tem nenhuma experiência na administração pública e não tem muito conhecimento da lei, até porque as leis que regem a administração pública são inúmeras e alteradas constantemente. Então, a função do controle interno é justamente ensinar, tentar fazer com que o gestor se amolde ao que determina a lei, pela via do assessoramento e orientação.

E assim agindo, o controle interno atua para fomentar políticas públicas legítimas e que tenham algum esquadro ou substrato legal a se apoiar. É uma função importante a do controle interno, ser fomentador de política pública. O gestor público está lá justamente para praticar a política pública que entende adequada e cabível, segundo seus critérios de liberdade escolha. O controle interno não pode entrar nesse espectro de liberdade do administrador, então, por isso, atua como fomentador de políticas públicas. E fazendo isso, ele respeita o espaço da liberdade administrativa e compete ao gestor público, e não à PGE e ao controle interno, exercer esse espaço de discricionariedade decisório.

Coordenando isso, integrando esses dois tópicos, a improbidade com o controle interno, quais são os desafios que o Núcleo tem para tentar compatibilizar isso de uma forma que não inviabilize a gestão pública? Porque se o Núcleo começar a ser um controlador muito rigoroso em cima do gestor, inviabiliza a administração pública, com essa ampla e aberta noção da improbidade. Então, a primeira proposta que o Núcleo tem a oferecer é buscar um balizamento objetivo do conceito de improbidade e seguir exatamente as definições dos conceitos, tais como colocados pelos tribunais superiores. A definição e a caracterização do elemento subjetivo têm que estar bem delineadas.

Uma das inovações do Núcleo no exercício dessa difícil função é a sua colegialidade. O Núcleo é formado por sete procuradores, então a decisão sobre a propositura de uma ação ou sobre a caracterização de um ato de improbidade passa pelo crivo de sete pessoas. E essa modelagem tem se apresentado muito positiva porque poda eventuais excessos, pois existem pessoas com maior grau de ativismo, outras com pouco menos. A colegialidade atua como um meio termo e confere um espaço de discussão muito importante para a caracterização da improbidade. A gente pode falar em tese, a improbidade é isso ou aquilo e consiste em ilegalidade qualificada, mas é no caso concreto que se avalia a sua presença, se os indícios estão presentes ou não para o ajuizamento de uma ação. Então, cada caso vai ser um caso.

Por isso, é muito importante a existência de um colegiado decidindo isso, justamente para que essa decisão seja razoável e preserve certa proporcionalidade com relação à atuação do Núcleo. Não se pretende com isso, obviamente, passar a mão na cabeça de nenhum gestor desonesto, mas também não se pretende sair por aí dando tiro para todos os lados em qualquer administrador que cometa uma irregularidade, uma ilegalidade. A função e a intenção da atuação repressiva do órgão de controle interno não são essas.

Outra baliza que penso importante a ser observada na caracterização da improbidade administrativa reside no fato de que a má-fé e o dolo não são presumíveis. Não se pode presumir que o gestor público e o administrador estejam atuando de má-fé, sem prova em contrário. Essa é uma premissa basilar de direito, que infelizmente não tem sido corretamente observada. Recentemente, tive ciência de uma decisão do TCU, que fez justamente o contrário e presumiu a má-fé do gestor. É algo muito complicado, principalmente se esse entendimento se espraiar pelos órgãos de controle. A situação de um administrador público, que hoje já é complexa, pode se tornar insustentável. Não se pode presumir a má-fé do gestor, há se exigir o mínimo indício probatório e comprobatório de que ele agiu com dolo.

Outra baliza de atuação adotada no Núcleo reside no pensamento de que primeiro deve-se tentar orientar o administrador, se possível, a fim de evitar a caracterização do ato de improbidade. Dentro desse período, a gente já se confrontou com situações em que há ilegalidades e irregularidades perpetradas antes da assunção pelo novo gestor público. Nesses casos, a situação em si não é potencial geradora de improbidade, mas a sua manutenção será. Não é dado ao gestor público assumir uma situação irregular, ser cientificado dela e não fazer nada, ser omisso, mantendo inalterada aquela irregularidade. Ao atuar assim, começa a atrair um elemento subjetivo para a caracterização de elemento doloso, uma vontade deliberada de manter aquela situação irregular. Nessas hipóteses, já começa a ter um elemento de caracterizador de improbidade.

Então, a ideia é primeiramente orientar o gestor: olha, se continuar nessa toada, potencialmente será caracterizada a improbidade, porque aí o elemento subjetivo começa a ficar bem evidenciado com a indicação de que se está querendo privilegiar a empresa XPTO em detrimento da lei e o gestor público deve atuar em conformidade com a lei. Então, primeiro tenta-se orientar o gestor; se não for possível, a atuação do Núcleo passa a ser uma atuação mais incisiva envolvendo até mesmo a propositura de medidas judiciais.

Outra premissa básica na caracterização da improbidade é que a mera divergência de interpretação jurídica não caracteriza ato de improbidade. Cada dispositivo legal e cada potencial negócio jurídico ou ato jurídico, pode carregar inúmeras interpretações, todas elas possíveis e legítimas. Logo, se o ato se baseou numa interpretação possível, legítima, e às vezes até fundada em decisões de tribunais, a mera divergência não pode caracterizar um ato de improbidade. A não ser que se demonstre que por trás daquele ato existia uma desonestidade, um ato corrupção, a improbidade não se caracteriza. A simples divergência interpretativa não gera uma ilegalidade apta a caracterizar o ato de improbidade.

E, com base nisso, uma última premissa que eu acho fundamental a ser observada no Núcleo é que se o ato de gestor for lastreado e baseado na orientação do órgão de assessoramento jurídico, não vai configurar, a princípio, um ato de improbidade. Se ele seguir o que o assessoramento jurídico dele, o que o controle interno de legalidade está dizendo para ele, a princípio, ainda que depois tenha uma divergência sobre aquela interpretação em si, *a priori*, não se estará diante de um ato de improbidade. De novo, o entendimento não valerá caso seja descoberta uma intenção oculta por trás daquele ato no qual o parecerista não tinha ciência, mediante indício probatório.

Mas fora isso, se o gestor segue a orientação do seu assessoramento jurídico, pela lógica do sistema, ainda que haja uma divergência do Tribunal de Contas ou do órgão de controle externo, ou de quem quer que seja, não há como imputar àquele gestor um ato de improbidade.

Essas balizas objetivas são, a meu sentir, fundamentais para o correto andamento da máquina administrativa e, *al cabo*, para a sobrevivência da própria Administração Pública. Experimentamos hoje na Administração o que se convencionou designar por apagão das canetas. O gestor público probo e bem-intencionado tem medo de decidir. Ele não quer decidir, tem receio de decidir porque vai ser punido ou sofrer persecução caso decida uma questão relevante e controvertida.

Isso leva a uma situação inusitada. Caso se interprete a improbidade administrativa com uma amplitude interpretativa muito grande, você gera como consequência um efeito muito nocivo de afastar os gestores com poder de decisão. E pior, culmina por atrair para a Administração Pública apenas gestores mal-intencionados, porque ninguém em boa-fé, ninguém em sã consciência, aceitaria esse encargo sabendo que vai responder a diversos processos só por exercer a sua função com a amplitude decisória que o cargo lhe proporciona. Na realidade atual, infelizmente, ao aceitar ser gestor público, a pessoa certamente vai sair do cargo com algum problema, seja com o TCE, seja com o Ministério Público. Por mais honesto e mais bem-intencionado que seja, vai cometer erros. Certamente cometerá erros e algumas irregularidades, até porque a administração pública é complexa e a execução de seus atos é difícil. Além do mais, por baixo de toda chefia há uma estrutura formada por servidores de carreira e outros que são indicados por terceiros. Não adianta ser o chefe de uma estrutura que não funciona. Então, quem vai querer assumir a chefia de uma gestão pública se sabe que vai sair dali com algum problema com o órgão de controle?

De igual modo, esse estado de coisas afasta muitas empresas sérias e idôneas das contratações públicas porque não querem se expor ao risco administrativo de serem apenadas em órgãos de controle externo e responderem a ações de improbidade – além, é claro, do risco de inadimplemento.

Como eu falei, essas são reflexões, algo a se ponderar quando for aplicar os estudos teóricos da improbidade administrativa para os casos concretos. O Núcleo ainda é muito recente, mas existe uma preocupação de aplicar isso no caso a caso e tentar ser o mais objetivo na questão da caracterização da improbidade para evitar justamente uma multiplicidade de ações desnecessárias que, ao final de contas, só vai servir para piorar o que já é um problema atual: o apagão das canetas.

REFERÊNCIAS

BRASIL. *Lei 8.429 de 2 de junho de 1992*. Dispõe sobre as sanções aplicáveis aos agentes públicos nos casos de enriquecimento ilícito no exercício de mandato, cargo, emprego ou função na administração pública direta, indireta ou fundacional e dá outras providências. Disponível em: http://www.planalto.gov.br/ccivil_03/leis/l8429.htm.

BRASIL. *Lei 12.846 de 1º de agosto de 2013.* Lei de Improbidade Administrativa. Dispõe sobre a responsabilização administrativa e civil de pessoas jurídicas pela prática de atos contra a administração pública, nacional ou estrangeira, e dá outras providências. Disponível em: http://www.planalto.gov.br/ccivil_03/_ato2011-2014/2013/lei/l12846.htm.

DIREITO PÚBLICO: INCOERÊNCIA E INEFICIÊNCIA

Rodrigo Tostes de Alencar Mascarenhas

Doutor em direito público pela Universidade de Coimbra. Mestre em direito constitucional pela PUC-RJ. Membro da Comissão Nacional de Estudos Constitucionais do Conselho Federal da OAB). Procurador do Estado do Rio de Janeiro e advogado.

Sumário: 1. Introdução – 2. O direito constitucional ou: eu mando fazer e você "dê seu jeito" – 3. Uma história kafquiana: a punição da eficiência – 4. A lei eleitoral: para garantir a higidez do pleito ... "Dane-se" o "resto" – 5. Tudo é prioridade, nada é prioritário, ponha-se a culpa em alguém – 6. Conclusão – 7. Referências.

1. INTRODUÇÃO

O objetivo do presente trabalho é relativamente simples: chamar atenção para o elevado grau de incoerência do direito público brasileiro que tem (junto com outros fatores) levado a um grau de ineficácia da atuação estatal que é extremamente prejudicial à população.

Composto por normas com origens, forças normativas e objetos distintos, o sistema jurídico carrega necessariamente (ao menos antes de ser "aplicado") um grande volume de incoerências ou de contradições, ou, mais especificamente, de normas impondo ou proibindo comportamentos contraditórios; uma Lei "X" mandando fazer "A" enquanto outra Lei "Y" proíbe (ou, o que é mais comum, torna extremamente difícil) fazer "A".

Até um determinado grau a incoerência faz parte do sistema jurídico de qualquer país, e encontrar solução para ela é uma das principais e corriqueiras tarefas da área jurídica. Ou seja, a construção da coerência é tarefa dos tribunais e dos aplicadores do direito em geral.

Mas o grau de incoerência ou, sob outro ângulo, a incapacidade de obter um mínimo de coerência no direito público brasileiro tem gerado situações de paralisia dos entes públicos.

Esta paralisia é, em boa medida, o resultado do conjunto de leis que rege a atuação da administração pública. Cada uma delas é redigida com um objeto delimitado: a higidez fiscal, a lisura das compras governamentais e das eleições etc. Os comandos destas leis, quando examinados isoladamente, podem ser revestidos de alguma coerência (as vezes nem isso). No entanto, quando analisados ao lado dos comandos de outras leis (que também se aplicam à administração pública), geram situações de incoerência esquizofrênica. O problema é que nunca, ou quase nunca (o julgamento das contas do Chefe do executivo é uma exceção) essas normas são analisadas em conjunto. Em geral, o intérprete da lei eleitoral vê a norma eleitoral sob a ótica exclusivamente ... eleitoral; o intérprete da lei de responsabilidade fiscal examina a LRF sob o pano de fundo da necessidade de proteger a ... responsabilidade fiscal. Parece óbvio que assim seja certo? Em termos, pois essas leis (e várias outras) trazem normas que tratam, ou seja, que afetam, temas completamente distintos.

Pretendemos tratar de dois tipos de conflitos. Em primeiro o conflito entre normas jurídicas instrumentais à atuação da administração e normas jurídicas finalísticas. Em segundo o conflito entre normas jurídicas finalísticas. Por normas jurídicas instrumentais estamos denominando aquelas que estabelecem os meios (por exemplo a licitação) e/ou os requisitos (prudência financeira) a serem obrigatoriamente observados no desenvolvimento da atividade estatal mas que não constituem – ou não deveriam constituir – um objetivo estatal. Com efeito, o estado não "licita" por "licitar" ele licita a construção de um hospital para cumprir o seu dever de garantir saúde a toda a população. As normas finalísticas são aquelas que estabelecem os objetivos ou responsabilidades do estado, ou seja, aquilo que justifica a sua existência: prover saúde, educação, segurança, acesso à cultura e uma incrível série de outras responsabilidades[1]. Note-se ser comum que uma mesma "lei" contenha normas instrumentais e finalísticas[2].

---

1. Como dissemos em outro trabalho: "desde o final do século XVIII, o Estado ... não parou de adquirir tarefas e responsabilidades. Ainda que o último quarto do século XX tenha visto o Estado deixar de ser executor direto de parte destas tarefas (em especial no que se refere aos serviços públicos) ele não deixou de ser em boa parte "responsável" por elas ou, dito de outra forma, seu garantidor". Com isso listamos certas características das funções executivas nas democracias contemporâneas:

    A primeira grande característica é a complexidade (ou hipercomplexidade) caracterizada, em primeiro lugar, pela ... lista de temas com os quais o Estado contemporâneo lida.

    Em segundo lugar, a complexidade é acompanhada pela própria 'constitucionalização' desses temas, que torna sua resolução constitucionalmente obrigatória, problema especialmente agudo no Brasil onde, em matéria de direitos sociais (em especial de saúde), não é exagero afirmar que (quase?) qualquer providência (um bem ou um serviço) pode ser solicitada perante o Judiciário, que determinará a qualquer um dos entes (União, estados e municípios) ou a todos solidariamente (o que é quase a regra em matéria de ações relacionadas à saúde) sua entrega, normalmente sem sequer a prévia oitiva do ente público.

    Em terceiro lugar, essa complexidade se encontra no próprio aparelho estatal, que teve de crescer para atender ao crescimento de suas tarefas, mas que, nesse crescimento, não conseguiu evitar o peso burocrático do Estado weberiano e sua dedicação sacrossanta ao princípio da legalidade.

    Assim, a atuação da administração pública é regida por uma infinidade de normas, por vezes vagas, por outras extremamente detalhadas, por vezes claramente vinculantes, por outras com um status jurídico indefinido ou em processo de densificação normativa, muitas vezes pouco claras e contraditórias entre si e quase sempre burocráticas, cujo respeito integral nem sempre é compatível com a natureza e a urgência das decisões a serem tomadas. Estas normas, além de materiais, são também procedimentais e de competência, e, por vezes, exigem a manifestação de vários órgãos distintos para a tomada de uma única decisão (incluindo a eventual participação de entidades não estatais), decisão que igualmente deverá observar uma série de condicionantes. (...)

    Por fim, a complexidade se encontra na própria sociedade e em seus múltiplos adjetivos (pós-moderna, de risco, pluralista, individualista etc.) e em suas exigências (eficiência, segurança, felicidade, participação, transparência)". Mascarenhas, Rodrigo T. de A. Mascarenhas. A Responsabilidade constitucional dos Agentes Políticos. Belo Horizonte: Fórum, 2021, p. 154-156.

2. Um exemplo recente, e cujas contradições poderiam perfeitamente estar neste artigo é o denominado Novo Marco Legal do Saneamento Básico, ou Lei n. 14.026/20, que traz alterações importantes na Lei do

Antes, no entanto, devemos registrar algumas características do principal vértice desse estranho poliedro que é o direito público brasileiro.

2. O DIREITO CONSTITUCIONAL OU: EU MANDO FAZER E VOCÊ "DÊ SEU JEITO"

É o direito constitucional – ou as normas constitucionais tais como vem sendo interpretadas por seus operadores – que impõe uma série de tarefas para a administração pública. Tais tarefas incluem os objetivos fundamentais da República, a saber: "construir uma sociedade livre, justa e solidária; garantir o desenvolvimento nacional; erradicar a pobreza e a marginalização e reduzir as desigualdades sociais e regionais; promover o bem de todos, sem preconceitos de origem, raça, sexo, cor, idade e quaisquer outras formas de discriminação". Também vale menção ao rol de direitos sociais previstos no artigo 6º da Constituição Federal, que inclui educação, saúde, alimentação, trabalho, moradia, transporte, lazer, segurança, previdência social, proteção à maternidade e à infância, e assistência aos desamparados. Trata-se de programa que não faria feio em nenhum congresso de sociais-democratas ou de socialistas europeus. É certo que na Europa tais direitos foram garantidos muito mais na luta política do que nos tribunais. No Brasil é diferente.

Com efeito, como já dissemos em trabalho anterior[3], hoje, segundo o direito constitucional pátrio "qualquer pessoa pode, diretamente (sem mesmo pagar custas), ou por meio dos diversos órgãos públicos legitimados, pleitear judicialmente quase (quase?) qualquer providência necessária à fruição de qualquer direito previsto na constituição (seja ele individual, social, difuso, ou da geração que for), sem importar o seu custo ou eventual impacto sistêmico. Apresentado o pleito qualquer Juiz pode ordenar ao estado que tome tais providências em qualquer prazo e sem mesmo ouvir o estado antes. (...) Ou seja, do peculiar ponto de vista do direito constitucional pátrio, tudo está resolvido. Tudo, na verdade, *já foi resolvido pela própria Constituição*".

Pois bem, não é o caso de retomar aqui as críticas que fizemos e mantemos à forma[4] como o direito constitucional é interpretado pela maioria da doutrina e jurisprudência no Brasil. Trata-se apenas de registrar um fato: o direito constitucional impõe ao Estado um enorme volume das mais diversas, caras e complexas tarefas. Com efeito, apenas para prover educação, o Estado tem que – dentre outras dezenas

---

Saneamento Básico (Lei n. 11.445/07). Com efeito, tal lei, ao mesmo tempo que cria objetivos e obrigações a serem alcançados em matéria de saneamento cria tantos requisitos e obrigações instrumentais que torna a equação bastante difícil.

3. MASCARENHAS, Rodrigo Tostes de Alencar. *O fim do Direito Constitucional Brasileiro (ou, parafraseando Sundfeld, direito constitucional para quem tem muita fé)*. Disponível em: http://www.direitodoestado.com.br/colunistas/rodrigo-tostes-mascarenhas/o-fim-do-direito-constitucional-brasileiro-ou-parafraseando-sundfeld-direito-constitucional-para-quem-tem-muita-fe. Acesso em: 26 abr. 2021.

4. Ressaltamos que nossa oposição não é quanto à existência e a extensão dos direitos sociais e sim quanto à forma como estes direitos têm sido interpretados no Brasil, como se tudo já estivesse solucionado aguardando "apenas" uma decisão judicial (não resistimos a lembrar que, se fosse fácil, bastaria uma decisão judicial determinando a extinção da pobreza e/ou a instauração do pleno emprego em 180 dias!).

de providências – contratar professores e construir escolas. Para contratar professores ele tem que criar os respectivos cargos e fazer o respectivo concurso. Já para construir escolas ele tem que adquirir terrenos (o que as vezes depende de longos processo de desapropriação), licitar a construção da escola e contratar as prestações de serviço e o fornecimento de materiais necessários ao seu funcionamento (o que implica em distintos editais de licitação e distintos contratos). Para ambas as tarefas (construir escolas e contratar professores) o Estado evidentemente deve "providenciar" (um verbo sutil) os respectivos recursos financeiros.

O mesmo ocorre para prover saúde: também é necessário contratar profissionais, construir unidades de saúde e contratar os serviços e fornecimentos necessários. A diferença é que a complexidade na saúde é multiplicada em progressão geométrica pois são milhares de produtos, por exemplo medicamentos, a serem adquiridos, e muitos mais serviços a serem contratados.

Fazer tudo isso (fazer editais, contratar serviços etc.) constitui o "dia a dia" da administração. Um "dia a dia" tão fundamental quanto pouco glamoroso. Um "dia a dia" que exige muito mais um conhecimento gerencial do que um conhecimento jurídico[5]. Mas o direito estará presente. Presente para atrapalhar, e muito.

É que para "fazer tudo isso", será necessário observar uma série de outras leis – que em conjunto compõe o direito público, em especial as normas instrumentais –; que quase sempre colocam tantas dificuldades que, especialmente quando somadas, dificultam ou inviabilizam que se faça aquilo que o direito constitucional determina que seja feito. Esta é a primeira e mais importante incoerência do direito brasileiro, que veremos com mais detalhes a seguir, mas que em resumo consiste no seguinte: aquilo que o direito constitucional determina que se faça à montante do leito onde "corre" o direito público, é praticamente inviabilizado pelas demais normas de direito público que atuam à jusante da mesma corrente.

Vejamos alguns exemplos.

---

5. Nas palavras de um grande especialista em gestão pública: "Diferentes projetos desenvolvimentistas buscaram a flexibilização do sistema através da 'diferenciação' manifesta em modelos institucionais, estruturas organizacionais e processos gerenciais e administrativos correspondentes a autarquias, fundações públicas, empresas públicas, empresas estatais, organizações sociais e agências executivas e reguladoras. Assim foi com os institutos autárquicos na era Vargas, com a administração paralela que apoiou o plano de metas de JK, com as fundações e empresas no regime militar de 1964 e com a administração gerencial importada por Bresser no governo FHC. Após cada período de flexibilização, e antes mesmo que se consolidassem estruturas e formas de fazer, os tentáculos da padronização e do controle burocrático retomaram suas funções". Com isso, conclui o autor, "pode-se afirmar que, *em nenhum momento dado, no tempo e no espaço (administração direta ou indireta), um dirigente público brasileiro e suas equipes gerenciam a implementação de políticas públicas de naturezas diversas ou atividades produtivas contando, a seu favor, com o apoio de uma modelagem organizacional, das estruturas e mecanismos de gestão formais, que atenda ao requisito da "congruência", tal como prescrito na literatura estrutural-funcionalista da modelagem organizacional*". (CAVALCANTI, Bianor Scelza. *O gerente equalizador. Estratégias de gestão no setor público*. 4. reimp. Rio de Janeiro: FGV Editora, 2011, p. 47, grifamos).

3. UMA HISTÓRIA KAFQUIANA: A PUNIÇÃO DA EFICIÊNCIA

No final de novembro de 2005, o Secretário de Fazenda de um pequeno município da Baixada Fluminense, adentrou, exultante, na sala do Prefeito:

– Prefeito! A campanha de aumento da arrecadação foi um sucesso; nos últimos dois meses a arrecadação subiu 20% acima do previsto.

– Que ótimo! Disse o prefeito.

– Que nada, disse o Secretário de Planejamento, isto pode ser um desastre para o senhor.

– Como assim? indagaram o Prefeito e seu Secretário de Fazenda.

– Simples. Como os senhores se recordam o município tem a obrigação de gastar um valor mínimo com saúde e educação[6]. Este valor é calculado sobre o total da arrecadação do município em determinado ano; se a receita crescer como meu colega está dizendo, nós teríamos, como consequência, que gastar com saúde e educação, até o final do ano, muito mais do que estava previsto. Ocorre que, com os entraves da Lei de Licitações é praticamente impossível gastar esta diferença até o final do ano. E, se não conseguirmos cumprir o gasto mínimo, suas contas não serão aceitas, o município terá bloqueado qualquer repasse de verbas federais ou estaduais[7], e poderá sofrer intervenção do estado[8] e, o que é pior, o senhor estará sujeito à cassação!

Ou seja, ao ser eficiente (obtendo mais recursos), o gestor acionou o gatilho que impunha a ele gastar mais num período de tempo em que isso (ao menos com respeito à lei de licitações) seria praticamente impossível.

Tomei conhecimento desta cena, que eu chamaria de verdadeira armadilha kafkiana ou "pegadinha" do direito brasileiro, pois, como então Procurador-Geral do Município de Nova Iguaçu, fui visitado pelo meu colega do município vizinho que, desesperado, procurava uma solução para "gastar" rápido em saúde e educação[9], indagando se seria possível contratar de forma direta uma empresa estatal "iguaçuana" para fazer pequenas obras em escolas e postos de saúde[10].

Veja-se o tamanho da incoerência. Para atingir o objetivo louvável de garantir mais saúde e educação, o direito público brasileiro cria uma situação na qual a eficiência (aumento da arrecadação que poderia gerar mais recursos para saúde e educação no ano seguinte) é severamente "punida" pois ou o gestor vai (i) correr para cumprir

---

6. BRASIL. *Constituição da República Federativa do Brasil*. Disponível em: http://www.planalto.gov.br/ccivil_03/Constituicao/Constituicao.htm. Art. 212 da Constituição Federal. "A União aplicará, anualmente, nunca menos de dezoito, e os Estados, o Distrito Federal e os Municípios vinte e cinco por cento, no mínimo, da receita resultante de impostos, compreendida a proveniente de transferências, na manutenção e desenvolvimento do ensino".
7. BRASIL. *Lei 101 de 4 de maio de 2000*. Art. 25, § 1º IV, "b" da Lei de Responsabilidade Fiscal. Disponível em: http://www.planalto.gov.br/ccivil_03/leis/lcp/lcp101.htm.
8. BRASIL, op. cit., art. 35, III da Constituição Federal.
9. Portanto eu não assisti diretamente à cena e, assim, admito eventual pincelada dramática em sua reprodução. De todo modo, o enredo da armadilha foi o que eu relatei.
10. Para desespero de meu interlocutor eu lhe informei que, segundo tinha conhecimento, a referida estatal iguaçuana tinha débitos em aberto com o INSS e, portanto, me parecia que a contratação pretendida seria inviável por força do art. 195 § 3º da Constituição Federal.

o gasto mínimo obrigatório com um "gasto" ruim ou desnecessário (pintar escolas que talvez não necessitem de pintura apenas porque contratar um pintura pode ser mais rápido do que outros serviços) ou (ii) não vai conseguir gastar o mínimo e será punido pessoalmente por isso.

Mas, dirá o leitor, este é um exemplo extremo, mas certamente raro. Pois bem, vamos a outro exemplo.

4. A LEI ELEITORAL: PARA GARANTIR A HIGIDEZ DO PLEITO ... "DANE-SE" O "RESTO"

A denominada "Lei Eleitoral", ou Lei 9.504, foi sancionada em 30 de setembro de 1997 em grande medida como uma espécie de "reação" à polêmica emenda constitucional 16 (de 04 de junho de 1997) que – quebrando longa tradição republicana (respeitada até pela ditadura militar) – permitiu a reeleição do presidente da república (e também dos governadores e prefeitos).

Assim, a Lei 9.504[11] traz uma série de normas com o objetivo de minorar os possíveis problemas causados pela possibilidade de reeleição, decorrentes da possibilidade de uso dos recursos públicos pelo candidato à reeleição de forma a favorecer suas chances no pleito. Ou seja, tal lei tem o – indiscutivelmente nobre – objetivo de garantir a lisura das eleições.

Assim, por exemplo, seu artigo 75 estabelece que "nos três meses que antecederem as eleições, na realização de inaugurações é vedada a contratação de shows artísticos pagos com recursos públicos". Que mal este dispositivo causa à população ou ao funcionamento da administração pública? Nenhum. Aqui – e em outros dispositivos – a lei acerta seu alvo (sem danos colaterais).

No entanto, além de tratar temas de direito eleitoral, a Lei Eleitoral trata de dezenas de condutas da própria administração pública (e não dos candidatos), ou seja, da União, dos Estados e dos municípios, proibindo, *por vezes durante todo o ano eleitoral*, diversas ações administrativas essenciais para a prestação de serviços públicos, inclusive de saúde e assistência social.

Com efeito, segundo o § 10 do artigo 73 da Lei Eleitoral: "No ano em que se realizar eleição, fica proibida a distribuição gratuita de bens, valores ou benefícios por parte da Administração Pública, exceto nos casos de calamidade pública, de estado de emergência ou de programas sociais autorizados em lei e já em execução orçamentária no exercício anterior ...".

Note-se bem, o dispositivo na prática proíbe qualquer política de transferência de renda (por exemplo do tipo "bolsa família") ou mesmo de entrega de bens materiais (cesta básica, leite, uniforme escolar) que se inicie em "ano em que se realizar

---

11. Registre-se que parte das normas criticadas neste artigo foram inseridas posteriormente na Lei 9.504/97.

eleição", o que significa o quarto ano do mandato (de prefeitos, governadores e do Presidente)!

Dirão os defensores da norma: políticas sociais podem ser usadas para favorecer um candidato! A afirmação é verdadeira, mas a solução legislativa, a nosso ver, é surreal. Para evitar o eventual *mau uso* da distribuição de benefícios tão necessários à parcela miserável da população, proíbe-se simplesmente a *distribuição* (a figura do bebe deitado fora com a água suja não poderia vir mais a calhar). Mas o defensor da norma poderá retrucar que, a rigor, a distribuição é possível (no último ano), desde que tenha se iniciado no ano anterior. É verdade, mas para isso ela deve estar em *execução orçamentária no exercício anterior.* Ou seja, para fazer política social no 4° ano do mandato, só se ela tiver começado no 3° ano, o que implica ter sido autorizada pela lei orçamentária do 3° ano, que é discutida e votada no 2° ano ... Se o agente não teve condições para ação tão planejada então ... azar o da população; que espere (2 anos) por um gestor mais previdente.

Mas há outra "pegadinha" (o termo não é técnico, bem sabemos, mas é o melhor) na lei. O que é ano eleitoral? No Brasil ano sim ano não é um ano eleitoral. Particularmente acreditamos que a restrição da Lei Eleitoral se aplica apenas aos entes da federação cujos agentes políticos serão eleitos naquele ano (municípios, em dado ano, estados e União dois anos depois)[12]. Mas esta posição está longe de ser pacífica, havendo quem interprete a proibição como sendo aplicável a todos os entes em todos os anos eleitorais. Com isso, a proibição em questão (novas políticas sociais) se aplicaria no 2° e 4° ano do mandato! Um absurdo, diria o leitor. Sim, um completo absurdo. Bem-vindo às contradições do direito público brasileiro!

Mas há outro exemplo na Lei Eleitoral igualmente grave. Segundo o artigo 73, VI, também é proibido "nos três meses que antecedem o pleito" "realizar transferência voluntária de recursos da União aos Estados e Municípios, e dos Estados aos Municípios, sob pena de nulidade de pleno direito, ressalvados os recursos destinados a cumprir obrigação formal preexistente para execução de obra ou serviço em andamento e com cronograma prefixado, e os destinados a atender situações de emergência e de calamidade pública".

Qual a justificativa (igualmente nobre) aqui? Evitar o uso de apoios cruzados, com o Governador, por exemplo, passando verbas a tal município apenas para favorecer seu candidato a reeleição. Para compreender o efeito do dispositivo é preciso lembrar que os estados e municípios brasileiros dependem, em *enorme* medida, de repasses (transferências voluntárias) federais (e estaduais no caso dos municípios)

---

12. Na verdade (em sede de consultoria no âmbito da PGE/RJ, Promoção 01/11-RTAM-PG-2), sustentamos que o referido dispositivo era de constitucionalidade duvidosa. Isso porque, a pretexto de exercer sua competência para dispor sobre direito *eleitoral* – e com o nobre objetivo de garantir a lisura do pleito – a União estabelece uma fortíssima restrição à criação e execução de programas sociais por parte dos estados e municípios (num país tão carente deles), violando sua autonomia (art. 18 da CF).

como condição para a execução das ações mais básicas em políticas públicas. Muito bem, e qual o efeito do dispositivo?

Em primeiro lugar o dispositivo causa uma espécie de "corrida maluca" a partir de todo 2º trimestre de um ano eleitoral (ou seja ... ano sim ano não), a fim de agilizar repasses de recursos eventualmente pendentes e o início das respectivas obras (início que a jurisprudência só considera efetuado após a 1ª medição) antes do referido prazo. Em segundo lugar, a obra que for desclassificada na "corrida" estará condenada a ficar suspensa até ... pelo menos o início do ano seguinte.

Ou seja, a pretexto de garantir a lisura do pleito (e ignorando o prejuízo com as obras quase iniciadas[13]), o legislador eleitoral "suspende" qualquer ação governamental que envolva o binômio "obra" (+) "custeada com recursos de transferência voluntária" por mais de um semestre por ano eleitoral (que, somadas as eleições em anos alternados, resulta em um período de suspensão de 1 em cada 4 anos)!

Mas alto lá. A lei proíbe – diriam seus defensores – apenas transferências *voluntárias*, mas pelo menos não proíbe as transferências ditas obrigatórias (aquelas cuja obrigatoriedade decorre da lei ou da própria constituição[14]) dentre as quais – segue o defensor da lei – se incluem as transferências de saúde.

É verdade, neste ponto a Lei de Responsabilidade Fiscal foi cuidadosa, pois definiu (no seu artigo 25), "transferência voluntária" como a "entrega de recursos ... a outro ente da Federação, a título de cooperação, auxílio ou assistência financeira, que não decorra de determinação constitucional, legal *ou os destinados ao Sistema Único de Saúde*".

Respiramos aliviados. A lei Eleitoral cria alguns entraves, mas ao menos repasses para a saúde estão garantidos. Mas não estão! A Justiça Eleitoral – levando ao extremo o objetivo de garantir a higidez do pleito (seu principal mandato que não deveria eclipsar outros objetivos constitucionais) – já decidiu (ainda que haja oscilações na jurisprudência) que o conceito de transferência voluntária *para efeitos de interpretação da legislação eleitoral* é dado por ela (Justiça Eleitoral) e não pela LRF! Por isso, já condenou o repasse de verbas para a compra de ambulâncias. Foi com base nesse tipo de precedente – e num dia triste de minha carreira de advogado público – que vi gestores estaduais suspenderem repasses a municípios para construção de unidades de saúde (pactuadas no SUS, com critérios objetivos, cronograma etc.) para não violarem a tal norma[15].

---

13. Como é o caso das obras com canteiro montado, execução já iniciada, mas insuficiente a justificar uma medição. Vide acórdão 1274/2004 do TCU que, na verdade, se refere a decisão, de idêntico sentido, proferida pelo Tribunal Superior Eleitoral (Consulta 1062) que também considerou necessária a existência de execução física de obra.
14. Por exemplo as transferências decorrentes da repartição de receitas tributárias.
15. A hipótese era de transferência de recursos financeiros do Fundo Estadual de Saúde para o fundo municipal de saúde de São João de Meriti, a fim de viabilizar o custeio e a manutenção de Unidades de Pronto Atendimento – UPA. O parecer da PGE (Parecer 40/2010/SJC/SESDEC, do Procurador do Estado Pedro Henrique Di Masi Palheiro, com visto de nossa autoria), considerava que isso era possível mesmo nos três meses que antecedem o pleito eleitoral. No entanto, o gestor decidiu (não sem certa razão), por não correr o risco.

Ou seja – perdoem certa indignação – a tal norma fez com que a construção de unidades de saúde municipais com recursos estaduais fosse suspensa por seis meses como se saúde não fosse uma prioridade ...

Demonstradas estas duas hipóteses de incoerência entre normas instrumentais e as diversas obrigações materiais da administração pública vejamos o segundo problema enunciado, o conflito entre normas finalísticas (ou o choque entre distintos objetivos estatais).

Antes, no entanto, dois registros. Nos limitamos aos três exemplos acima por questões de espaço e por considerá-los especialmente absurdos. Mas existem dezenas, muitas dezenas de outros exemplos parecidos[16]. Alguns na mesma Lei Eleitoral, outros na Lei de Responsabilidade Fiscal, na Lei de Consórcios, na Lei de Saneamento Básicos, na Lei de Licitações (recentemente alterada)[17] etc.

Além disso, há outra enorme incoerência no direito público brasileiro caracterizada pela abissal diferença no desenho institucional das instituições e carreiras que, por um lado, tem funções instrumentais e em especial de fiscalização, e, de outro lado, aquelas instituições e carreiras que tem por missão a entrega de prestações que compõem os grandes objetivos do estado (saúde, educação etc.).

Com efeito, as primeiras têm orçamentos garantidos, duodécimos, excelente remuneração, tudo para garantir que as segundas – que não tem nada disso – façam o que talvez fizessem melhor se tivessem uma pequena parcela dos recursos que as instituições de fiscalização possuem. Com efeito, sem exagero, podemos afirmar que a maiorias dos tribunais de contas e ministérios públicos brasileiros conta com mais (e melhor remunerados) especialistas ou assessores em finanças públicas, meio ambiente e educação, por exemplo, do que as secretarias de fazenda, de meio ambiente e de educação da maioria absoluta dos municípios e mesmo de boa parte dos estados que irão fiscalizar.

5. TUDO É PRIORIDADE, NADA É PRIORITÁRIO, PONHA-SE A CULPA EM ALGUÉM

Embora por vezes antagônicos, o discurso jurídico e o político costumam compartilhar do mesmo defeito na apreciação isolada de questões relacionadas à atuação estatal. É que – quando vista isoladamente – é extremamente fácil e tentador realçar e maximizar a importância de uma área, seja ela educação, saúde, segurança pública, proteção à criança, proteção ao meio ambiente, proteção à pessoa com deficiência, proteção ao patrimônio cultural. Todas essas áreas – não sem boas razões – são facilmente adjetivadas de essenciais, prioritárias, importantíssimas, indisponíveis etc.

Mais do que isso. Dependendo da articulação política das pessoas dedicadas à defesa dessas áreas, cada uma delas terá várias (ou todas) das seguintes características:

---
16. Que bem dariam um livro.
17. Ainda é cedo para saber se com efeitos positivos ou negativos quanto ao problema que nos ocupa.

(i) dispor de algum dispositivo constitucional suficiente a explicitar sua importância; (ii) dispor de uma lei própria tratando das obrigações do estado quanto àquela área (em geral enunciados de forma vaga, com recursos a frases como "são objetivos e diretrizes do estado quanto a tal setor ..."); (iii) dispor de todo um ramo do direito para cuidar dela; (iv) dispor de uma ou mais normas punindo o gestor pelo não cumprimento de obrigações da área (o ideal é um tipo penal e um de improbidade); (v) dispor de alguma fonte "carimbada" de recursos para financiá-la; (vi) dispor de um órgão do estado destinado a cuidar apenas dela ou prioritariamente dela; (vii) dispor de um setor de órgão de fiscalização (por exemplo um setor do Ministério Público), destinado exclusivamente a fiscalizar o cumprimento das obrigações do estado referentes a tal área (e somente a ela) e (viii) dispor de setor do Judiciário igualmente destinado exclusivamente à sua tutela.

Ocorre que cabe ao Poder Executivo (com o auxílio de poucos órgãos com missão transversal[18]) tomar decisões que – em alguma medida – atendam a *todas* estas áreas, na medida da importância intrínseca e/ou temporária (medidas de saúde no meio de uma pandemia) de cada uma e na medida das possibilidades financeiras e operacionais do Estado. Não é por outra razão que já dissemos que o que se espera do agente político no Brasil é apenas que seja "capaz de entregar a quadratura do círculo[19]", nada mais do que isso.

Assim, quando se olha para determinada árvore da floresta, a coerência e a unanimidade é total: em todo momento ouviremos a frase: A prioridade da área X é evidente, afinal enunciada pelo artigo X da Constituição, e pela Lei X, e amplamente reconhecida pela sociedade. Não se esqueça o Sr. Gestor que não cumprir tal obrigação pode "em tese" gerar a punição X, por isso exigimos que se faça Y e Z ...

A questão é quando alguém – o infeliz agente público – olha a floresta e todas as suas árvores, cada uma com seu tutor, que pouco se importa com as árvores do lado (desde que a sua cresça frondosa e, talvez até, sem sombra de nenhuma outra), a incoerência é igualmente grande.

6. CONCLUSÃO

O que toda essa incoerência gera?

Várias coisas. Ineficiência, frustração e uma imensa oportunidade de juridicização da responsabilidade política. Essa última é extremamente conveniente pois – ao imputar toda a responsabilidade ao mau gestor –, parte do pressuposto de que o sistema (e o direito público que o regula), é excelente, o (único) problema é o gestor. Com isso sempre teremos uma esperança renovada de que o próximo gestor – por vezes um "outsider" com discurso "ante política" – irá resolver os problemas (que

---

18. Como os Ministérios ou Secretarias de Fazenda e Planejamento, a Casa Civil e os órgãos da advocacia pública.
19. MASCARENHAS, Rodrigo T. de A. Mascarenhas. *A Responsabilidade constitucional dos Agentes Políticos*. Belo Horizonte: Fórum, 2021, p. 455.

só não foram resolvidos pela desonestidade do anterior!). O pior – e que ajuda a legitimar este expediente – é que por vezes o gestor é, de fato, desonesto e corrupto, devendo ser responsabilizado. No entanto, o que queremos salientar é que o mais honesto e capaz dos homens terá extraordinária dificuldade de "entregar" com qualidade parte expressiva do que a população espera (e merece), se não nos dermos conta dos absurdos de nosso direito público, o que é um primeiro passo para que ele seja desde já interpretado à luz da necessidade de assegurar a coerência possível e, posteriormente, seja reformado.

Como dissemos em trabalho anterior, num mundo cada vez mais complexo, interligado e "arriscado", num mundo onde as grandes narrativas – religiosas ou seculares – perdem força, cada vez mais o direito é chamado a "responder" aos mais diversos (e novos) problemas ou, no mínimo, é chamado a indicar quem (e de que forma) deve responder por diversas mazelas contemporâneas, ainda que elas não tenham exatamente um responsável, ao menos no sentido jurídico[20].

---

20. Ibidem, p. 33. Luiz Fernando Veríssimo, um dos maiores cronistas brasileiros, capta perfeitamente esta busca desesperada por responsáveis na seguinte estória, que ilustra bem as inquietudes atuais:
"A moça do tempo na TV entra no bar com um grupo de amigos. (...). Depois de algum tempo, um homem da mesa ao lado não se contém e pergunta:
— Você não é a moça do tempo, na TV?
A moça diz que é, sorrindo, mas o homem não sorri. Pergunta:
— Até quando vai esse calor?
— Pois é — diz a moça, ainda sorrindo. — Está difícil de prever. Tem uma zona de pressão na...
— Não — interrompe o homem. — Não me venha com zona de pressão. Chega de enrolação.
Uma mulher de outra mesa se manifesta:
— Há dias que você põe a culpa pelo calor nessa zona de pressão. E não toma providências.
— Minha senhora, eu...
Outros começam a gritar.
— Sensação térmica de 51 graus. Onde já se viu isso?
— Não dá mais para aguentar!
— Faça alguma coisa!
A moça do tempo na TV agora está em pânico.
— O que eu posso fazer? Eu só descrevo o tempo. Não tenho o poder de...
— *Alguém tem que assumir a culpa, minha filha!* (...), *alguém tem que ser responsável.*
— A culpa é da Natureza!
— Rá. Natureza. Muito bonito. *Muito conveniente.* É como culpar a corrupção pela índole do brasileiro. Aqui ninguém tem culpa de ser corrupto, é a índole. A índole do tempo, num país tropical, é essa. E quem pode reclamar da índole? Ou da Natureza? *De você nós podemos reclamar, querida.*
— Mas a culpa não é minha!
— Estamos cansados do seu distanciamento enquanto mostra no mapa que o calor só vai aumentar. Seu ar superior, como se não tivesse nada a ver com aquilo. Chega!
A mesa da moça do tempo na TV está cercada. Caras raivosas. Ameaça de violência. A moça do tempo na TV se ergue e grita:
— Está bem! Está bem! *Amanhã eu faço chegar uma frente fria. Eu prometo!*
As pessoas se acalmam. Todos voltam para suas mesas. (...)". "É O CALOR", Jornal O Globo, 9.2.2014 p. 17, grifamos.

Ora, acreditamos (crença política) e defendemos a necessidade de que a população possa fruir plenamente de saúde, educação, cultura, meio ambiente etc., mas apostar que a única ou mesmo a melhor forma de garantir tudo isso é um direito incoerente (e não a mobilização, a participação e a luta política), nos parece um equívoco.

Em certa medida a incoerência é inerente à democracia. Com efeito, cada lei é resultado da necessidade de adotar ou alterar normas sobre determinados aspectos da vida e é em torno dos interesses em jogo sobre cada tema que serão organizados os debates. Em suma, não se espera que especialistas em direito penal sejam chamados ao debate sobre um projeto de lei a respeito de educação, nem que especialistas em direito ambiental sejam chamados a colaborar na confecção de um projeto de lei alterando a lei das SA.

As vedações trazidas por leis instrumentais, embora tenham por objeto bens jurídicos importantes – *a higidez das finanças públicas e a lisura do pleito, por exemplo* – não podem ser interpretadas de forma a levar à interrupção (ou mesmo ao adiamento por um semestre) da prestação dos serviços públicos de caráter essencial. Tal interpretação "extensiva" nos parece indefensável inclusive porque tal resultado interpretativo seria absolutamente incongruente se confrontado com as tantas decisões judiciais diárias mandando o Estado prestar os mais distintos serviços.

Com efeito, é absolutamente contraditório que o Judiciário determine ao Poder Público que providencie internações e tratamentos diversos para garantia do direito à saúde e, por outro lado, proíba o repasse de valores destinados ao custeio de uma unidade de saúde numa interpretação extensiva e isolada da legislação eleitoral.

Não sei se alcancei meu objetivo de demonstrar as incoerências do direito público brasileiro e a necessidade de uma reforma. Mas devo registrar que ele decorre de uma profunda convicção acerca do papel indispensável do estado na superação das imensas desigualdades sociais brasileiras e de uma idêntica convicção de que o direito público brasileiro deve resolver suas esquizofrenias sob pena de inviabilizar o estado (obviamente existem aqueles que perseguem exatamente este objetivo).

A manutenção dessa incoerência só serve para aumentar a frustração com a capacidade do estado brasileiro de atender a seu povo numa democracia, uma frustração que serve de terreno fértil onde florescem movimentos de repúdio à política e de flerte explícito com o autoritarismo, com as consequências que estamos vendo à nossa frente.

7. REFERÊNCIAS

BRASIL. *Constituição da República Federativa do Brasil*. Disponível em: http://www.planalto.gov.br/ccivil_03/Constituicao/Constituicao.htm.

BRASIL. *Lei 101 de 4 de maio de 2000*. Lei de Responsabilidade Fiscal. Disponível em: http://www.planalto.gov.br/ccivil_03/leis/lcp/lcp101.htm.

BRASIL. *Lei 9.504 de 30 de setembro de 1997*. Estabelece normas para as eleições. Disponível em: http://www.planalto.gov.br/ccivil_03/leis/l9504.htm.

MASCARENHAS, Rodrigo Tostes de Alencar. *A Responsabilidade constitucional dos Agentes Políticos*. Belo Horizonte: Fórum, 2021.

MASCARENHAS, Rodrigo Tostes de Alencar. *O fim do Direito Constitucional Brasileiro (ou, parafraseando Sundfeld, direito constitucional para quem tem muita fé)*. Disponível em:http://www.direitodoestado.com.br/colunistas/rodrigo-tostes-mascarenhas/o-fim-do-direito-constitucional-brasileiro-ou-parafraseando-sundfeld-direito-constitucional-para-quem-tem-muita-fe. Acesso em: 26 abr. 2021.